AF261733

POSSESSIONS FRANÇAISES

DANS

L'INDO-CHINE

Coulommiers. — Imp. P. BRODARD et GALLOIS

LÉONCE DÉTROYAT

POSSESSIONS FRANÇAISES

DANS

L'INDO-CHINE

AVEC

UNE CARTE DE L'INDO-CHINE

PARIS

LIBRAIRIE CH. DELAGRAVE

15, RUE SOUFFLOT, 15

1887

LA FRANCE DANS L'INDO-CHINE

AVANT-PROPOS

A MES ANCIENS CAMARADES DE LA MARINE

La première partie de ce livre a été publiée, en décembre 1886, sous le titre : *la France dans l'Indo-Chine*.

L'accueil le plus sympathique lui a été fait par un grand nombre d'officiers de vaisseau, mes anciens camarades, parmi lesquels je compte plusieurs amiraux. Ces témoignages, de leur part, m'ont été d'autant plus précieux qu'ils *savent*, eux, la question que j'ai traitée, et qu'ils sont en mesure d'apprécier la valeur et l'importance que peut avoir mon œuvre.

De là m'est venue l'idée de compléter ce premier travail par une seconde publication renfermant un plan d'ensemble de *Pacification* et d'*Organisation* de nos possessions indo-chinoises.

J'ai réuni, à cet effet, tous ces éléments divers, séparés en deux parties distinctes, dans le présent volume, que je dédie : *A mes anciens camarades de la marine*, dont les affectueux souvenirs m'ont été un puissant encouragement dans l'accomplissement de ma tâche.

Je manquerais néanmoins à des devoirs qui me sont chers, si je n'avais une pensée spécialement cordiale pour mon ancien camarade, l'amiral Aube, qui si souvent a su fortifier mes convictions par ses conseils éclairés et par son dévouement amical.

A tous sans exception j'adresse l'expression de ma gratitude et l'assurance de mes meilleurs sentiments.

L. D.

Paris, le 10 avril 1887.

INTRODUCTION

LA FRANCE
DANS L'INDO-CHINE

INTRODUCTION

Mon unique pensée avait été tout d'abord de limiter ce travail à l'examen de notre situation en Cochinchine vis-à-vis du Cambodge et du royaume de Siam. Je voulais éviter avec soin de parler du Tonkin et de l'Annam, dans la crainte de réveiller des passions endormies, de provoquer des débats irritants. Mais j'ai réfléchi que l'avenir de notre colonie, au sud de l'Indo-Chine, depuis que nous sommes si gravement, si complètement engagés dans le Tonkin, n'était pas sans dépendre désormais du sort de notre nouvelle colonie limitrophe de la Chine. Pour raisonner sur la première, j'ai dû malgré moi m'occuper de la seconde. J'apporterai dans cette étude toute l'impartialité, toute la modération de langage qu'on doit attendre d'un homme exempt de parti pris et qui n'a qu'un seul et unique but : accomplir une tâche utile, mettre en garde son pays contre des illusions dangereuses, lui faire entrevoir des périls qu'il semble ignorer, lui indiquer enfin les moyens de les conjurer. Malgré les enquêtes qui ont été faites, la question tonkinoise est, pour beaucoup, demeurée fort obscure. Elle nous a procuré pourtant, par les débats qu'elle a occasionnés, le douloureux spectacle de rivalités bien fâcheuses.

A côté des animosités les plus exagérées elle a suscité les ambitions les plus désordonnées et souvent les moins justifiées. Les ministres dont elle a causé la chute continuent à soutenir le bien fondé de leur conduite; ceux pour lesquels elle a été l'occasion d'arriver au pouvoir ont, par la force des choses, suivi les errements de leurs prédécesseurs. C'est ainsi que la situation de la France en Extrême Orient est restée grave et devient de plus en plus précaire. Elle est aussi problématique qu'au premier jour.

L'ennemi vaincu la veille reparaît le lendemain plus nombreux, plus expérimenté, toujours infatigable. Nous allons de victoire en victoire!... On nous en promet d'autres semblables, car les pirates « surpris » d'un côté reparaissent ailleurs. On les surprendra encore, la chose n'est pas douteuse. On les battra de nouveau, ici comme là, partout où on les rencontrera. La belle affaire! Et puis, après? Après? Je me souviens qu'ainsi nos armes ont été victorieuses pendant cinq ans du nord au sud du Mexique, si bien qu'à force de battre des *guerillas* nous avons été forcés de rembarquer notre corps expéditionnaire à Vera-Cruz.

Triste, mais fatale perspective que celle-là, qui résulte habituellement des succès glorieux et sanglants obtenus dans tout pays qu'on prétend conquérir et qui se défend quand même d'être occupé.

Nos constants triomphes au Tonkin me remplissent d'effroi. Je songe sans cesse, et malgré moi, au Mexique, où, prenant part aux opérations de guerre, j'ai assisté à tant de victoires!

J'ai également contribué aux expéditions de Chine et de Cochinchine. J'ai visité la côte tonkinoise en 1858. Le 8 octobre de cette même année, je suis entré dans le fleuve Rouge, envoyé en mission spéciale, — avant mon camarade F. Garnier — par l'embouchure du Cua Bac-Lac-Dong.

J'ai donc suivi les récents événements qui se sont passés dans ces pays de l'Extrême Orient avec un soin particulier.

J'ai pu me rendre un compte exact de tous les faits qui ont été relatés de diverses manières sur notre nouvelle colonie.

De là ma résolution de faire connaître mon opinion sur un pareil sujet. Pour rendre mon travail le plus clair possible, j'ai cru plus méthodique de le diviser en deux parties.

Dans la première, je ferai l'exposé de notre situation actuelle au Tonkin et dans l'Annam vis-à-vis de la Chine.

Dans la seconde, je m'occuperai de la Cochinchine, de notre protectorat au Cambodge et enfin de nos relations avec le royaume de Siam. Je dirai aussi quelques mots de notre dernier traité avec la Birmanie.

Avec toute la réserve que m'impose la tâche que je me suis tracée, je terminerai en indiquant la politique qui me paraîtrait devoir être adoptée par la France dans ces diverses régions lointaines.

J'espère que mon œuvre méritera au moins d'être appréciée comme une œuvre honnête et loyale.

CHAPITRE PREMIER

TONKIN — ANNAM

CHAPITRE PREMIER

TONKIN — ANNAM

De tous temps, dans toutes les circonstances, j'ai manifesté les sentiments les plus hostiles aux projets d'une occupation du Tonkin, telle qu'elle est pratiquée aujourd'hui. J'ai toujours considéré cette conquête comme inutile, estimant que la Cochinchine suffisait aux besoins de notre politique coloniale en Extrême Orient et qu'elle pourrait rendre les services qu'on croit attendre du Tonkin. J'ai pensé également qu'une expédition si lointaine, en nous rendant, par la force, les voisins *malgré lui* d'un peuple de 350 millions d'habitants, deviendrait tôt ou tard pour nous un danger, dût-elle même s'accomplir sans trop de sacrifices de notre part et favoriser les vues immédiates de ceux qui croyaient devoir la tenter. Et, sur ce dernier point, je m'empresse de dire que je ne suspecte les bonnes intentions ni les convictions de personne.

1.

Je me suis, on le voit, toujours bien plus préoccupé de l'avenir que du présent; et combien souvent, au milieu de mes craintes, j'ai songé à cette fatidique dépêche du 9 octobre 1884, de M. Ristelhueber :

« Li-Hong-Chang déclare qu'une guerre, quelque heureuse qu'en fût l'issue pour la France, aura pour effet *de faire prendre en haine le nom français, haine qui pourrait devenir funeste à la colonie que la France veut fonder aux portes de la Chine.* »

Ces craintes, je le répète, je les ai eues dès l'origine. J'en étais profondément pénétré lorsque, les 5 et 7 juin 1883, je publiais les deux articles qui ont paru, sous ma signature, dans le journal *le Jour*, dont j'étais alors le directeur.

Dans le premier de ces articles, je prévoyais les difficultés que rencontrerait forcément notre corps expéditionnaire et j'indiquais, non sans quelque courage, au gouvernement les deux solutions entre lesquelles il avait à choisir.

Je les résumais en ces termes :

« 1° Renoncer — pour le moment du moins — à toute idée de conquête ou de protectorat du Tonkin et se borner à maintenir dans le Delta une situation militaire suffisamment forte; en un mot, ménager notre influence par l'adoption d'un *modus vivendi* librement consenti entre la Chine et nous. En ce cas, nous nous contenterons de nous faire reconnaître certains droits de commerce et de navigation.

« 2° Marcher hardiment à la possession du Tonkin sans se dissimuler les difficultés de l'entreprise aussi bien sur terre que sur mer, et demander au pays les sacrifices nécessaires en hommes et en argent pour conquérir une province riche, admirablement située, non pas sur son empereur légitime Tu-Duc, mais sur un gouvernement étranger auquel porte ombrage l'idée de notre voisinage futur. »

Ce gouvernement étranger que je désignais ainsi était évidemment celui de Pékin.

Dans le second article, celui du 7 juin, je me prononçais avec toute l'énergie possible pour la première de ces deux politiques. Mon sentiment ne s'est pas modifié à cet égard, même à l'heure présente.

Je ne peux donc être soupçonné de m'être fait une opinion après coup ou d'avoir obéi à un mobile intéressé.

Je dois pourtant dire que j'aurais volontiers admis, mais comme un *maximum*, l'occupation du Delta dans les conditions présentées par M. Bourée à M. Duclerc, ministre des Affaires étrangères. On se souvient que notre ministre à Pékin soumit au quai d'Orsay un projet de convention qui procura l'occasion à M. Challemel-Lacour de déclarer la Chine une « *quantité négligeable* ».

Pourquoi la France ne s'en est-elle pas tenue à cette proposition? Et comme il est regrettable qu'un homme d'État de la valeur, de l'intelligence incontestables de M. Jules Ferry ait préféré à cette solution agréable à la Chine, *due pour ainsi dire à son amitié pour nous*, ce traité de Tien-Tsin, instrument précaire, au sujet duquel M. Patenôtre, ministre de France, écrivait déjà — comme cela se peut voir dans le Livre Jaune — en date du 17 août 1884 :

« Le Tsong-Li-Yamen fait savoir aux représentants étrangers que c'est la France qui a déchiré le traité de Tien-Tsin, en obligeant le roi d'Annam à *rendre le sceau d'investiture* conféré par la Chine. »

J'ai prétendu, à propos du projet de convention présenté à la France par M. Bourée, que la solution contenue dans ce projet était pour ainsi dire « due à l'amitié de la Chine elle-même ».

Je dois à cet égard quelques explications particulièrement intéressantes, car les dispositions du gouvernement chinois vis-à-vis de la France, à ladite époque, sont peu connues.

Je suis forcé de remonter au mois d'avril 1880. M. Bourée, qui venait d'arriver à Pékin pour y représenter la France, y trouva une situation fort tendue entre la Chine et la Russie. La guerre était imminente entre ces deux vastes empires. L'Allemagne avait intérêt à attiser la discorde. Elle s'y employait activement. Son but était de paralyser les moyens d'action de la Russie du côté de la Vistule, en immobilisant une partie considérable de ses forces dans l'Extrême Orient.

C'est ce que comprirent parfaitement le ministre de France et son collègue sir Thomas Wade, représentant l'Angleterre auprès de l'empereur de Chine. Le diplomate anglais prévoyait justement les perturbations ruineuses pour le commerce britannique qui seraient, en Extrême Orient, le résultat d'un conflit russo-chinois. Quant à M. Bourée, il ne pouvait avoir d'autre but que de laisser la Russie indépendante et libre d'agir, en Europe, contre les agissements occultes de M. de Bismarck.

Les conseils pacifiques des ministres de France et d'Angleterre prévalurent heureusement auprès de la cour de Pékin; et il me faut rendre un hommage tout particulier et mérité à M. Bourée, qui, en toute cette affaire, a joué un rôle prépondérant. D'ailleurs le gouvernement chinois ne s'est pas fait faute de le reconnaître avec effusion, dès que l'accord a été sanctionné par le traité qui fut signé à Saint-Pétersbourg, entre les deux puissances, en l'année 1882.

Mais ces bonnes dispositions de la Chine devaient bientôt être altérées gravement par les événements qui survinrent au Tonkin.

On a accusé M. Jules Ferry d'en être le véritable, presque le *seul* auteur. Certes le ministre des Affaires étrangères, qui, malgré tous les conseils de la plus stricte prudence, n'a pas craint d'ordonner le mouvement sur Lang-Son, a assumé une grande responsabilité. Mais les circonstances politiques du moment, le besoin pour lui de se mouvoir dans un parlementarisme étroit, encombré de nullités gênantes autant que serviles, ne sont-ils pas cause qu'il s'est, à tort bien entendu, laissé entraîner plus loin qu'il ne l'aurait voulu peut-être, et qu'il a été dès lors empêché de se rendre un compte exact d'une situation singulièrement compliquée et emmêlée?

Le temps rendra justice à chacun. Je continue l'historique simple et rapide de ce qui se passa à Pékin au moment où les relations entre la France et la Chine subirent un malaise sérieux, en raison de notre intervention armée au Tonkin.

M. Bourée, surpris, comme le gouvernement chinois, par des actes que nul n'était autorisé à prévoir, n'hésita pas à rappeler les services par lui rendus de 1880 à 1882, et réclama en retour du Tsong-Li-Yamen une manifestation de sa gratitude à laquelle il avait d'autant plus de droits qu'il s'était montré absolument désintéressé jusqu'alors.

Il se trouva alors, comme l'année précédente, en présence de Li-Hong-Tchang, avec qui, depuis les affaires russes, il était resté très lié.

L'entente s'établit facilement entre ces deux diplomates.

C'est ainsi que, de leur commun accord, sortit le

projet de « convention Bourée ». Les propositions faites à la France étaient donc sincèrement amicales de la part de la Chine. Acceptées par le gouvernement français, elles nous eussent évité de nous engager plus avant dans une guerre dont il est encore impossible de prévoir les conséquences et qui autorise toutes les inquiétudes.

On a contesté la réalité de cet arrangement ou du moins son acceptation par la cour de Pékin.

Ce bruit fut répandu, il est vrai, mais intentionnellement par le marquis de Tseng, qui était l'adversaire politique du vice-roi et qui, dans l'espoir de faire échec à ses vues, cherchait à pousser les choses au pire et à provoquer un conflit.

La réalité de l'adhésion du Tsong-Li-Yamen à ce projet de traité élaboré par le vice-roi et par M. Bourée n'en est pas moins incontestée par les gens qui *savent*. Elle a été d'ailleurs constatée par une dépêche officielle de Li-Hong-Tchang lui-même.

Aller à l'encontre de cette vérité c'est vouloir nier le soleil. La chose a été tentée cependant en présence des résultats acquis, plus tard! Il ne me convient pas de rappeler ici ces irritantes et bien malheureuses circonstances.

Puisque j'ai parlé de la convention Bourée, je dirai également quelques mots aussi de la convention Fournier et des conditions dans lesquelles elle a été produite.

M. Fournier est un capitaine de vaisseau de la marine française, par conséquent un de mes anciens camarades : officier brave, brillant, très intelligent, très estimé, excellent marin, qui a fait ses débuts comme diplomate, le 6 mai 1884, à Tien-Tsin. On ne saurait donc lui reprocher la rapidité vertigineuse qu'il mit à s'entendre avec Li. En effet, le 7 une entrevue eut lieu entre le vice-roi et le diplomate marin, et dès le 8 l'amiral Lespès recevait le projet de convention du commandant du *Volta*. M. Fournier réclamait en même temps, par télégraphe, du ministre de la marine, l'amiral Peyron, les pleins pouvoirs pour signer. M. J. Ferry les lui envoyait sans qu'il eût à attendre l'arrivée de son chef, l'amiral Lespès. La convention était ainsi signée le 11. M. J. Ferry félicitait, le 12, l'heureux négociateur!

Je me garderai de me montrer sévère pour mon ancien camarade, peu apte à la besogne qu'il a accomplie trop hâtivement, comme je viens de l'indiquer. En réalité, il n'était pas suffisamment préparé au rôle qu'il avait accepté et que le ministère lui confirma trop légèrement par ses approbations répétées.

On se rappelle qu'il fallut introduire d'importantes modifications au texte primitif de sa convention. Mais ce qui fut particulièrement funeste dans les négociations poursuivies fiévreusement à Tien-Tsin, ce fut la *convention additionnelle* par laquelle le commandant Fournier crut avoir réglé les conditions de l'évacuation de Lang-Son. Cet officier ne savait pas le chinois, et il n'avait pas songé à faire venir auprès de lui un interprète français, quand il conclut avec le vice-roi. Il s'en est suivi qu'entre le texte français et le texte chinois les divergences de sens furent profondes. C'est ainsi que les mots *évacuation immédiate* furent traduits en chinois par *évacuation aussitôt que possible*, et ainsi du reste.

Mais ce n'est pas tout. Lorsqu'il s'agit de préciser des délais pour le retrait des troupes chinoises, *le vice-roi ne voulut prendre aucun engagement, pas même celui de proposer ces dates* à la cour de Pékin. On ne s'explique donc guère par suite de quelle erreur certainement involontaire, la *veille* du jour où l'accord définitif devait s'établir sur ce point entre le vice-roi et M. Fournier, ce dernier ait pu se croire autorisé à télégraphier au général Millot pour lui donner, comme acceptés officiellement, les délais d'évacuation au sujet desquels il s'était seulement entretenu avec le vice-roi, sans que leur entente *personnelle* eût encore reçu, même entre eux, la sanction d'une signature quelconque.

Ce qu'on a appelé depuis le guet-apens de Bac-Lé était fatal dans de pareilles conditions!

Faut-il, pour expliquer cet événement désastreux, s'en prendre absolument à l'imprévoyance, à l'incompétence du négociateur? Faut-il en rechercher les causes ailleurs?.....

Quoi qu'il en soit, tout a été fait à la légère. On s'est contenté de demi-résultats que l'on a présentés comme complètement acquis, persistant à tenir pour négligeables la Chine et ses armées.

On a cru pouvoir aller de l'avant, et, pour arriver à le résoudre, on a supposé le problème déjà résolu!....

De là Lang-Son après Bac-Lé!...

Quoi qu'il en soit, la déclaration du 17 août 1884 de M. Patenôtre se faisant l'interprète de la cour de Pékin, à savoir : que « la France avait déchiré le traité de Tien-Tsin en obligeant le roi d'Annam à *rendre le sceau d'investiture*, conféré par la Chine », aurait dû sérieusement éveiller l'attention du gouverneur français!

Qu'avons-nous fait pour remédier à ce mal? Rien. Nous n'avons, au contraire, reculé devant rien pour compliquer la situation. Le général de Courcy l'a rendue plus difficile que jamais.

Et c'est pour mettre fin à tous ces embarras multiples que la direction des affaires, retirée à l'élément militaire, a été confiée à l'élément civil. Des expériences semblables faites ailleurs avaient cependant donné lieu déjà à des rivalités, à des conflits regrettables. Au Tonkin, les mêmes rivalités et les mêmes conflits sont survenus. Nos généraux reviennent ou demandent à revenir. Aucun ne se décide à aller les remplacer. Que va-t-il résulter de ces difficultés nouvelles?

Et pourtant c'est un homme d'une haute capacité, d'une intelligence supérieure, possédant d'éminentes qualités, qui a été désigné pour occuper le poste de résident général à Hanoï.

M. Paul Bert est animé des intentions les plus louables. Il travaille, il se remue, il veut se rendre compte par lui-même des besoins de la colonie. C'est évidemment ainsi qu'il s'est pénétré de ce sentiment : que la question militaire n'était plus que secondaire etqu'une administration civile, vigilante, bienveillante et énergique à la fois, suffirait au succès de l'œuvre qu'il s'est chargé d'accomplir. Mais, hélas! les *pillards* sont toujours là, dont le nombre accroît sans cesse. M. Paul Bert lui-même le constate dans ses dépêches.

Administrer sans avoir préalablement assis la conquête me paraît un problème impossible à résoudre. J'ai eu l'occasion de causer plusieurs heures, dans mon bureau du *Constitutionnel*, avec le résident général, avant son départ. J'ai été séduit par sa parole chaude et entraînante. Il m'a souvent tenté de partager ses espérances; je n'ai pu m'empêcher d'en concevoir quelques-unes. Mais je n'ai pas pu ne pas conserver tous mes doutes sur l'opportunité d'une direction civile chargée de la pacification et de l'administration du Tonkin et surtout de l'Annam!

Et lors même que M. P. Bert réussirait dans sa mission, devrions-nous tant nous en réjouir?

En posant cette question, je tourne mes regards vers ce colosse presque ignoré, mal compris, trop dédaigné; vers ce voisin attentif et patient « dont la haine, suivant les expressions de Li-Hong-Chang, pourrait devenir funeste à la colonie que la France veut fonder aux portes de la Chine »; vers ce peuple considérable par le nombre, rusé, perspicace, qui a ouvert enfin ses portes à la civilisation européenne; vers cette fourmilière, travailleuse, économe, sobre, vivace, naissante, qui s'apprête à grandir.

Un journal a publié dans ces temps derniers une prétendue conversation qu'un de ses rédacteurs aurait eue avec le marquis de Tseng, habile diplomate, grand patriote chinois, qui connaît bien son pays, qui l'aime et qui, pendant la récente guerre, lui a rendu des services qu'on n'a pas suffisamment appréciés en Europe.

C'est là un véritable homme d'État asiatique, qui a parfaitement compris l'Europe et qui envisage l'avenir de la Chine avec une saine raison.

D'après son soi-disant interlocuteur, le marquis de Tseng aurait tenu les propos suivants :

« *Le but des Chinois est de reconstituer leurs forces de terre et de mer, surtout afin d'être prêts à tout événement.*

« *Que ce soit la France, l'Allemagne, l'Angleterre*

*ou la Russie, la Chine est décidée, à faire respecter,
partout et toujours, l'intégrité de son territoire,
tout en exécutant toutes les clauses des traités existants.* »

Le diplomate chinois a démenti et l'entrevue
et le langage qu'on lui avait fait tenir. Il n'a donc
pas prononcé les paroles qu'on lui a attribuées.
Mais ces sentiments qu'on lui a prêtés ne sont-ils
pas, en réalité, les siens ? En le niant, ne risque-
rait-il pas de désavouer toute sa conduite en Europe
pendant le séjour qu'il y a fait, en qualité d'ambassadeur de son pays ; et son un peu trop osé
interlocuteur n'est-il pas dans l'exacte vérité quand
il déclare :

« Un nouveau parti commence à manifester ses
aspirations patriotiques. Au contact des Européens,
ce parti songe à s'approprier la doctrine de Monroë,
et c'est en jetant un regard haineux et méfiant aux
Français et aux représentants des autres nations
qu'il inscrit sur son drapeau : *La Chine aux
Chinois !* »

« La Chine aux Chinois ! » N'oublions pas ces
paroles fatidiques. Disons-nous bien aussi que, dans
ce cas particulier, le mot « Chine » embrasse tous
les pays sur lesquels s'étend la suzeraineté de l'Empereur, Fils du Ciel.

Et d'ailleurs, cette appropriation de la doctrine de
Monroë ne serait pas seulement l'œuvre des Chi-

nois. Ne la voyons-nous pas gagner Madagascar?
Et elle ne s'arrêtera pas en si bon chemin, qu'on en
soit sûr.

Pour le moment, la Chine supporte sagement le
poids de ses revers. Nous l'avons surprise à Fou-
Tchéou, nous y avons détruit sa flotte et son arsenal.
Nous lui avons infligé des pertes sérieuses aux Pescadores, dans l'île d'Haïnam ; nous l'avons gravement
atteinte au Tonkin, à Sontay, à Bac-Ninh. Mais ces
malheurs même lui ont servi de leçon. Elle a beaucoup appris pendant cette guerre ! Elle nous a vus
fuir une fois devant ses soldats inexpérimentés,
et si, après notre échec, elle a encore consenti à
traiter avec nous, ce n'est que pour pouvoir se
mieux recueillir et prendre plus sûrement sa revanche.

Nous nous apercevons déjà que, selon l'habitude asiatique, elle ne recule pas devant les plus
hypocrites moyens pour éluder les engagements
qu'elle a contractés vis-à-vis de nous.

Le Tsong-Li-Yamen a parfaitement dépeint la
situation le jour où il dit à M. de Semaillé que « la
Chine peut se laisser contraindre par la force ».
Mais dès qu'elle sera persuadée qu'elle est en état
de lutter avec avantage contre nous, elle ne nous
marchandera ni sa « haine » ni sa « mauvaise
volonté ». Puisse-t-il être encore bien éloigné le
jour où elle croira pouvoir nous les témoigner

toutes deux! En attendant, elle s'organise, elle se prépare au combat.

On parle de cuirassés chinois qui viendraient visiter les ports du vieux continent. Les aventuriers de toutes les nations vont s'offrir à elle pour instruire ses marins et ses soldats ; les fortifications de ses villes, de ses ports, de ses arsenaux sont déjà relevées ; on les réédifie à l'européenne. Il serait dangereux de ne pas envisager l'avenir de nos relations avec le grand Empire du Milieu tel qu'il se présente à nous.

L'insolence récente du vice-roi de Canton à l'égard de notre consul, qui lui avait réclamé une indemnité de 1 750 000 francs, est très significative et nous donne un avant-goût de ce que les Chinois nous réservent pour plus tard.

Le langage du représentant de l'Empereur est à lire et à méditer.

« La déclaration de guerre, répondait-il à notre consul, a arrêté les affaires à Fou-Tchéou, Formose, Ning-Po et ailleurs. Vos soldats ont *tourmenté* et *pillé* les bourgeois, les fermiers, les laboureurs, les marchands, les marins et les pêcheurs de toutes ces localités. Ils ont détruit, dans une très grande mesure, la vie, la propriété et les navires. Mais cela touche d'autres provinces : dans la mienne, vous avez saisi les vapeurs de Canton, bloqué Pakhoï, arrêté le commerce maritime de Swatow et de Kiang-

Chou, et causé ainsi une perte de 3 800 000 taëls. D'après la loi internationale, l'*agresseur* doit payer pour les dégâts qu'il a causés. *Je vous demande donc de me faire savoir comment vous entendez régler cette réclamation et à quelle époque vous avez l'intention de la payer.* »

Est-ce tout ? Pas encore. L'insolence du vice-roi va plus loin. Il suppute ce qu'il lui en a coûté pour la défense des côtes contre les Français. « Je calcule, dit-il, que j'ai dû dépenser environ 4 millions de taëls pour l'achat des canons et des navires, et je n'ai pu encore réunir toute cette somme..., » et il déclare ironiquement au consul de France que, puisqu'il a le désir d'entretenir de bonnes relations avec la Chine, « il ne saurait mieux faire que de contribuer à couvrir des dépenses que les Français lui ont occasionnées ».

Le facétieux Chang-Chi-Thang, en traitant de la sorte notre consul, n'avait-il pas la secrète pensée qu'il ne courait aucun risque de voir les flottes françaises mouiller comme autrefois devant Canton pour appuyer les réclamations des représentants de la France?

Aurait-il eu, sans cela, l'impudence de lui nier même le droit de s'occuper des chrétiens ? Se serait-il aventuré à lui dire : « Autoriser une pareille immixtion ce serait autoriser une immixtion directe dans les affaires d'un État souverain et de protéger ses propres sujets. »

Eh bien ! mais voilà un Chinois qui me semble vraiment parler fort bien, tout comme parlerait un fonctionnaire français, anglais, allemand ou russe si un étranger quelconque prétendait s'immiscer dans les affaires de son pays et « protéger ses propres sujets ». Nous avons appris cela aux Chinois. Ils profitent de nos exemples, et, le 12 octobre 1886, nous en sommes réduits à annoncer, presque avec ostentation, que « le vice-roi de Canton a bien voulu accorder enfin, au consul de France, l'audience que ce dernier lui avait demandée. »

Voilà pourtant où nous en sommes arrivés déjà !

Aussi, quand un journal publie la nouvelle suivante :

« La commission de délimitation du Tonkin fonctionne malgré l'absence de son président, M. Bourcier Saint-Chaffray.

« Mais un télégramme du général Jamont annonce que l'escorte de cette commission a été attaquée en amont de Laokaï, le 19 août dernier. Un sous-officier d'infanterie de marine, M. Gueit, qui commandait les tirailleurs tonkinois, a été légèrement blessé.

« Le général Jamont déclare que cette attaque aurait été préparée par les commissaires chinois. Ceux-ci désirent quitter au plus vite ce pays de montagnes, très malsain en cette saison, et ce guet-apens leur en aurait servi de prétexte. Que penser d'un pays où les Chinois eux-mêmes ne se trouvent pas en sécurité et d'où ils ont tant de hâte à sortir pour ne pas succomber à l'action meurtrière du climat? » il se trouve, en France, des écrivains très sensés et très prudents, je le confesse, qui déclarent qu'il nous faut bien nous garder de voir là un acte de félonie appelant une réparation.

Après le système du *rien laisser passer*, nous avons adopté celui du *tout laisser faire*... Et d'ailleurs, n'y sommes-nous pas contraints?

Aussi ne puis-je me défendre d'une involontaire terreur en songeant qu'une époque viendra où, quand M. Paul Bert et d'autres après lui, peut-être, auront fait du Tonkin une colonie prospère; quand le commerce et l'industrie s'y seront largement développés sous notre impulsion; quand les communications y seront faciles et nombreuses; quand enfin, notre corps expéditionnaire considérablement réduit, le pays sera, pour ainsi dire, livré aux forces indigènes, la Chine se dressera en face de nous, voisine remplie de « haine » et de « mauvaise volonté », possédant des armées nombreuses, bien commandées, et des flottes montées par des marins exercés.

Ce jour-là, la Chine nous cherchera une querelle d'Anglais ou d'Allemand. Ce sera la guerre !

Serons-nous disposés à l'accepter?

Serons-nous prêts à l'entreprendre?

Ces hypothèses d'aujourd'hui deviendront sûrement des réalités un jour! Il faudrait nier l'évidence, l'histoire des peuples depuis le commencement du monde, les passions humaines, l'éternelle logique pour oser contester l'absolue vraisemblance de ces sombres prévisions.

En attendant, la Chine nous tiendra en échec et nous affaiblira par les prétendus *Pavillons-Noirs,* aussi bien dans le Tonkin que dans l'Annam, où nous avons persisté à ne pas laisser « subsister le tribut annamite ». M. Patenôtre n'a cessé pourtant de nous faire connaître l'importance qu'elle attachait à cette marque de vassalité de l'Annam. Elle consentait, à ce prix, à nous payer les 80 millions que nous lui réclamions comme contributions de guerre!

La dépêche du 3 août 1884 de M. Patenôtre est formelle à ce sujet.

« La Chine s'engage à payer à la France, écrivait-il, 80 millions, à titre de contributions; mais elle demande que la France consente, en échange, à laisser subsister le *tribut annamite.* »

Plus tard, revenant sur le désir de la Chine, M. Patenôtre écrivait de nouveau :

« Sir Robert Hart me demande que la France consente au maintien du tribut que, antérieurement aux nouveaux traités conclus avec l'Annam, la cour de Hué envoyait tous les deux ans à la cour de Pékin et qui ne pouvait, au dire de sir Robert, être considéré que comme *une simple formalité.* »

Pour répondre à ces pressantes observations, que faisions-nous?

Nous nous empressions de supprimer ledit tribut !

Le gouvernement français, en agissant de la sorte, avait-il le droit d'arguer d'une erreur involontairement commise par son représentant en Chine? Il lui aurait fallu, pour cela, effacer la très catégorique déclaration faite à Paris, en juin 1883, par le marquis Tseng.

« La Chine, disait-elle, consentirait à reconnaître le traité de 1862, qui enlevait à son souverain — *suzerain* de l'Annam — trois provinces de la Basse-Cochinchine. De plus, le gouvernement chinois reconnaîtrait le traité de 1874, qui consacrait le démembrement de trois nouvelles provinces de la même région. »

Toutefois, avait ajouté le marquis, il serait entendu :

« 1° Que le droit d'intervention de la France pour le maintien de l'ordre ne devrait s'exercer que sur la demande de l'empereur d'Annam, et cela d'ailleurs conformément aux clauses du traité;

« 2° Que le traité ne serait pas considéré comme excluant la suzeraineté de la Chine sur l'Annam. »

M. de Tseng affirmait enfin que le gouvernement chinois consentirait à ouvrir largement l'Yun-Nan

au commerce français; mais il pensait que la Chine
« n'irait pas au delà de ces concessions ».

On a ri, en France, de toutes ces *chinoiseries;* on
a continué à considérer ce pays comme une quantité négligeable, et l'incendie s'est propagé d'un bout
à l'autre de l'Annam.

N'est-il pas évident que le gouvernement chinois
est l'instigateur des désordres contre lesquels nous
avons à lutter encore aujourd'hui?

Il faudrait, pour en douter, ne pas connaître cette
race perfide.

Le père Huc, que j'ai jadis connu à Hong-Kong, a
écrit sur ces peuples de l'Extrême Orient un ouvrage
excellent dont j'extrais ce passage fort intéressant :

« Les Chinois, dit-il, et surtout leurs mandarins,
sont forts avec les faibles et faibles avec les forts.
Dominer et écraser ce qui les entoure, voilà leur
but, et, pour y parvenir, ils savent trouver dans la
finesse et l'élasticité de leur caractère des ressources
inépuisables. Si on a le malheur de leur laisser
prendre une fois le dessus, on est perdu sans ressources; on est tout de suite opprimé, et bientôt
victime. Quand, au contraire, on a pu réussir à les
dominer eux-mêmes, on est sûr de les trouver do-
ciles et malléables comme des enfants. Il est facile
alors de les plier et de les façonner à volonté, mais
on doit bien se garder d'avoir avec eux un seul
moment de faiblesse : il faut les tenir avec une

main de fer. Les mandarins chinois ressemblent à leurs longs bambous; une fois qu'on est parvenu à leur saisir la tête et à les courber, ils restent là; pour peu qu'on lâche prise, ils se redressent à l'instant avec impétuosité. »

Qui oserait prétendre que les « longs bambous » du père Huc ne se sont pas redressés « avec impétuosité »? Le prestige de nos armes a considérablement diminué à leurs yeux depuis Bac-Lé et Lang-Son. Nos débats parlementaires, les articles de nos journaux leur ont fait connaître nos répugnances pour les expéditions lointaines. Les Chinois ont compris enfin la possibilité de nous résister, de nous vaincre peut-être, au moins par le nombre. Ils préparent la revanche avec ardeur; je ne saurais trop le répéter.

C'est le Tonkin qui recevra le premier choc. Fasse le ciel que ce jour-là nous soyons prêts à le recevoir, surtout à le repousser!

Aussi, combien j'aurais préféré, avant d'en arriver à ces éventualités dont les conséquence échappent aux prévisions humaines, combien j'aurais préféré, dis-je, faire taire « la haine » de la Chine et effacer tout prétexte à sa « mauvaise volonté ».

Ce qui me semble particulièrement grave, c'est que les tendances du gouvernement de Pékin ne visent pas seulement la France. Elles ont pour objectif aussi bien qu'elle toutes les nations du globe dont elle pourrait avoir à redouter des attaques.

La Chine veut désormais être forte, sinon la plus forte.

C'est ce que faisait judicieusement remarquer le correspondant du *Journal des Débats* dans une de ces récentes lettres, datée de Shangaï, 15 juillet 1886.

« Le district de Tchoumking, dans la province de Sétchouen, écrivait-il, a été, il y a quinze jours, le théâtre d'événements graves dont les conséquences eussent été il y a une dizaine d'années une demande d'indemnité ou un bombardement. Les détails viennent d'arriver seulement et ont été publiés hier dans les journaux; il n'y a donc pas encore à s'étonner qu'aucune réclamation énergique ait été adressée aux autorités, cependant il y a fort à parier que la réclamation ne sera faite, si même elle est faite, que timidement. Veuillez enregistrer cette opinion, en attendant qu'elle se confirme.

« Cette province du Sétchouen est la Terre promise des ambitions du commerce anglais. La fertilité du sol, la richesse de ses habitants et la situation qu'elle occupe sur la carte de l'empire la désignaient depuis longtemps à l'attention des consultats de Sa Majesté britannique. L'ouverture de cette province aux importations anglaises par l'établissement de ports de commerce sur le fleuve Bleu, en amont de Hankéou, dernière station concédée par le gouvernement, est, en effet, une des questions qui intéressent le plus vivement l'avenir de l'influence anglaise en

Chine. Le Sétchouen et le Yunnan sont les deux clefs
de l'ouest de l'empire et les marches extrêmes de
son indépendance. Ce serait singulièrement méconnaître le caractère chinois, soit dit à ce propos, que
de penser que la Chine accepterait jamais que les
Anglais se fixassent dans ces provinces. Les événements qui viennent de s'y passer ont donc une importance d'une gravité exceptionnelle, et *constituent
une démonstration politique de la Chine contre les
espérances des étrangers*. C'est dans ce sens que se
sont déjà exprimés les premiers commentaires; la
diplomatie chinoise ne donnera pas le change à
l'opinion.

« Ce sont effectivement les étrangers qui ont reçu
le choc : Français, Anglais, Américains ont éprouvé
les mêmes désastres. Les Anglais cependant ont
plus souffert, comme vous le verrez plus loin, et ne
pourraient pas, dans cette occasion, se vanter d'avoir
été traités selon la clause de la nation la plus favo-
risée. Je vous avoue franchement que ce détail n'a
pas peu contribué à apaiser les premiers mouvements
d'indignation qui se sont produits dans la concession. Ce pauvre consul anglais, chassé à coups de
pierre et obligé de se réfugier chez le foutaï de
l'endroit, après avoir vu sa maison mise au pillage
et incendiée! quelle nouveauté en Chine! Les plus
exaltés exigeaient une réparation immédiate, conformément à la coutume; mais le gouvernement an-

glais accepte maintenant tous les outrages, pourvu que la Chine fume son opium des Indes. *Le temps des menaces et des colères est passé.* Le consul de S. M. Victoria, impératrice et reine, gardera les coups de pierre, et l'incident sera clos, parce que — je vous demande pardon de vous dire la raison, cependant n'oubliez pas que nous sommes en Chine — parce que le Dragon d'Azur a été irrité contre les étrangers, diables de l'Occident. Que voulez-vous que les Anglais fassent contre ce Dragon d'Azur? Les Anglais, le fait est acquis, admettent les théories politiques de la Chine. »

Mais ce langage qui arrive de Chine n'a rien pour m'étonner. La Chine sait mieux que nous que « le temps des menaces et des colères est passé ».

En France, M. R. Frary, un esprit réfléchi, un écrivain d'un grand mérite, parle exactement comme le correspondant des *Débats*, à Shangaï. En apprenant l'*accident* — ou si l'on aime mieux pour ne pas déplaire à la Chine le *malentendu* — dont a été victime notre commission chargée de la délimitation des frontières, le rédacteur du journal *la France* s'exprime ainsi :

« Quoi qu'il en soit, la nouvelle de cette surprise n'a produit chez nous *aucune émotion*. On a compris que le parti le plus sage était de n'y pas attacher trop d'importance, de n'y voir qu'un des épisodes innombrables de la conquête d'un pays en proie au désordre. Personne n'a lancé de réquisitoire contre la Chine, n'a parlé de satisfaction éclatante à exiger par le canon; personne ne s'est écrié que ces choses-là se payent. Nos relations avec la Chine n'en seront pas troublées et la délimitation des frontières s'achèvera en dépit de tous les obstacles.

« *C'est que nous avons changé d'humeur.* Le gouvernement ne se soucie pas de se faire des affaires. Les partisans les plus résolus de la politique coloniale reconnaissent que le moment serait fort mal choisi pour lancer un cri de guerre, et qu'il faut plutôt *célébrer la pacification du Tonkin et la bonne foi des Chinois que d'insister sur l'audace des pirates ou d'accuser les mandarins.* »

Tout cela est d'une logique qui fait *froid dans le dos,* quand on songe à ce que les Chinois peuvent nous réserver dans l'avenir.

Ah! que d'enseignements notre expédition du Tonkin leur a procurés! Et comme M. le marquis de Tseng, l'un des hommes qui ont le plus poussé à l'intervention française, avait raison de dire : « *Trois guerres avec une puissance européenne, et la Chine sera civilisée.* »

Si l'on rapproche ce langage de celui de Li-Fong-Pao disant à M. de Courcel, à Berlin, dans une de ses conversations avec notre ambassadeur : « *La France a inspiré à la Chine,* POUR BIEN DES ANNÉES

A VENIR, *des sentiments d'animosité* », comment ne
pas se sentir effrayé de ce qui pourrait survenir
dans notre colonie tonkinoise pendant « *ces années
à venir* » ?

Je m'arrête, pour ne pas assombrir davantage un
tableau déjà si attristant.

Ce n'est pas sans raison, je le reconnais, que je
pourrais être accusé de n'avoir jusqu'à présent formulé
que des critiques et de n'avoir exprimé aucun sentiment personnel, quelque chose enfin pour indiquer
le moyen de réparer les fautes selon moi commises.

« A tout mal il y a un remède, » dit un vieux proverbe. Je suis à me demander si, en la circonstance,
le proverbe ne ment pas !

Dire pourtant qu'il n'y a pas de remède serait une
exagération. Il s'agit seulement de savoir si, étant
donné qu'il existe, il serait applicable à l'heure présente, après les sacrifices accomplis, après les dispositions prises en vue d'une occupation définitive.

Ce qui était acceptable il y a un an le serait-il
aujourd'hui ?

MM. Bourée et Rheinart ont |tous les deux écrit
— le Livre Jaune en fait foi — que la *solution* annamite *était à Pékin.* Y est-elle encore ? Y traiterait-
on aussi facilement qu'on l'aurait pu faire en 1884
ou en 1885 ?

A cette époque, nous pouvions soit *évacuer*, bien
que peu de Français, pour des sentiments très res-

pectables, s'y fussent résignés, soit *liquider*, ce qui ne nuisait pas à notre prestige en Orient et augmentait notre force sur le continent.

Liquider? ai-je dit. Pour cela comment faire?

Un projet de liquidation a été publié dans le *Constitutionnel*, sous ma direction, le 1ᵉʳ décembre 1885. L'auteur en est M. Pène-Siefert, qui a accompagné M. Paul Bert dans sa mission.

Voici ce qu'écrivait à cette époque mon distingué collaborateur :

« La liquidation honorable de notre situation dans l'Annam pourrait, pour n'être pas une évacuation subite et totale, consister dans une aide sérieuse apportée à la constitution d'un gouvernement indigène, autonome, indépendant à la fois de la cour de Pékin et de la cour de Hué. Les éléments de ce gouvernement existent dans les lettrés du pays, qui ont les sympathies de la population. Ces lettrés mandarins auraient une police, sorte de gendarmerie locale, qui viendrait bien plus efficacement à bout de la piraterie et des déprédations chinoises que notre corps d'occupation. Les Européens, en effet, ne peuvent se mouvoir ni pendant les grosses chaleurs ni pendant les grandes pluies à l'intérieur du pays, comme les Annamites et les Chinois. Nous ne pourrions intervenir que sur les cours d'eau avec des chaloupes-canonnières; les expéditions à terre nous sont difficiles et nous ont été presque toujours funestes.

« Une zone à occuper à titre définitif, en nous décidant à rester dans le Pacifique, c'est le littoral oriental de la province de Quang-Yen jusqu'à la frontière de la Chine. Étroite, d'une altitude assez élevée, délimitée régulièrement par une ramification montagneuse, d'un climat sain et égal; parsemée de belles baies bien abritées, d'un sous-sol carbonifère à peu près dans toute son étendue, peu ou point peuplée à cause de l'impossibilité de l'irrigation pour des rizières, cette zone commence à l'ouest, en amont de Haïphong, sur le Cuanam-Trien, bras du Thaï-Binh, par lequel on communique avec le fleuve Rouge, et s'étend à l'est jusque vers la rivière Ngan-Nan et le cap Paklung, limites historique et géographique de la Chine et du Tonkin. — Elle se prête à merveille à un établissement commercial qui centraliserait à Quang-Yen ou à Halong les produits d'exportation et d'importation; et à une station navale, avec arsenal et bassins de radoub à Tien-Yien en face de l'île de Kébao. Il est évident que ces deux points sont supérieurs aux *Pescadores*, à cause du combustible et des diverses facilités de ravitaillement. D'ailleurs, aujourd'hui, pour avoir les Pescadores, il faudrait une guerre nouvelle avec la Chine, qui sera d'autant moins prête à faire des concessions amiables qu'elle nous verra décidés à partir de l'Annam; les frais d'établissement seraient supérieurs à ceux qui seraient nécessaires à

Quang-Yen ou Halong et à Tien-Yen, où l'on est à proximitié du charbon et des vivres. Ces deux ports affranchiraient en outre notre marine militaire et marchande du tribut qu'elle paye aux ports anglais de Hong-Kong et de Singapoore. Leur construction serait une dépense reproductive, peut-être même la première de toutes celles faites en ces dernières années au Tonkin.

« Notre concentration sur ces deux points du littoral offrirait ensuite un refuge naturel aux indigènes qui ont pris fait et cause pour nous, dans l'espérance que cette fois nous ne les abandonnerions pas comme en 1873-74. Ces réfugiés fourniraient une main-d'œuvre excellente et bon marché pour nos divers travaux d'installation et nous serviraient d'intermédiaires pour nos transactions futures avec l'intérieur du pays.

« De cette façon, on le voit, il n'y aurait pour nous NI BANQUEROUTE FRAUDULEUSE, NI MÊME FAILLITE SIMPLE. Ce serait une liquidation honorable dans toute l'acception et l'honnêteté du mot.

« Un an suffirait à cette liquidation, bien conduite, sans arrière-pensée, sans tergiversation, avec la pleine conscience de ce que nous entendons et voulons faire. Nos troupes se retireraient à mesure des progrès d'une organisation indigène abandonnée aux soins des lettrés et de la population du Tonkin, qui sont, on en conviendra, les intéressés directs.

Avec les sentiments qu'ils nourrissent contre les Chinois, avec leur forte organisation communale, avec leurs habitudes de responsabilité collective, la pacification du Delta s'opérera sûrement en peu de temps. Les Tonkinois sont essentiellement un peuple ordonné, partisan de la paix et du travail : ils feront des battues contre tous les irréguliers et les vagabonds, et si nous nous y associons avec notre flottille, sur leur demande, afin de les rendre plus effectives encore, ils nous sauront un gré facile à concevoir de notre présence sur leur littoral. Il s'agit en effet, pour faire là-bas œuvre civilisatrice, d'apporter aux Tonkinois ce qui leur manque : des capitaux, un outillage, des instructeurs et des directeurs de travaux. Quand nous serons leur complément économique et leurs libérateurs politiques, nous serons chez eux les bienvenus et les bien vus. D'autre part, agir sans le concours indigène, c'est se condamner d'avance à n'avoir que des embarras, à ne rencontrer que des résistances. On aurait pu le deviner d'avance; mais nous l'avons appris à nos dépens une fois de plus : que ce soit la dernière ! »

En novembre 1885, M. Andrieux n'était pas moins précis que le rédacteur du *Constitutionnel*. Lui aussi était partisan de la *liquidation*. Il la plaida avec autant de talent que de logique.

Il alla même jusqu'à signaler également Quang-Yen et les baies de Kebao et de Mangay, sur le litto-

ral de la province de Quang-Yen, comme propices à
l'établissement de ports marchands et d'une station
navale. Cette portion du littoral tonkinois lui pa-
raissait devoir satisfaire la France pour y créer une
colonie qui aurait suffi à nos besoins dans ces parages.

Il s'en exprima d'ailleurs en termes précis à la
tribune de la Chambre.

« Lorsque, dit-il, j'ai vu, après M. Clémenceau,
l'honorable M. de Freycinet occuper cette tribune,
j'ai cru qu'il allait apporter la solution moyenne
entre l'évacuation et l'occupation intégrale... Je l'ai
d'autant mieux cru que M. le ministre des Affaires
étrangères me semblait n'avoir à l'emprunter qu'à
son passé le plus récent et à ses négociations avec
les Hovas... Au Tonkin, où nous sommes depuis
moins longtemps engagés, il serait peut-être possible d'entrer dans la même voie qu'à Madagascar...
Qu'est-ce que le gouvernement nous propose et par
quelle singulière contradiction, après avoir renoncé
à des droits séculaires sur Madagascar, tiendrait-il
absolument à nous engager au Tonkin bien au delà
de ce qui lui paraît acceptable et absolument honorable à Madagascar, sur une terre où aussi le sang
de nos soldats a coulé? Non seulement le gouvernement n'est pas entré, pour le Tonkin et l'Annam,
dans la voie d'une atténuation du protectorat primi-
tivement stipulé, mais il a encore aggravé ce qu'il

nous propose d'approuver aujourd'hui par le vote des crédits. C'est une aggravation du protectorat et c'est une aggravation considérable de l'occupation..... Cherchant le parti que nous pourrons tirer des sacrifices déjà consentis et rappelant le traité de Madagascar, j'indique qu'il serait possible d'établir un résident général, soit à Hué, soit à Hanoï, qui ne s'emparerait que de la politique extérieure de ce royaume, tout comme à Madagascar; qu'en outre, ainsi qu'à Madagascar, nous pourrions choisir sur la côte, par exemple, quelques points heureusement placés, qui pourraient être d'un grand profit, soit au point de vue militaire, soit au point de vue des avantages commerciaux.

« Ceux qui habiteraient ces points — analogues aux concessions européennes de Shangaï — seraient soumis, à tous les points de vue et pour toutes les conséquences, même fiscales, à l'administration française. Si ces points sont intelligemment choisis et bien administrés, vous verrez nécessairement accourir tous les négociants français ou étrangers qui voudront faire du commerce avec l'Annam et le Tonkin.

« C'est là que s'installeront incontestablement un certain nombre de maisons chinoises; des familles nouvelles s'y créeront peu à peu. Vous arriverez ainsi à un groupement d'intérêts et de population placés sous votre main, au plus grand profit de votre influence. Enfin par ce fait seul que vous serez sur la côte, dans un endroit facilement défendable, soit par suite du voisinage de votre flotte, soit par suite de l'accès facile pour nos canonnières, vous serez solidement établis et inexpugnables... »

Hélas! Pourquoi de si sages avis ne furent-ils pas écoutés? Pourquoi avons-nous laissé échapper alors l'occasion d'agir résolument, au lieu de continuer à avoir recours aux demi-mesures, aux atermoiements, aux « petits paquets » énervants et ruineux à la fois?

Pour répondre d'avance à certaines objections que pourrait soulever l'idée d'une liquidation de notre expédition tonkinoise , je vais encore rappeler le second article qui fut publié à ce sujet dans le *Constitutionnel*, toujours par M. Pène-Siefert, ce dernier en date du 12 janvier 1886.

« En voulant procéder, dit-il, par voie de conquête, ces dernières années, il fallait porter ses coups à Hué , en raser la citadelle , transférer la famille royale des Nguyen en plein Tonkin, lui donner et imposer un entourage strictement tonkinois. Cela rétablissait l'autorité annamite sous notre hégémonie et replaçait le centre de gravité annamite à sa place séculaire. C'était une solution d'une haute portée et d'une exécution relativement facile.

« Mais la création successive de deux rois qui ont également reçu notre investiture, l'état instable et

anarchique qui en est résulté, la scission du manda-
rinat et des lettrés indigènes, qui ne se réunissent
que contre nous, sont des faits qui forcent à recourir à une autre solution. Dans cette autre solution,
il y a deux choses : nos futurs rapports avec les
indigènes, qu'il faut établir sur un pied analogue à
celui fixé avec les Hovas ; puis l'organisation d'autorités indigènes qui soient les intermédiaires officiels de ces rapports et demeurent responsables
vis-à-vis de nous.

« Le sentiment dynastique est à peu près nul chez
les peuples égalitaires et communautaires de civilisation chinoise ; mais les habitudes y sont immua-
bles, et il est prudent de tenir compte des plis qu'elles
impriment aux cerveaux. Les Annamites du Tonkin
et de la Haute-Cochinchine sont habitués aux Nguyen
comme les Autrichiens aux Habsbourgs, bien qu'il
existe entre eux, depuis 1882 seulement, des sentiments de vainqueurs et de vaincus qui effacent en
partie l'identité fondamentale de ces deux tronçons
de l'Annam, terme générique qui comprend l'un et
l'autre et qu'on restreint à tort à la Haute-Cochin-
chine.

« Le moyen de faire la part de ces habitudes et de
libérer les Tonkinois du joug de Hué serait de pro-
clamer le jeune Amnighi, qu'emmena Thuyet dans
les montagnes du Laos, ROI DU TONKIN, TOUT A FAIT
INDÉPENDANT DE CELUI DE HUÉ. *Cette dualité de*

pouvoirs creuserait un abîme entre la Haute-Cochin-chine et le Tonkin, AU PROFIT DE CE PAYS ET DU NÔTRE. Les deux Nguyen se jalouseraient cordialement et leur inimitié nous permettrait d'être leur arbitre et de les tenir en respect tous deux. Très intéressés chacun au maintien du bon ordre dans leur royaume respectif, ils feraient disparaître la piraterie à l'intérieur, et notre présence sur le littoral empècherait la reconstitution de la piraterie maritime.

« Mais, pour reconquérir Amnighi, il faudrait des négociateurs habiles auprès de l'ex-régent Thuyet et du prince Heang-Keviem, qui le détiennent comme symbole de l'indépendance nationale, et aux ordres desquels restent toujours les Pavillons-Noirs de Lao-Kaï et les Pavillons-Jaunes du Tran-Ninh. Si je ne me trompe, c'est le général Millot qui sanctionna l'intronisation d'Amnighi. Comme il faudra toujours un général pour présider à la diminution prudente de nos effectifs, et que M. Millot a certainement mieux compris que ses prédécesseurs et successeurs la tâche de la France là-bas, je ne vois personne qui ait plus de chances de succès pour inaugurer en Indo-Chine la politique nouvelle dont tout le monde sent le besoin ! »

Je le répète, les solutions hardies, énergiques, décisives que l'on pouvait conseiller il y a un an, seraient-elles praticables actuellement? Serait-il opportun de les tenter?

Nous faisons en ce moment, dit-on, avec M. Paul Bert un essai de colonisation qui est de nature à rendre la confiance à ceux qui l'avaient perdue, à la communiquer à ceux qui ne l'ont jamais eue.

Les premiers comme les seconds peuvent avoir raison, s'ils n'examinent les choses qu'au point de vue des résultats présents, et encore?..... Mais tous ceux qui voudront envisager l'avenir sans illusion; ceux qui se pénétreront, comme j'en suis profondément pénétré moi-même, des inconvénients d'un voisinage aussi menaçant que celui de la Chine, à plusieurs milliers de lieues de la France; ceux qui voudront étudier le mouvement de progrès, de civilisation de ce pays qui s'organise, qui emploie toutes ses ressources à devenir puissant et fort; tous ceux, en un mot, qui voudront juger la situation sans passion, sans parti pris, seront forcément entraînés à se poser la question suivante :

Ne vaudrait-il pas mieux aplanir, d'accord avec la Chine, nos difficultés présentes, et prévoir celles que l'avenir nous réserve sûrement, tandis qu'elle est encore faible et par conséquent traitable, obligée en un mot de se montrer conciliante, que d'attendre le moment où, affaiblis nous-mêmes par les sacrifices, et dès lors très embarrassés, nous serons en présence d'un peuple en armes, puissant, menaçant, insolent, intraitable?

Certes, je n'ose pas trop conseiller aujourd'hui

aux autres ce que je n'hésiterais cependant pas à faire, moi, parce que je suis convaincu que je rendrais, en agissant ainsi, un grand service à mon pays.

Il m'est difficile de dire même : *Liquidons*, de crainte de m'attirer cette réponse qui flatte notre déplorable chauvinisme :

Comment osez-vous tenir un pareil langage au moment où M. Paul Bert annonce au ministre des Affaires étrangères un rendement annuel des impôts de 8 000 000 qui viendraient bienfaisamment augmenter les difficiles encaisses du Trésor!

Hélas! j'en demande pardon à M. P. Bert lui-même, très sincère, très convaincu; mais la perspective de ces brillants résultats n'a pas le pouvoir d'ébranler mes convictions. Aussi ai-je pris la sage résolution de n'exposer que des faits, des documents, les appréciations d'autrui, laissant à d'autres plus habiles et sans doute moins convaincus que moi le soin de démêler cet écheveau horriblement embrouillé qui s'appelle la question annamite!

Personne ne me fera l'injure, je l'espère, de croire que je ne fais pas tous les vœux les plus sincères pour que mes prévisions soient déjouées, pour que l'Annam devienne terre française, et surtout terre prospère, nous procurant toutes les ressources, tous les bienfaits promis et annoncés.

Je n'en déclare pas moins fermement que si nous avions fait pour nos possessions en Cochinchine le quart des sacrifices que nous avons faits pour le Tonkin, nous posséderions, paisiblement, sans appréhensions d'aucune sorte, au sud de l'Indo-Chine, l'une des plus belles colonies du monde.

C'est spécialement pour arriver à la démonstration de cette thèse que j'ai entrepris le présent travail.

Comme complément à l'exposé qui précède, il m'a paru indispensable de publier le document suivant :

Traité entre la France et la Chine

(25 janvier 1886)

ART. 1er. — La France s'engage à rétablir et à maintenir l'ordre dans les provinces de l'Annam qui confinent à l'empire chinois. A cet effet, elle prendra les mesures nécessaires pour disperser ou expulser les bandes de pillards et gens sans aveu qui compromettent la tranquillité publique et pour empêcher qu'elles ne se reforment. Toutefois les troupes françaises ne pourront dans aucun cas franchir la frontière qui sépare le Tonkin de la Chine, frontière que la France promet de respecter et de garantir contre toute agression.

De son côté, la Chine s'engage à disperser ou à expulser les bandes qui se réfugieraient dans ses provinces limitrophes du Tonkin, et à disperser celles qui chercheraient à se former sur son territoire pour aller porter le trouble parmi les populations placées sous la protection de la France ; et, en considération des garanties qui lui sont données quant à la sécurité de sa frontière, elle s'interdit pareillement d'envoyer des troupes au Tonkin.

Les Hautes Parties contractantes fixeront par une convention spéciale les conditions dans lesquelles s'effectuera l'extradition des malfaiteurs entre la Chine et l'Annam.

Les Chinois, colons ou anciens soldats, qui vivent paisiblement en Annam, en se livrant à l'agriculture, à l'industrie ou au commerce, et dont la conduite ne donnera lieu à aucun reproche, jouiront pour leurs personnes et pour leurs biens de la même sécurité que les protégés français.

Art. 2. — La Chine, décidée à ne rien faire qui puisse compromettre l'œuvre de pacification entreprise par la France, s'engage à respecter, dans le présent et dans l'avenir, les traités, conventions et arrangements directement intervenus ou à intervenir entre la France et l'Annam. En ce qui concerne les rapports entre la Chine et l'Annam, il est entendu qu'ils seront de nature à ne point porter atteinte à la dignité de l'empire chinois et à ne donner lieu à aucune violation du présent traité.

Art. 3. — Dans un délai de six mois à partir de la signature du présent Traité, des commissaires désignés par les Hautes Parties contractantes se rendront sur les lieux pour reconnaître la frontière entre la Chine et le Tonkin. Ils poseront partout où besoin sera des bornes destinées à rendre apparente la ligne de démarcation. Dans le cas où ils ne pourraient se mettre d'accord sur l'emplacement de ces bornes ou sur les rectifications de détail qu'il pourrait y avoir lieu d'apporter à la frontière actuelle du Tonkin dans l'intérêt commun des deux pays, ils en référeraient à leurs gouvernements respectifs.

Art. 4. — Lorsque la frontière aura été reconnue, les Français ou protégés français, et les habitants étrangers du Tonkin qui voudront la franchir pour se rendre en Chine ne pourront le faire qu'après s'être munis préalablement de passeports délivrés par les autorités chinoises

de la frontière, sur la demande des autorités françaises.
Pour les sujets chinois, il suffira d'une autorisation déli-
vrée par les autorités impériales de la frontière. Les
sujets chinois qui voudront se rendre de Chine au Tonkin
par la voie de terre devront être munis de passeports
réguliers délivrés par les autorités françaises, sur la
demande des autorités impériales.

Art. 5. — Le commerce d'importation et d'exportation
sera permis aux négociants français ou protégés français
et aux négociants chinois par la frontière de terre entre
la Chine et le Tonkin. Il devra se faire toutefois par certains points qui seront déterminés ultérieurement et dont
le choix ainsi que le nombre seront en rapport avec la
direction comme avec l'importance du trafic entre les
deux pays. Il sera tenu compte, à cet égard, des règlements en vigueur dans l'intérieur de l'empire chinois.

En tout état de cause, deux de ces points seront désignés sur la frontière chinoise, l'un au-dessus de Lao-Kaï,
l'autre au delà de Lang-Son. Les commerçants français
pourront s'y fixer dans les mêmes conditions et avec les
mêmes avantages que dans les ports ouverts au commerce étranger. Le gouvernement de Sa Majesté l'Empereur de Chine y installera des douanes, et le gouvernement de la République pourra y entretenir des consuls
dont les privilèges et les attributions seront identiques à
ceux des agents de même ordre dans les ports ouverts.
De son côté, Sa Majesté l'Empereur de Chine pourra,
d'accord avec le gouvernement français, nommer des
consuls dans les principales villes du Tonkin.

Art. 6. — Un règlement spécial, annexé au présent
Traité, précisera les conditions dans lesquelles s'effectuera le commerce par terre entre le Tonkin et les provinces chinoises du Yun-Nan, du Kouang-Si et du Kouang-
Tong. Ce règlement sera élaboré par des commissaires
qui seront nommés par les Hautes Parties contractantes,
dans un délai de trois mois après la signature du présent Traité.

Les marchandises faisant l'objet de ce commerce seront soumises, à l'entrée et à la sortie, entre le Tonkin et les provinces du Yun-Nan et du Kouang-Si, à des droits inférieurs à ceux que stipule le tarif actuel du commerce étranger. Toutefois le tarif réduit ne sera pas appliqué aux marchandises transportées par la frontière terrestre entre le Tonkin et le Kouang-Tong, et n'aura pas d'effet dans les ports déjà ouverts par les traités.

Le commerce des armes, engins, approvisionnements et munitions de guerre de toute espèce sera soumis aux lois et règlements édictés par chacun des États contractants sur son territoire.

L'exportation et l'importation de l'opium seront régies par des dispositions spéciales qui figureront dans le règlement commercial susmentionné.

Le commerce de mer entre la Chine et l'Annam sera également l'objet d'un règlement particulier. Provisoirement il ne sera innové en rien à la pratique actuelle.

ART. 7. — En vue de développer dans les conditions les plus avantageuses les relations de commerce et de bon voisinage que le présent Traité a pour objet de rétablir entre la France et la Chine, le gouvernement de la République construira des routes au Tonkin et y encouragera la construction de chemins de fer.

Lorsque, de son côté, la Chine aura décidé de construire des voies ferrées, il est entendu qu'elle s'adressera à l'industrie française, et le gouvernement de la République lui donnera toutes les facilités pour se procurer en France le personnel dont elle aura besoin. Il est entendu aussi que cette clause ne peut être considérée comme constituant un privilège exclusif en faveur de la France.

ART. 8. — Les stipulations commerciales du présent Traité et les règlements à intervenir pourront être revisés après un intervalle de dix ans révolus à partir du jour de l'échange des ratifications du présent Traité. Mais, au cas où, six mois avant le terme, ni l'une ni l'autre des Hautes Parties contractantes n'aurait manifesté le désir de procéder à la revision, les stipulations commerciales resteraient en vigueur pour un nouveau terme de dix ans, et ainsi de suite.

Art. 9. — Dès que le présent Traité aura été signé, les forces françaises recevront l'ordre de se retirer à Kelung et de cesser la visite, etc., en haute mer. Dans le délai d'un mois après la signature du présent Traité, l'île de Formose et les Pescadores seront entièrement évacuées par les troupes françaises.

Art. 10. — Les dispositions des anciens traités, accords et conventions entre la France et la Chine, non modifiées par le présent Traité, restent en pleine vigueur. Le présent Traité sera ratifié dès à présent par Sa Majesté l'Empereur de Chine, et, après qu'il aura été ratifié par le Président de la République française, l'échange des ratifications se fera à Pékin dans le plus bref délai possible.

Fait à Tien-Tsin en quatre exemplaires, le 9 juin 1885, correspondant au vingt-septième jour de la quatrième lune de la onzième année Kouang-Sin.

Signé : Patenôtre.

Si-Tchen.

Li-Hong-Chang.

Teng-Tcheng-Sieou.

Art. 2.

Le Président du Conseil, ministre des Affaires étrangères, est chargé de l'exécution du présent décret.

Fait à Paris, le 25 janvier 1886.

Signé : Jules Grévy.

Le Président du Conseil, Ministre des affaires étrangères.

Signé : C. de Freycinet.

CHAPITRE II

COCHINCHINE — CAMBODGE — SIAM

CHAPITRE II

Si j'ai manifesté des craintes et des défiances à l'endroit de nos possessions du Tonkin et de l'Annam ; je suis, au contraire, plein de confiance dans l'avenir de la Cochinchine, à condition pourtant que nous nous en occupions sérieusement et que nous sachions y faire les faciles sacrifices qu'elle réclame de nous. S'il en est ainsi, nous posséderons prochainement un vaste territoire, qui nous consolera de la perte de nos possessions dans l'Inde au siècle dernier... Mytho peut devenir un port de commerce de premier ordre et Saïgon un puissant arsenal, nous permettant de soutenir au besoin, dans les mers de l'Extrême Orient, une longue et pénible guerre maritime.

Cette dernière création est d'autant plus essentielle que nous devons prévoir le cas où nos troupes coloniales et nos bâtiments de guerre seraient privés de communication avec la métropole, par une obstruction momentanée du canal de Suez.

Notre colonisation en Cochinchine n'est pas encore très avancée. Il serait facile de trouver des reproches à adresser à notre administration cochinchinoise. Mais à quoi serviraient ces critiques?

Ne vaut-il pas mieux prendre la situation telle qu'elle est, examiner les résultats acquis, indiquer ceux qu'on pourrait obtenir, proposer enfin les moyens de les atteindre? Cette besogne est moins commode à coup sûr que la première. Néanmoins elle m'est plus agréable, et c'est elle qui me tente.

Il est aisé de se rendre compte de ce que nous pourrions vraisemblablement retirer de la Cochinchine quand on saura que son territoire mesure environ 59 458 kilomètres carrés.

Son étendue égale donc celle de dix de nos départements. La population y est fort dense. On l'estime au chiffre de 1 600 000, soit 27 habitants par kilomètre carré. L'Espagne ne compte que 33 habitants sur la même étendue de terrain! Le climat y est tempéré. On y fait jusqu'à deux récoltes par an et le riz y est abondant. Le Mékong est la grande artère qui met en communication les grandes villes situées en général sur son parcours.

Un service maritime : les *Messageries fluviales*, subventionnées par l'État, fait le service entre Saïgon, Mytho, Tay-Ninh et Baria, d'une part; puis de

Mytho à Soctrang, Chandoc, Benté, Travinh, d'autre part.

Toutefois la Cochinchine se trouve comme reléguée au sud de l'Indo-Chine et pour ainsi dire refoulée vers la mer.

Le royaume de Cambodge la sépare du vaste territoire qui forme les pays du bas et du haut Laos compris entre le Mékong et le Ménam, pays qui confinent eux-mêmes à la Birmanie, au Tonkin, à la Chine, à l'Annam.

Notre colonie ne peut donc communiquer avec le Nord qu'à la condition de traverser le Cambodge, royaume mal administré, dont les voies de communication sont dans un état d'abandon pitoyable et dont les frontières avec le Siam ne sont pas même délimitées.

On comprend dès lors que la Cochinchine ait eu besoin de *se donner de l'air*.

Pour cela, on a tout naturellement songé à mettre la main sur le Cambodge qui l'étouffe, en y établissant un protectorat français!

Mais le Cambodge étant tributaire de Siam, il a fallu s'entendre avec la cour de Bangkok. C'est ce qu'on a fait, dès le début même de notre occupation de la Cochinchine.

En 1867, le gouvernement impérial a traité avec le roi de Siam à l'effet de « régler définitivement, d'un commun accord, la position faite au royaume de Cambodge, par suite du traité conclu à Oudon entre la France et ce royaume, le 11 août 1863.

Mais un traité de protectorat ne saurait suffire à ce que la Cochinchine doit réclamer de son protégé. C'est l'organisation complète du royaume du Cambodge, aux points de vue fiscal, commercial, militaire, qui peut seule répondre aux besoins de notre belle colonie cochinchinoise.

C'est ce résultat qu'il nous faut, à tout prix, atteindre.

Le traité de 1867 est bon, en tout cas, à connaître.

En voici le texte intégral :

Traité conclu le 15 juillet 1867 entre la France et le royaume de Siam

Art. 1er. — Sa Majesté le roi de Siam reconnaît solennellement le protectorat de Sa Majesté l'empereur des Français sur le Cambodge.

Art. 2. — Le traité conclu, au mois de décembre 1863, entre les royaumes de Siam et de Cambodge est déclaré nul et non avenu, sans qu'il soit possible au gouvernement de Siam de l'invoquer à l'avenir en aucune circonstance.

Art. 3. — Sa Majesté le roi de Siam renonce pour lui et ses successeurs à tout tribut, présent ou autre marque de vassalité de la part du Cambodge.

De son côté, Sa Majesté l'empereur des Français s'engage à ne point s'emparer de ce royaume pour l'incorporer à ses possessions de Cochinchine.

Art. 4. — Les provinces de Battambang et d'Angkor (Nakon, Siemrap) resteront au royaume de Siam. Leurs frontières ainsi que celles des autres provinces siamoises limitrophes du Cambodge, telles qu'elles sont reconnues de nos jours de part et d'autre, seront, dans le plus bref délai, déterminées exactement, à l'aide de poteaux ou autres marques, par une Commission d'officiers siamois et cambodgiens, en présence et avec le concours d'officiers français désignés par le gouverneur de la Cochinchine.

La délimitation opérée, il en sera dressé une carte exacte par les officiers français.

Art. 5. — Les Siamois s'abstiendront de tout empiètement sur le territoire du Cambodge et les Cambodgiens s'abstiendront également de tout empiètement sur le territoire siamois.

Toutefois les habitants des deux pays auront la liberté de circuler, de faire le commerce et de résider pacifiquement sur le territoire respectif.

Si des sujets siamois se rendent coupables de quelques délits ou crimes sur le territoire du Cambodge, ils seront jugés et punis avec justice par le gouvernement du Cambodge et suivant les lois de ce pays; si des sujets cambodgiens se rendent coupables de délits ou crimes sur le territoire siamois, ils seront également jugés et punis avec justice par le gouvernement de Siam, suivant les lois de Siam.

Art. 6. — Les bâtiments sous pavillon français pourront naviguer librement dans les parties du fleuve Mekong et de la mer intérieure qui touchent aux possessions siamoises.

Le gouvernement de Sa Majesté le roi de Siam mettra à la disposition des autorités de Saïgon le nombre de passeports qu'elles jugeront nécessaire, pour être délivrés, après avoir été signés et apostillés par lesdites autorités, aux sujets français qui voudront se rendre dans ces parages. Sur le territoire siamois, ceux-ci devront se conformer en tout aux stipulations du traité de 1856 entre la France et le Siam. Le passeport ci-dessus mentionné tiendra lieu, en cas de relâche, de la passe exigée par l'article 7 dudit traité et donnera aux porteurs, en cas d'urgence, le droit d'adresser directement leurs réclamations aux autorités siamoises.

ART. 7. — Le gouvernement s'engage à faire observer par le Cambodge les stipulations qui précèdent.

. . . .

. . . .

(L. S.) Signé : MOUSTIER.

(L. S.) Signé : PHYA, SURAWONGS, WAYWAT.

PHRA, KAXA, SENA.

Que dire de ce traité? Comment l'interpréter?

Par l'article 3, le roi de Siam veut attester de ses bons sentiments à notre égard : il renonce à la suzeraineté sur le Cambodge. Mais il y met une condition précise : « La France ne pourra l'incorporer à la Cochinchine. »

En échange, qu'obtient l'habile négociateur siamois, de notre faiblesse, et surtout de notre ignorance? La reconnaissance d'une spoliation par lui faite; au détriment de qui? du Cambodge, le pays même sur lequel nous voulons établir notre protectorat! Nous nous faisons ainsi volontairement, et l'on peut dire gratuitement, les complices d'une iniquité commise à la fin du XVIIIe siècle, et contre laquelle tous les souverains de Pnôm-Penh ont protesté tour à tour, depuis cette époque.

En dépit du traité de 1867, le roi Norodom proteste encore! Ainsi s'explique l'empressement que
le roi de Siam mit à demander au Gouvernement
Impérial de lui reconnaître comme siennes les provinces fertiles qu'il avait violemment prises à son
voisin. Et c'est la France elle-même qu'il chargeait
de procéder à une délimitation de frontières que,
depuis un siècle, il n'avait pas pu parvenir à établir,
d'accord avec le Cambodge.

Et nous avons accepté une pareille clause! Il est
vrai de dire qu'elle n'a jamais été exécutée. Nous n'en
avons pas moins, en y souscrivant, commis une faute
que, coûte que coûte, il nous faut au plus tôt réparer. Nous devons, pour y parvenir, nous attendre
à rencontrer aujourd'hui des difficultés qu'on eût
facilement écartées en 1867. Le roi de Siam semble
avoir d'ailleurs le pressentiment de ce qui doit lui
arriver, car il a instamment prié M. Ch. Thomson,
notre gouverneur de Cochinchine, lors de son entrevue avec lui le 1er janvier 1885, de vouloir songer à la prompte exécution du traité consenti par le
gouvernement de Napoléon III.

Eh bien! donc, qu'il soit fait selon son désir. Il est
impossible que cette situation vague, indéfinie, dure
plus longtemps.

La fin très prochaine de ce fâcheux état des
choses a d'autant plus de prix pour nous que les
provinces de Battambang et d'Angkor sont les plus

fertiles de toutes ces contrées et qu'elles renferment des richesses de toute sorte qui sont encore à exploiter.

Avant de continuer, qu'il me soit permis de signaler une étude très soignée, très étendue, scientifique même, sur tous les pays de l'Extrême Orient. Elle est l'œuvre de M. de Lanessan, qui a dû, à cet effet, se livrer aux plus minutieuses recherches. Rapporteur de la Commission chargée d'examiner la convention complémentaire de commerce signée entre la France et la Birmanie, l'honorable député a fait, à l'occasion de son rapport, un travail absolument remarquable. Je ne saurais trop conseiller de le lire, à ceux qui voudront *apprendre* ce qu'est l'Indo-Chine.

Toutefois, ce travail de l'éminent rapporteur n'est pas aussi complet qu'il aurait pu l'être. M. de Lanessan s'est un peu trop exclusivement étendu, je crois, sur le côté descriptif de la question qu'il a traitée. Il a ainsi donné, il est vrai, une leçon de géographie des plus complètes à ceux de ses collègues qu'il avait mission d'éclairer avant le vote. La chose est assez rare, en France, pour qu'on ne lui marchande pas des félicitations auxquelles il a droit pour ce fait exceptionnellement méritoire.

Mais, en la circonstance, ce n'est pas à une leçon de géographie, si précieuse qu'elle pût être, qu'il aurait dû limiter son rapport. Qu'il veuille me pardonner cette très légère critique, qui ne lui enlève d'ailleurs rien de sa valeur. C'est lui-même, du reste, qui s'est chargé d'expliquer les lacunes que je viens de signaler.

Il a expliqué très nettement dans quel esprit il l'avait conçu. Il a déclaré n'avoir voulu tirer aucune déduction des notions complètes et laborieuses qui ont été le fruit de ses laborieuses recherches. Il a pensé, a-t-il dit, que les « déductions politiques de son œuvre au point de vue français n'échapperaient à personne ». J'ai beaucoup de raisons de croire que le savant rapporteur a eu une trop bonne opinion de la très grande majorité de ses compatriotes, et j'estime qu'il eût été préférable, pour la parfaite édification de tous, de le voir dégager lui-même, avec son esprit distingué et clairvoyant, les déductions qui découlent des notions par lui recueillies.

Les peuples de l'Indo-Chine ne forment à proprement parler que des réunions de tribus encore à peu près sauvages, vivant sur les bords des fleuves et des cours d'eau au moyen desquels elles communiquent et commercent facilement entre elles.

Elles sont plus ou moins soumises à des souverains qui exercent sur elles des droits très irréguliers et souvent problématiques. « La force y prime avant tout le droit. » C'est, à leurs yeux, le seul argument qui soit irrésistible. Il est, par conséquent, difficile à qui n'a pas tout spécialement et profondément étudié les mœurs tout à fait étranges de ces pays presque inconnus de tirer, au point de vue français, les déductions politiques dont M. de Lanessan parle avec tant d'aisance!

J'ai cru agir moi-même avec prudence et aussi d'une façon plus terre à terre, en recherchant exclusivement comment on pourrait arriver à établir de fréquentes et sûres relations d'échange entre la France et ces tribus nombreuses. Ces relations ne ne sont-elles pas les seules qui soient de nature à mériter notre attention?

Deux courants commerciaux bien marqués apparaissent immédiatement à ceux qui jettent les yeux sur une carte de l'Indo-Chine.

Le premier est tracé, à l'est, par le fleuve Mékong, le second, à l'ouest, par le fleuve Ménam.

Ce dernier, entièrement siamois, traverse tout le royaume de Siam, du nord au sud, sur un parcours de 800 kilomètres dont 600 environ sont navigables. Le Ménam se jette à la mer à Bangkok, où l'influence anglaise règne sans conteste. Ce fleuve est donc une voie commerciale naturellement placée pour servir exclusivement les intérêts anglais.

Le Mékong au contraire semble destiné à favoriser une concurrence française faite à l'Angleterre. Son parcours est de 2000 kilomètres. Il est presque partout navigable. Il l'est particulièrement, à toutes les

époques, dans sa partie qui traverse le Cambodge
et la Cochinchine, sur les côtes sud de laquelle il
se jette à la mer. C'est donc un fleuve qui peut devenir aussi *français* que le Ménam est *anglais*, car
il met la Cochinchine en communication directe
avec la partie orientale du Siam les États shans,
siamois et birmans et même une portion du Yun-
Nan.

Qui aura suivi attentivement le cours de cette
immense artère commerciale sera bien surpris d'apprendre que les produits des pays qu'elle traverse,
au nord du Cambodge, au lieu d'être dirigés vers
nos ports de Cochinchine qui en sont peu éloignés,
sont presque exclusivement transportés à Bangkok,
c'est-à-dire à une très grande distance de leur point
de départ, à travers des chemins épouvantables et
au prix de difficultés sans nombre.

A quoi faut-il attribuer cet état de choses si
anormal et en même temps si nuisible à nos intérêts? C'est ce qu'il importe de rechercher, c'est ce
qu'il faut faire cesser. L'avenir de la Cochinchine
en dépend.

Situé presque au centre du Siam, entre les deux
grands fleuves du Mékong et du Ménam, un peu
plus rapproché pourtant de ce dernier, se trouve
uu vrai nid qui sert de refuge à tous les bandits, à
tous les pillards du Laos et même d'ailleurs. On
l'appelle Korat. Il est l'objectif de tout le commerce

du Siam, de la Birmanie et des peuples riverains du
Mékong et du Ménam. De quelque point de cesdites
régions que soient expédiés les produits destinés à des
échanges, où qu'ils soient dirigés : qu'ils partent de
Bangkok, de Battambang, de la Birmanie méridionale ou de Stung-Treng, Bassac, Oûbone, Kammerat
jusqu'à Xien-Lang, c'est toujours à Korat qu'ils
viennent aboutir.

Cette ville est donc un immense entrepôt.

Sa position géographique au centre de la courbe
que décrit le Mékong et son voisinage des grands
lacs dont les inondations obligent les habitants des
pays sud du Laos à faire un détour et à la traverser
pour atteindre le Ménam, lui donnent une importance inappréciable. Les négociants qui y résident
sont presque tous Chinois et presque tous aussi les
commanditaires des maisons de Bangkok. On comprend dès lors que tout ce que renferme cet entrepôt privilégié soit expédié vers la capitale du Siam.

Mais que d'obstacles doivent vaincre voyageurs
et marchandises avant d'arriver à cette situation!

Korat est pour ainsi dire enfermée dans le Long-
Phya-Phaï (forêt du seigneur du feu), très insalubre,
par suite très redouté des voyageurs, de telle sorte
que le plus grand nombre de ceux-ci, au lieu d'aller
directement de Korat à Bangkok, font un grand détour et passent par Battambang.

De là ils gagnent Bangkok soit par la voie de

terre, soit en allant s'embarquer à Chantaboun, sur le golfe de Siam.

Une ligne télégraphique a été jadis établie par les soins de M. Harmand, notre ancien chargé d'affaires à Bangkok, reliant cette capitale à Pnôm-Penh en passant par Battambang et Pursat. J'ai ouï dire qu'elle avait été détruite sur la première partie de son trajet. Mais ce qui est fort curieux à connaître, c'est la façon dont s'opèrent les échanges à Korat. J'ai dit que les caravanes de tous les points de l'Indo-Chine, d'une partie de la Birmanie et de Siam s'y donnent rendez-vous. Aussitôt arrivées, elles y entreposent toutes leurs marchandises. Tous les produits anglais venant de Bangkok y sont apportés; puis, le moment venu, on procède aux échanges, sur place. De cette façon chacun s'épargne une bonne partie de la route à faire. Dès que le trafic est terminé, les caravanes se remettent en marche vers leur point départ, emportant les produits échangés. On se rend facilement compte des ressources que peut retirer l'Angleterre de cet entrepôt véritablement anglais.

J'ai le regret de dire que jamais nous n'avons eu la pensée d'y installer un agent français; nous ne sommes donc que très imparfaitement renseignés sur ce qui s'y passe. Ce que nous en savons provient de sources étrangères. N'en est-il pas de même, hélas! de tous les points de l'Indo-Chine, sans en excepter les pays limitrophes du Cambodge sur lesquels nous aurions tant besoin cependant d'avoir des notions exactes? En revanche, il y a quelques mois à peine, nous avons décidé qu'un agent consulaire français serait installé dans le Nord, au sud du Tonkin, à Louang-Prabang. Et sait-on qui a été désigné pour occuper ce poste? Un très brave garçon, il est vrai, mais un employé des télégraphes au Cambodge, M. Pavie. Le vice-consulat de Louang-Prabang lui a été confié, en récompense du voyage qu'il a fait récemment à Paris, où il a accompagné des jeunes Cambodgiens envoyés pour y faire leur éducation. C'est ainsi que la télégraphie peut mener chez nous à la diplomatie! Ce n'est pas sans peine d'ailleurs que le gouvernement de Siam nous a accordé son exequatur.

Ce que l'on s'imaginera difficilement, c'est que ce diplomate improvisé, au lieu de se rendre à Hanoï et de là à son poste, qui n'en est pas très éloigné, soit depuis plusieurs mois à Bangkok, attendant l'occasion de se mettre en route. Arrivera-t-il jamais à destination? C'est ce que nous saurons plus tard.

Devons-nous être étonnés de n'être jamais renseignés et de voir tous nos gouvernements successifs se lancer dans des expéditions lointaines avec la meilleure bonne foi du monde, je ne le nie pas, mais avec la même ignorance persistante! Et moi-même, pour faire ce travail, ne me suis-je pas heurté souvent à une absence presque absolue de documents officiels français. A mesure que je pénétrais plus avant dans mes recherches, je ne rencontrais que le vague et l'incertitude. J'en suis arrivé néanmoins, à force de soins et de travaux, à établir que notre situation coloniale de Cochinchine est mal définie, dangereusement compliquée d'un protectorat organisé dans des conditions anormales. Faut-il attribuer la cause principale de ce malaise, comme certains le prétendent, à la convention de 1884?

Pour que chacun puisse en juger, je vais publier ce document, qui est l'œuvre *personnelle* de M. Thomson, car il l'a accomplie sans avoir jamais reçu des instructions à cet effet?

CONVENTION CONCLUE ENTRE LE ROI NORODOM Ier ET M. CH. THOMPSON, GOUVERNEUR DE LA COCHINCHINE, SIGNÉE A PNOM-PENH LE 17 JUIN 1884 ET A PARIS PAR LE PRÉSIDENT DE LA RÉPUBLIQUE FRANÇAISE, M. JULES GRÉVY, LE 9 JANVIER 1886.

(Promulguée au *Journal officiel* du 16 janvier 1886.)

ART. 1er. — Sa Majesté le roi du Cambodge accepte toutes les réformes administratives, judiciaires, financières et commerciales auxquelles le gouvernement de la République française jugera à l'avenir utile de procéder pour faciliter l'accomplissement de son protectorat.

ART. 2. — Sa Majesté le roi du Cambodge continuera, comme par le passé, à gouverner ses États et à diriger

leur administration, sauf les restrictions qui résultent de
la présente convention.

Art. 3. — Les fonctionnaires cambodgiens continue-
ront, sous le contrôle des autorités françaises, à administrer les provinces, sauf en ce qui concerne l'établissement et la perception des impôts, les douanes, les contributions directes, les travaux publics et en général les
services qui exigent une direction unique ou l'emploi d'ingénieurs ou d'agents européens.

Art 4. — Des résidents ou des résidents adjoints,
nommés par le gouvernement français et préposés au
maintien de l'ordre public et au contrôle des autorités
locales, seront placés dans les chef-lieux de province et
dans tous les points où leur présence sera jugée nécessaire.

Ils seront sous les ordres du résident chargé, aux termes
de l'article 2 du Traité du 11 août 1863, d'assurer, sous la
haute autorité du gouverneur de la Cochinchine, l'exercice régulier du protectorat, et qui prendra le titre de
résident général.

Art. 5. — Le résident général aura droit d'audience
privée et personnelle auprès de Sa Majesté le roi du Cambodge.

Art. 6. — Les dépenses d'administration du royaume et
du protectorat seront à la charge du Cambodge.

Art. 7. — Un arrangement spécial interviendra, après
l'établissement définitif du budget du royaume, pour fixer
la liste civile du roi et les dotations des princes de la famille royale.

La liste civile du roi est fixée provisoirement à trois
cent mille piastres; la dotation des princes est provisoirement fixée à vingt-cinq mille piastres, dont la répartition sera arrêtée suivant accord entre Sa Majesté le roi
du Cambodge et le gouverneur de la Cochinchine.

Sa Majesté le roi du Cambodge s'interdit de contracter
aucun emprunt sans l'autorisation du gouvernement de
la République.

Art. 8. — L'esclavage est aboli sur tout le territoire du Cambodge.

Art. 9. — Le sol du royaume, jusqu'à ce jour propriété exclusive de la couronne, cessera d'être inaliénable. Il sera procédé par les autorités françaises et cambodgiennes à la constitution de la propriété au Cambodge.

Les chrétientés et les pagodes conserveront en toute propriété les terrains qu'elles occupent actuellement.

Art. 10. — La ville de Pnom-Penh sera administrée par une commission municipale composée du résident général ou de son délégué, président, de six fonctionnaires ou négociants français nommés par le gouverneur de la Cochinchine, de trois Cambodgiens, un Annamite, un Chinois, un Malais, nommés par Sa Majesté le roi du Cambodge sur une liste présentée par le gouverneur général.

. . . .
. . . .

Fait à Pnom-Penh, le 17 juin 1884.

(L. S.) Signé : Charles Thomson.

(L. S.) Signé : Norodom.

Cette convention a été, en France, l'objet des plus vives critiques. Elles étaient, à mon avis, très méritées. Dire à un roi qu'il « continuera à régner » en lui enlevant toutes les prérogatives de la royauté; le condamner ainsi à toutes les humiliations de la vassalité la plus honteuse est un acte au moins maladroit s'il ne se justifie par des résultats importants et certains. Il me semble, en tout cas, indigne d'un pays comme la France. Mieux eût valu mille fois déposséder complètement ce souverain, l'expédier dans l'île de Poulo-Condore, l'y détenir et prendre

carrément possession du Cambodge, en dédaignant
le traité de 1867, que de sembler craindre la violation de ce traité inepte, en commettant une action
hypocrite, plus nuisible à notre prestige, à nos intérêts, qu'une manifestation nette et vigoureuse.

Toutefois la convention de 1884 a été approuvée
par les Chambres, en janvier 1886! Pourquoi donc
son auteur n'a-il pas été maintenu à son poste afin
de la faire exécuter? Pourquoi a-t-il été rappelé et
remplacé par le préfet de la Loire, un parent et, par
conséquent, une créature de M. Blancsubé, député
de Saïgon, dont un procès, qu'on a cherché à rendre
scandaleux, a démontré tout au moins les tendances
non équivoques, très réfléchies, très calculées, à
favoriser les intérêts de Norodom qu'il considérait
avoir été compromis par M. Thomson.

Sans m'appesantir sur ce point délicat, je dois dire
que l'envoi de M. Filippini, comme gouverneur de
la Cochinchine, ne pouvait que faire pressentir la
dénonciation prochaine de la convention imaginée
par son prédécesseur. Je ne mets pas néanmoins
en doute, un seul instant, la parfaite bonne foi de ce
haut fonctionnaire.

Il y avait quelques mois à peine que M. Filippini était arrivé à Saïgon, que nous apprenions sa
visite solennelle à Pnôm-Penh, où il arrivait « muni de
pleins pouvoirs » pour détruire l'œuvre de M. Thomson! Je ne crois pas pouvoir mieux agir pour faire

apprécier les résolutions de M. Filippini, que de reproduire textuellement les principaux passages d'une lettre, en date du 16 août, adressée de Pnôm-Penh aux *Tablettes des Charentes* :

« Le nouveau gouverneur de la Cochinchine, M. Filippini, est arrivé à Pnôm-Penh, le jeudi 22 juillet, *muni de pleins pouvoirs* auprès de Sa Majesté Norodom. La convention du 17 juin a été entièrement dénoncée, et une nouvelle entente a été conclue sur ces bases : « Le gouvernement français rend au roi toute l'administration du royaume, sauf la régie de l'opium et les douanes; il n'y aura plus au Cambodge que quatre résidences-frontières.

« Le roi Norodom a lancé une proclamation invitant son peuple à rentrer dans l'ordre, et accordant une amnistie pleine et entière. Deux princes de la maison royale, les ministres et plusieurs mandarins partiront le cinquième jour de la lune (17 août), pour porter des messages de paix dans le royaume et engager les chefs des rebelles à se soumettre. Chaque mission sera accompagnée d'une escorte française, comprenant 100 fusils Gras et 10 000 cartouches. Le ministre de la justice est parti hier, 15 août, pour les provinces du Nord, avec 30 jonques remorquées par la chaloupe-canonnière, *la Baïonnette*. Si cette nouvelle démarche ne réussit pas, Norodom fera des levées et marchera lui-même à la tête de ses troupes contre les rebelles.

« De son côté, le résident général a informé le pays que rien ne serait changé dans l'administration du royaume jusqu'au 1er janvier 1887. A cette époque, le roi reprendra la direction des affaires, et le nombre des résidences françaises sera réduit à quatre : Pursat, Kratiéh, Compong-Thom et Kampot. Les fonctionnaires cambodgiens seront conservés. Enfin, les commandants de poste ont reçu l'ordre de ne plus sortir que *s'ils sont attaqués, et pour secourir un poste attaqué ou protéger un ravitaillement.*

« La régie de l'opium sera évidemment une source fructueuse pour la France; mais, à mon sens, elle sera aussi la cause de bien des conflits, et il eût mieux valu, à tous égards, revenir au monopole du fermage. Toutes les recettes y passeront, avec l'armée d'employés qui fonctionne dans la régie, dont le directeur a 25 000 francs et les contrôleurs de 10 000 à 12 000 francs Avec le fermage, on eût prévenu la contrebande et réalisé bien des économies. Une économie à faire, ce serait encore de remplacer par un administrateur de 1re classe à 20 000 francs, le résident général, qui en touche 75 000. »

« Un autre correspondant de Pnôm-Penh sous la date du 18 août, dit le même journal, nous apprend que les milices cambodgiennes en formation dans cette ville refusent de partir pour les résidences auxquelles on les destinait, et que la plupart désertent, avec armes et bagages, allant sans doute renforcer les rebelles.

« L'émotion est grande, ici, nous écrit-on, et l'on se demande si, comme en mai et en août 1885, lors des deux tentatives de pacification, on va laisser des armes aux milices en les renvoyant dans leurs villages. En ce cas, attendez-vous à voir l'insurrection reprendre de plus belle. »

La *Liberté* qui est un journal d'opinion très modérée a jugé sévèrement les décisions prises par le nouveau gouverneur :

« On avait parlé, dit cette feuille, il y a quelques jours de l'excellent effet produit par les mesures dont le nouveau gouverneur civil de la Cochinchine avait pris l'initiative avec le roi du Cambodge. Toutes les difficultés étaient aplanies. La rébellion était vaincue et une paix *octavienne* étendait son action bienfaisante sur la colonie. Le représentant du gouvernement français s'était hâté de vendre la peau de l'ours avant de l'avoir tué. Les journaux de Saïgon, arrivés hier, nous apprennent que les concessions inopportunes faites au roi Norodom ont été interprétées comme une preuve de faiblesse de notre part, de sorte que les rebelles sont devenus plus audacieux que jamais et que le roi lui-même se montre très arrogant. On sait que ce prince astucieux, qui paraît connaître Jugurtha et Salluste, *avait su trouver des appuis dans le Parlement français.* »

Les partisans de notre nouvelle politique au Cambodge diront que l'une des conséquences de la convention de 1884 a été la réconciliation de Norodom et de son frère Si-Votha. Ce dernier est devenu depuis lors, en effet, le chef de la rébellion ; il a son quartier général à Dahr, près du mont Thy qui lui sert de temps en temps de refuge. C'est là que lui arrivent par les arroyos, après avoir passé *à la barbe* de notre résident de Compong-Thom, les armes et les munitions qui lui sont expédiées de Siam, par Battambang.

Ils semblent donc logiques quand ils ajoutent : Puisque la rébellion de certaines parties du Cambodge a eu pour prétexte la convention de M. Ch. Thomson, il suffira de la dénoncer, et la paix sera rendue à ces provinces. Effacée la cause, détruit sera l'effet.

C'est ainsi qu'a pensé M. Filippini. Il a agi en conséquence.

L'écrivain de la *Liberté* qui a eu à apprécier cette façon de penser et de faire me dispense d'exprimer mon opinion à cet égard.

Il ne me reste qu'une espérance : C'est que les Chambres qui auront — sans doute ? — à sanctionner la conduite de M. Filippini se refuseront énergiquement à approuver la dénonciation d'un traité qu'elles ont ratifié, il y a neuf mois à peine : je veux parler de la convention Thomson.

Est-ce à dire qu'il faut conserver et appliquer l'œuvre de l'ancien gouverneur?

Je me garderais bien de donner ce conseil.

Je ne doute pas un seul instant des sentiments excellents et personnellement très désintéressés qui ont inspiré M. Ch. Thomson, lorsqu'il a conclu la convention de 1884.

Il a cru, en conscience, servir les intérêts de son pays. Mais il s'est malheureusement trompé. En imposant au vieux Norodom l'obligation de signer sa propre honte et sa dégradation, il ne s'est pas rendu un compte exact de la situation.

Il a voulu ménager la cour de Banghok; et celle-ci ne lui a certainement su aucun gré de cette *faiblesse* — qu'il me pardonne ce mot. Il l'a au moins autant indisposée que s'il avait dépensé toute son énergie à prendre définitivement possession du Cambodge, en s'installant à Pnôm-Penh comme M. P. Bert est installé à Hanoï.

Jusqu'à ces dernières années, l'Angleterre, déjà maîtresse d'une partie de la Birmanie et de la province malaise, était la puissance redoutée des Siamois. Aussi, à l'origine, a-t-on vu sans déplaisir, à Bangkok, notre occupation de la Cochinchine. En signant un traité très avantageux pour lui avec la France, bien qu'il consentît à abandonner à notre profit sa suzeraineté sur le Cambodge, le roi de Siam nourissait secrètement l'espoir que notre voi-

sinage pourrait lui servir un jour contre les prétentions, contre les envahissements britanniques qu'il
est contraint de subir.

Le Siam est, on le sait, le seul royaume indépendant de toute l'Indo-Chine. Son roi a le souci bien
naturel de conserver cette position privilégiée. La
politique anglaise qu'ont soigneusement secondée
les Allemands a été, en tous temps, de présenter la
France à la cour de Bangkok, comme une puissance
turbulente, aggressive, ne songeant à rien moins
qu'à la conquête du Siam.

La convention de 1884 a malheureusement semblé
donner raison à nos ennemis.

L'expédition du Tonkin est venue mettre le comble
aux craintes du protégé de l'Angleterre.

Nous aurions dû immédiatement nous efforcer de
faire cesser des appréhensions qui n'étaient certes
pas justifiées. Le gouvernement aurait dû être
avisé par ses agents de cet état de choses. Ceux-ci
sont restés muets. Nous ne nous en sommes donc
point préoccupés, et nous nous trouvons aujourd'hui
en face d'une politique anglo-siamoise sourdement
hostile, ce qui est la plus dangereuse des politiques.

M. Filippini qui a remplacé M. Thomson, a-t-il
compris cette situation? A-t-il pris les mesures que
les circonstances lui commandaient?

J'estime qu'il n'a fait qu'aggraver celle, si mauvaise, qu'avait créée son prédécesseur!

Les décisions si malheureuses que je vois prendre au nouveau gouverneur m'inquiètent à ce point que je regrette sincèrement l'administration précédente, et j'en suis arrivé à me dire : Qui sait, après tout, si M. Ch. Thomson n'aurait pas fini par atténuer les vices de son irrationnelle convention?

Que lui a-t-il manqué pour cela? Un acte de force de la métropole et trois mille hommes pour faire une sérieuse campagne, ce qui lui aurait permis de placer Norodom entre ces deux alternatives : soit d'être enfermé lui-même, soit de faire saisir les agents de Si-Votha qui parcourent les provinces limitrophes, lancent des proclamations, réveillent le zèle des sociétés secrètes, donnent des fêtes et enrôlent des partisans contre la France. Est-ce que ce n'est pas le roi lui-même qui, retiré dans son palais de Pnôm-Penh, abruti par l'opium, encourage l'insurrection dont son frère est le chef? La perfidie asiatique aurait-elle donc déserté le palais de Norodom, que M. Filippini ait pu naïvement croire aux fallacieuses promesses de celui qui l'habite?

Qu'il apprenne, s'il l'ignore, un fait caractéristique qui s'est passé en 1885.

A cette époque, le pape des bonzes du Cambodge, soi-disant délégué par le gouverneur de la Cochinchine et par Norodom se rendit auprès de Si-Votha. Il s'agissait d'obtenir la soumission de ce dernier.

Le pape des bonzes avait été son précepteur. Il y avait lieu de compter sur son influence auprès de lui. Il partit donc, se disant chargé d'offrir au frère du roi une pension de 10 000 dollars par an, à la condition qu'il cesserait ses hostilités. Si-Votha eut le sentiment qu'aurait eu comme lui tout Asiatique, en pareille circonstance : On vient à moi, donc on a peur. C'est tout différent quand on le menace et surtout quand on le maltraite. Donc le chef des rebelles trouva l'occasion excellente pour étendre son prestige. Il fit connaître à tous ses partisans les offres magnifiques qui lui avaient été faites. Il se déclara plus décidé que jamais à combattre. De grandes fêtes furent données à cette occasion, et c'est le pape des bonzes lui-même qui bénit l'*eau du serment* versée à tous les compagnons de Si-Votha jurant de mourir pour l'indépendance de la patrie. L'enthousiasme fut tel que le frère du roi osa écrire au consul anglais à Bangkok pour lui demander de l'argent et des armes. Et sait-on celui qu'il chargea de lui faire parvenir sa missive? Son propre précepteur, le pape des bonzes, le négociateur envoyé par le roi Norodom et le gouverneur de Saïgon!

N'est-ce pas là un fait inouï! Sous des formes plus ou moins variées, cette même félonie se retrouve partout, en Extrême Orient!

Je suis donc autorisé à penser que le roi de Siam,

poussé par l'Angleterre, est aujourd'hui le complice de Norodom.

Lui aussi avait promis à notre chargé d'affaires à Bangkok, de faire cesser la contrebande de guerre.

Il avait même dépêché, en novembre 1885, un haut mandarin, en qualité de commissaire extraordinaire, pour que les gouverneurs des provinces exécutassent ses ordres. Ceux-ci devaient faire arrêter Si-Votha, s'il osait se réfugier en terre siamoise.

Mais qu'a produit cette manifestation du gouvernement de Bangkok? Si-Votha en a-t-il pas moins continué à s'approvisionner dans le Siam? Et d'ailleurs comment l'arrêter? Il se tient sans cesse aux confins du Siam et du Cambodge.

Où commence la terre siamoise, où finit la terre cambodgienne? Depuis 1867, on n'a pas procédé, malgré tous les engagements pris, à cette époque, à la délimitation des frontières des deux pays.

N'est-ce pas là la cause permanente de notre fausse situation au Cambodge et dans le Siam? M. de Lannessan le déclare nettement, et je partage son sentiment.

Aussi suis-je de ceux qui pensent qu'*avant toute chose*, avant de dénoncer la convention Thomson, et mieux, pour arriver à la dénoncer et à la modifier notablement d'une façon honorable, si l'on veut, pour Norodom, mais avant tout pour la France, M. Filipini aurait dû provoquer la nomination de la Commission de délimitation des frontières.

Il eût été d'autant plus écouté que, comme je l'ai déjà dit, le roi de Siam l'a réclamée de M. Thomson, lorsqu'en janvier 1885, il a eu une entrevue avec le représentant de la France, dans les îles du golfe.

Qu'attendons-nous pour répondre à ce désir si légitime?

CHAPITRE III

DÉLIMITATION DES FRONTIÈRES
DES ROYAUMES DE SIAM ET DU CAMBODGE

(Battambang, Angkor)

CHAPITRE III

DÉLIMITATION DES FRONTIÈRES
DES ROYAUMES DE SIAM ET DU CAMBODGE

(BATTAMBANG, ANGKOR)

Le gouvernement français, sans plus tarder, doit donc s'occuper de la délimitation des frontières du royaume de Siam et du Cambodge. Mais avant de procéder à la nomination de la Commission qui serait chargée de cette tâche, il est absolument nécessaire qu'il décide préalablement ce qu'il veut faire, afin de donner des instructions précises à ses agents. Il faut prévoir, je le répète, des résistances de la part du Siam si nous sommes fermement résolus, et nous devons l'être, à restituer au Cambodge ses anciennes provinces. Il ne suffit pas de dire avec M. de Lanessan : « Le traité de 1867 n'existe plus depuis la signature de notre nouveau traité avec le roi du Cambodge. » Cette déclaration sera platonique tant que la France ne lui aura pas donné par ses actes une sanction définitive diplomatique, matérielle. Il n'est plus temps de nous payer de mots. Agissons, et surtout agissons vite et énergiquement.

Si la parole de M. de Lanessan avait la valeur qu'il a voulu lui donner et que certains lui prêtent, nous ne saurions trop remercier M. Thomson d'avoir signé et fait signer par Norodom la convention de 1884, tout en regrettant cependant qu'il fût resté en si bon chemin. En revanche, on ne saurait assez blâmer M. Filippini d'avoir dénoncé une convention si avantageuse, si précieuse pour nous, et d'avoir, par son inexplicable conduite, redonné au détestable traité de 1867, sa force et sa valeur d'il y a vingt ans, détruites par son prédécesseur. La France ne peut plus supporter la spoliation commise par le Siam, au détriment du Cambodge. Tout lui commande : ses intérêts, sa dignité même, de mettre fin à cet état de choses.

L'Angleterre encouragera, dira-t-on, le Siam dans ses résistances. Elle nous menacera de s'installer dans toute la presqu'île malaise. Que nous importe! L'occupation par elle de ce territoire se fera tôt ou tard. Nous n'avons donc pas à nous préoccuper de l'époque où elle s'accomplira : que ce soit aujourd'hui ou que ce soit demain. Mais, avant tout, l'Angleterre a, pour l'instant, à terminer ses affaires passablement emmêlées dans la Birmanie. Elle a des embarras dans l'Inde, en Égypte, sur le continent, un peu partout. Suivant son habitude, elle commencera par protester contre nos agissements. Si nous passons outre, elle se taira.

Quant au Siam, il est notre ennemi, qu'on n'en doute pas, et il le sera tant qu'il y aura un Anglais à Bangkok. Et je ne vois pas que le jour soit proche où ce pays sera débarrassé de l'influence britannique.

Nous devons songer à notre sécurité. Cette absence permanente, qui date d'un siècle, de frontières régulièrement établies entre les deux royaumes, de Siam et du Cambodge, dont l'un est notre ennemi et l'autre notre *protégé*, nous expose sans cesse à des contestations, à des périls désormais intolérables. Qu'on essaye de transiger avec le Siam, rien ne s'y oppose. Je le conseille. Mais aussi bien je ne saurais trop insister pour qu'on n'en tînt pas compte, s'il refusait de négocier. Mieux vaut la guerre avec les Siamois chez eux, que la guerre dans le Cambodge, à notre porte, avec des rebelles armés, renouvelés sans cesse par le Siam!

Nul ne me trouvera exagéré, agressif, qui voudra se donner la peine d'examiner la situation de Battambang. Cette ville — je parlerai ensuite de la province entière dont elle est la capitale — est la clef du Cambodge, et le souverain de Pnôm-Penh ne sera jamais chez lui tant que son voisin la gardera en son pouvoir.

Je pose donc tout d'abord en principe :

L'existence du Cambodge, partant de la Cochin-chine, sera toujours précaire, le commerce de tous les pays de l'Indo-Chine, au nord et à l'est des Grands Lacs, continuera à affluer à Bangkok, tant que le Cambodge ne possédera pas, comme ligne frontière, Battambang : à l'ouest du Grand Lac, et Stung-Treńg, à l'est, sur le Mékong.

Ce sentiment est absolu chez moi; il résulte de toutes les études que j'ai faites avec le plus grand soin sur toutes ces contrées.

Cela bien établi, il me reste à expliquer comment, indécis à l'origine, mal renseigné, mal impressionné, je pourrais même dire presque sans opinion, je suis arrivé à en avoir une si ferme et si arrêtée.

Je vais, à cet effet, parler d'abord de la province de Battambang, de ses ressources, de ses habitants, de leurs mœurs, en un mot de sa situation générale. Je m'efforcerai de démontrer l'importance de sa capitale, et par conséquent l'intérêt absolu que nous avons à ne pas la laisser plus longtemps aux mains d'un voisin qui, je le dis encore avec certitude, ne nous aime pas, et subit l'influence de nos ennemis les plus acharnés : les Anglais.

*
* *

La province de Battambang occupe une étendue d'environ 100 000 kilomètres carrés, compris entre

12°30 et 13°30 de latitude N. et 100°20 et 101°30 de longitude E.

Sa population est très mêlée, comme on peut le voir par le tableau ci-dessous :

	Hommes.	Femmes et enfants.
Cambodgiens inscrits..	15 000	45 000
Cambodgiens Siamois.	5 000	15 000
Siamois inscrits.......	200	600
Laotiens	1 500	4 500
Malais	100	300
Annamites.............	2 000	6 000
Chinois	3 000	3 000
Birmans	3 000	»
	29 000	74 400

Total.... 104 200

A ce chiffre, il est inutile d'ajouter quelques centaines d'Indiens et de Peongs.

Les mouvements d'émigration et d'immigration dans ces contrées rendent impossible tout recensement et tout établissement d'état civil. Je ferai observer que les chiffres qui précèdent doivent être considérés comme des données approximatives. Néanmoins, il est facile de voir que la population est, en très grande majorité, cambodgienne.

Il y a fort peu de chrétiens dans la province. Un village du nom de Ksach-Pouï, contenant 180 habitants, à 10 kilomètres en amont de la ville de Battambang est tout entier chrétien. Un second, Long-Sa, village annamite sur le Tu'k-Thio a été récemment érigé en chrétienté.

La température varie entre 38° et 25°, ce qui fait que le climat tient le milieu entre celui de la Cochinchine et celui du Tonkin.

Le total des revenus peut présentement être évalué à environ une *demi-piastre* par habitant, soit au total 51 000 piastres environ, dont la récapitulation est indiquée par les chiffres suivants :

	Piastres.
Ferme des alcools de riz................	15 000
Ferme de l'opium......................	74 800
Ferme de l'abatage des porcs...........	1 500
Ferme du poisson du Lac...............	1 300
Ferme de l'huile du poisson............	1 400
Location des arroyos...................	1 550
Ferme des riz........................	6 200
Ferme des cardamomes, cornes, peaux, etc.	1 330
Ferme des jeux.......................	1 200
Ferme de la loterie des trente-six bêtes.	750
Ferme de la monnaie..................	2 000
Fermes réunies de Payrinh.............	3 000
Quote-part de la capitation des mineurs de Payrinh (environ)................	1 000
Intérêt du 1/10 sur les paddys.........	Mémoire
Revenus provenant de la Justice........	Mémoire
Total.........	51 110

La plus importante de ces fermes, celle des alcools de riz, a été concédée pour une durée de trois ans et expire en 1887.

La province de Battambang administrée comme elle l'est actuellement, avec toutes les imperfections que nous avons tous le droit d'imputer à son système administratif, est, assurent ceux qui l'ont parcourue, la plus tranquille et la plus heureuse du royaume de Siam [1].

En sus du gouverneur qui est Cambodgien et qui réside dans la capitale, il y a cinq mandarins qui administrent la province. Ils sont installés à Mong-Kolborey, Tu'k-Thio et Tenot, au nord, Mong au sud et Dontry au sud-est.

Quant à la ville de Battambang, elle est située sur le Song-Ké qui la traverse. Elle s'étend sur les deux rives, sur une longueur d'environ 10 kilomètres. Les maisons sont construites au milieu des cocotiers, araquiers, bananiers, manguiers. L'aspect en est charmant et fort pittoresque.

Elle possède même un Hôtel des monnaies dont les machines et l'outillage ont été achetés à Paris et qui constitue l'un des principaux revenus du Trésor.

Il y a, au centre de la ville, une briqueterie qui fabrique des briques, des carreaux, des tuiles pour toitures. A Compong-Ampîl, il y a également une poterie. Mais la briqueterie de Khveng est aussi importante que celle de Battambang. Toutes les montagnes de cette région renferment, en général, des pierres calcaires dont on pourrait faire de la chaux.

1. Dans une publication qui se fait à Saïgon sous le titre : *Excursions et Reconnaissances*, un écrivain très consciencieux, M. Brien, a publié sur la province de Battambang (juillet-août 1885 et janvier-février 1886) les renseignements les plus complets qui m'ont été des plus utiles dans mes recherches.

Sur la route de Sisaphon à Payrinh, à Ba-Meas, il y a des mines d'or. Ces mines qui produisaient de l'or un peu pâle et qui étaient exploitées par les procédés primitifs, ont été abandonnées, il y a une dizaine d'années. Toutefois, si on appliquait à l'extraction de ce métal, les procédés nouveaux adoptés dans nos grands centres miniers européens, ces mines pourraient acquérir de l'importance. On prétend qu'à proximité de Ba-Meas, il y a d'autres gisements d'or qui seraient, eux, d'une richesse réelle.

Mais à Payrinh, à mi-chemin de Chantaboun à Battambang, à trois jours de marche par conséquent de cette dernière ville, il y a des mines de pierreries qui occupent jusqu'à 3 000 ou 4 000 ouvriers. Les exploitants sont presque tous Birmans et Koulhas. Ces mines contiennent des saphirs, souvent de qualité inférieure. Mais les rubis qu'on en retire sont superbes, j'ajoute qu'ils sont rares. Il est de même pour les topazes blanches et les émeraudes.

Les proportions dans lesquelles on trouve ces pierres précieuses se calculent ainsi : On compte cinq fois plus de rubis que de topazes et d'émeraudes et cinq fois plus de saphirs que de rubis. Ces pierres sont presque toutes transportées à Chantaboun où elles font l'objet d'un commerce spécial. Très peu sont vendues à Pnôm-Penh.

M. l'ingénieur Bruel a découvert des beaux échantillons de cristal de roche dans les montagnes de Pnôm-Krevanh. Il y a également des sources thermales entre Battambang et Chantaboun.

La chasse est abondante dans la province, et celle du cerf, au lieu d'être faite comme chez nous, par des chiens, est pratiquée par des chevaux d'une race particulière, à demi sauvages, dressés à cet effet.

Monté par son cavalier, dès que le cheval aperçoit le cerf, il se précipite à sa poursuite avec une vitesse vertigineuse qui lui permet même de le dépasser. Dès qu'il l'a atteint, il se jette sur lui, il le mord avec rage et l'achève à coups de sabot. Comme récompense, on charge la victime sur son dos et il rentre ainsi triomphant au village. En outre, on chasse le tigre de grande race, ainsi que les panthères et les éléphants sauvages qui vivent d'ordinaire sur les bords du lac. On trouve aussi le renard, le loup, le lapin, la belette, des fouines et, sur les bords du Song-Ké, à Bassou, des loutres.

Le guano de chauve-souris peut devenir une source réelle de revenus si l'on veut s'appliquer à l'extraire des grottes de montagnes à Pnôm-Sâm-Pôu et à Pnôm-Châk-Kreem. Dans certaines de ces cavernes, il existe des couches d'excréments secs de chauves-souris et de vampires sur une hauteur de plusieurs mètres. On pourrait très facilement les en retirer et en faire l'objet de transports très lucratifs.

Les districts boisés de Mong Kolborey et de Tu'k-Thio fournissent beaucoup de miel.

On cultive aussi, dans la province, le riz, le cardamome, le maïs, les arachides, le concombre, la citrouille. Le café y est abondant. L'indigo de Compong est renommé. Le commerce du riz est réservé aux Chinois. Ils l'expédient à Saïgon et à Cholon par les messageries à vapeur cochinchinoises qui font les transports des marchandises et des voyageurs de ces deux points à Pnôm-Penh.

M. Brien prétend qu'une décortiquerie de riz qui s'installerait à Battambang, envoyant seulement ses produits à Pnôm-Penh et à Saïgon, aurait chance de procurer promptement une belle fortune à son propriétaire. C'est à considérer.

Les bois de teinture sont communs dans les forêts de Mong Kolbery et de Tu'k-Thio. On y trouve toutes sortes de variétés de bois de charpente et charronnage, d'ébénisterie, et, en général, tous les riches bois de la Cochinchine, ainsi que de la gomme laque. Parmi les principales importations qui sont faites, il faut citer particulièrement le sel dont on fait un usage considérable pour les salaisons du Lac. On remarque aussi les nombreuses cotonnades qui viennent toutes d'Allemagne, d'Angleterre et de Hollande. Ces mêmes produits venant de France sont, hélas! absents. M. Paul Bert cherche fort intelligemment à remédier au Tonkin à un état de choses analogue à celui que je viens de signaler, au Cambodge. Ici comme là se sont les commerces anglais et allemand qui trouvent des débouchés que l'on n'a pas su créer au commerce français. Est-ce surprenant? Nous n'avons nulle part d'agents pour nous renseigner, et quand, par hasard, nous en avons, ils font de la politique. Ils considèrent les affaires commerciales indignes de leurs préoccupations et de leur mission *diplomatique*. Les soies de Chine sont également importées dans la province, ainsi que l'huile de coca — expédiée, elle, presque exclusivement de Cochinchine — et l'opium que jadis fournissait le Cambodge, mais qui maintenant provient entièrement de Bangkok, par suite de la sottise des agents de la régie de Pnôm-Penh. Ceux-ci, ont, en effet, élevé à 800 piastres le prix de vente de la caisse de cette denrée.

Mais, pour ne pas fatiguer le lecteur par une nomenclature trop étendue, j'arrive sans plus tarder à l'examen de l'industrie considérable de la pêche du Lac. Ce seul examen, entre une foule de considérations de toutes sortes, suffira à démontrer combien la possession du Lac tout entier nous est nécessaire.

Lorsqu'il a eu à parler du Grand Lac et de ses émissaires connus sous le nom de *bras du Lac*, M. de Lanessan a écrit :

« Cet immense réservoir est un inépuisable vivier

de masses énormes de poissons qui, séchés, fumés, salés, transformés en huiles et en préparations diverses, alimentent une foule d'industries variées et donnent lieu à l'un des commerces les plus étendus de notre possession. Le Grand Lac n'a pas seulement une importance économique, il offre encore une *immense valeur politique*. La possession entière de cette grande dépression et celle du bassin qui vient y déverser ses eaux est l'un des *desiderata* les plus graves de l'œuvre que nous avons poursuivie empiriquement jusqu'ici, mais que nous pouvons et que nous devons désormais accomplir de propos délibéré. La partie occidentale du Grand Lac, notamment, c'est-à-dire celle qu'une diplomatie trop ignorante ou trop légère a cédée au Siam avec les provinces de Battambang et d'Ang-Kor, un des nœuds vitaux de la presqu'île, quel que soit le point de vue, commercial, politique ou militaire, auquel on veuille se placer.

« On reste confondu quand on réfléchit à la faute que nous avons commise, en 1867, lorsque nous avons consacré de nos propres mains la spoliation de notre nouveau protégé, le roi du Cambodge, laissant ainsi la porte ouverte à l'un des plus grands dangers qui puissent menacer nos possessions. »

La compétence indiscutable de l'honorable écrivain qui a émis des affirmations si nettes et si catégoriques donne à ces dernières un tel caractère de gravité que les hommes d'État qui sont à la tête de nos affaires ne peuvent laisser se prolonger cette situation.

Ne serait-ce même qu'au point de vue spécial de la police du Lac, il importerait qu'à tout prix le Cambodge seul fût libre de l'exercer, à l'exclusion de tout autre. Un exemple suffira à le faire comprendre :

L'huile de poisson du Lac donne lieu à un commerce très productif. Elle se fabrique avec des poissons qu'on fait bouillir dans de grandes marmites. L'huile qui, produite par cette cuisson, arrive à la surface, est recueillie avec des cuillers et versée dans des touques.

Alors le poisson qui a subi cette première opération est jeté sur le rivage dans des réservoirs clayonnés et exposé au soleil qui le fait fermenter. Une nouvelle couche d'huile se forme qui est également recueillie, et les détritus de ces deux opérations successives abandonnés à l'air libre produisent une sorte d'empoisonnement de l'atmosphère qui devient irrespirable. L'eau est décomposée, elle n'est plus potable.

Le gouverneur de Battambang ne pouvant tolérer de tels procédés de fabrication, décida, en 1884, d'interdire la fabrication de l'huile de poisson. Or des marchés avaient été passés. Cette interdiction prononcée par le fonctionnaire siamois compromettait de graves intérêts. Il pouvait en résulter un anéantissement complet d'une source de richesses pour le pays.

C'est alors que le gouverneur de la Cochinchine fut obligé d'intervenir auprès du gouverneur de Battambang. Celui-ci jugea à propos d'en référer à Bangkok.

Il fallut de grands efforts et de longs mois pour arriver à obtenir que la pêche pût être de nouveau permise; elle le fut, en effet, à condition: 1° que les détritus de poisson seraient enfouis en terre — ce qui n'a jamais été pratiqué; 2° que le gouverneur de la province percevrait un premier droit de pêche, sous prétexte de *location d'arroyo*, et enfin un second droit de douane sur l'huile exportée. C'est un Indien de Pnôm-Penh qui obtint aussitôt le monopole de la douane, à raison de 1 400 piastres. En outre, la faculté lui fut accordée de prélever en espèces le dixième de l'huile exportée, ainsi qu'un droit de pêche ruineux pour les pêcheurs, calculé sur le nombre de mailles de filets employés.

Telles ont été les concessions que la cour de Bangkok daigna faire à notre gouverneur de la Cochinchine!

C'est cet état de choses déplorable, humiliant, qu'a consacré le traité de 1867! Nous ne pouvons, ne serait-ce que pour la sauvegarde de nos intérêts, le tolérer davantage.

Bien que je ne me sois pas arrêté à exposer longuement les motifs qui font que la province d'Angkor, appartenant historiquement au Cambodge comme celle de Battambang, a les mêmes raisons qu'elle de revenir à ce royaume, je dois dire que cette contrée égale sa voisine en richesse et en fertilité, et qu'elle est, elle aussi, sur la route qui conduit des pays du Laos à Bangkok.

Ces ressources qui font la prospérité de la province de Battambang et d'Angkor, ne sont pas les seules causes qui commandent à la France de restituer ces provinces au Cambodge. L'importance de la ville de Siem-Reap, voisine des superbes ruines d'Angkor, comme celle de Battambang, tant au point de vue commercial qu'au point de vue politique et militaire, nous en font une loi expresse, immédiate. J'ai indiqué comment Battambang était, par sa situation géographique, une étape obligée pour les voyageurs et pour une grande quantité de convois allant de Korat à Bangkok et *vice versa*.

En outre, plusieurs routes, si l'on peut appeler ainsi les sentiers d'éléphants et de chars qui forment toutes les voies de communication de ces pays primitifs, relient Battambang à Siem-Reap, Sisaphon, Kabine, Pursat et tous les points importants de ces contrées. Une route la met également en communication avec Chantaboun, véritable colonie annamite où nous devrions bien installer un vice-consul, ne fût-ce que pour empêcher le transport continuel de la contrebande de guerre qui, de ce point, se dirige vers le Cambodge.

Les rapports entre Battambang et Pnôm-Penh sont irréguliers. Ils n'ont lieu que pendant huit mois environ, au moyen des bateaux des Messageries à vapeur de Cochinchine qui, toute l'année, font le service entre Mytho et Pnôm-Penh.

C'est principalement à cette irrégularité de communications entre Battambang et la capitale du Cambodge qu'il faut attribuer cette habitude des Laotiens, si nuisible à notre colonie, d'expédier tous leurs riches produits à Bangkok. Il se trouve, en effet, que les caravanes et les voyageurs descendant de Korat, arrivent à Battambang précisément pendant la période des quatre mois où les bateaux des Messageries à vapeur cochinchinoises ne peuvent plus remonter jusqu'à ce dernier point. Il est dès lors très difficile de gagner le sud.

Mais qu'on construise des routes, qu'on organise des moyens de transport réguliers et rapides entre Battambang et Pnôm-Penh et l'on détournera aussitôt de Bangkok, au profit de la Cochinchine, la plus grande partie des marchandises qui y sont transportées, d'autant plus que la barre formée à l'embouchure du Ménam rend inaccessible la capitale du Siam aux navires de fort tonnage.

Le voyage de Battambang à Mytho ne dure pas plus de *deux* jours. Celui de Battambang à Bangkok en dure *douze*. La distance qui sépare ces deux villes est de 360 kilomètres. Jadis les Annamites avaient construit, assez élevée pour qu'elle fût à l'abri des inondations, une chaussée reliant Battambang au Grand Lac en passant par Sisaphon. Les Siamois l'ont laissé tomber en ruines, et cela se conçoit : tout ce qui peut servir à Mytho nuit à Bangkok. Or l'intérêt du Siam est de protéger cette dernière ville au détriment de la première. Cependant il existe encore, à peu près intactes, des portions assez importantes de cette ancienne route qu'il serait facile de refaire en entier sans trop de frais.

Si l'on se décidait un jour à entreprendre ce travail, il ne serait pas inutile de procéder alors à des études sur les améliorations à introduire dans les Lacs. Bien des choses contradictoires ont été dites sur certains phénomènes qui s'y produisent : sur leur assèchement possible, par exemple, il serait utile de connaître la vérité. Il n'en existe pas moins un chenal assez profond pour y permettre la navigation en toutes saisons.

Une clause — l'article 7 — de la convention Thomson a éveillé ma curiosité. Elle a trait à l'abolition de l'esclavage. J'ai examiné cette question et j'ai recueilli à ce sujet de fort curieux renseignements.

6.

Il y a dans ces provinces du Cambodge trois sortes d'esclaves :

Les esclaves pour dettes, les esclaves héréditaires et enfin les esclaves formant une catégorie spéciale. Cette dernière se compose de sauvages volés autrefois dans les régions du Laos. Mais, à l'honneur de la province de Battambang, je dois dire qu'on n'y rencontre que des esclaves pour dettes. Cette sorte d'esclavage très curieuse d'ailleurs peut être facilement détruite. Il suffit à un Européen d'en connaître la provenance pour qu'il indique aussitôt le moyen de l'anéantir.

Le tiers de la population dans la province de Battambang appartient à la première catégorie! Il est vrai de dire que l'esclavage pour dettes est chose très supportable. Il est d'usage que le créancier ne traduise pas son débiteur devant le tribunal. Le débiteur insolvable se constitue volontairement l'esclave du créancier, qui le nourrit, le loge, l'habille et le fait travailler pour son compte jusqu'à ce qu'il soit parvenu à se libérer de sa dette. Mais cet esclavage est *personnel*, il n'est pas héréditaire. Néanmoins l'enfant d'un esclave né dans la maison du maître et qui occasionne ainsi des frais d'entretien, donne lieu à un supplément de rachat.

Ce sont surtout les prêts sur récoltes qui sont cause que le cultivateur devient esclave. Le maître, je veux dire le prêteur, est généralement Chinois.

Le Chinois est le Juif de l'Extrême Orient. Il en a tous les instincts, la ruse, la finesse, l'intelligence, et surtout la rapacité.

Un Cambodgien, par exemple, qui possède des rizières, a besoin d'argent ; il s'adresse invariablement à un Chinois qui lui fait des avances sur sa récolte prochaine. Celle-ci est mauvaise, le débiteur ne peut pas payer : il devient esclave du prêteur. Aussi voit-on ces pays sillonnés par des colporteurs chinois qui transportent les marchandises les plus diverses à l'usage des habitants, et les leur vendent à condition d'être payés après la récolte.

D'ordinaire un débiteur ne nie pas sa dette. Pourtant le créancier ne possède aucun titre qui l'atteste. Ce sont là certes des mœurs que certains Européens doivent bien envier aux peuples de l'Extrême Orient !

Mais si des contestations se produisent entre les parties, la justice est saisie. Le débiteur qui ne s'acquitte pas est mis aux fers dans l'enceinte de la citadelle, attendant qu'un acheteur le délivre. Il devient aussitôt son esclave pour dettes. Ce système a évidemment de graves inconvénients. Mais pour détruire ce mal tout d'un coup, sans apporter le remède qui doit le guérir, suffit-il d'un simple article inséré dans une convention, surtout dans un pays où, je le répète, par suite des circonstances que j'ai indiquées, le tiers de la population se compose d'esclaves pour dettes ?

Je ne le pense pas. Ne semble-t-il pas qu'il eût mieux valu, qu'il vaudrait mieux encore chercher le moyen de venir en aide aux cultivateurs, en leur faisant des avances dans des conditions peu onéreuses qui leur offriraient toutes chances de pouvoir se libérer. Et ces conditions ne leur coûteraient pas certainement les sacrifices que leur imposent en ce moment les usuriers chinois.

Donc l'article 7 de la convention Thomson ayant pour but de détruire l'esclavage appelle forcément la création d'une institution de prêts pour l'agriculture et l'industrie. Elle pourrait fonctionner sous la surveillance d'un agent désigné par le gouvernement de Cochinchine et rendrait de très grands services à ces populations. Quant aux deux premières catégories d'esclaves, elles doivent disparaître pour les mêmes raisons qui nous ont fait abolir l'esclavage dans nos colonies.

Je ne crois pas avoir besoin d'insister sur la nécessité de fortifier très solidement la ville de Battambang si elle nous appartenait. Elle occupe une position stratégique très importante. C'est par Battambang que les ennemis du Cambodge ont toujours pénétré sur ce territoire. Nous l'avons bien compris, puisqu'en arrière de Battambang que nous ne possédons pas, à Pursat, nous avons élevé des défenses.

Mais celles-ci seraient insuffisantes si elles devaient supporter une attaque sérieuse des Siamois.

En même temps qu'un entrepôt de premier ordre, Battambang devrait donc être une position militaire solide, défendant, à l'ouest des Lacs, les frontières du Cambodge.

Il serait utile qu'elle fût reliée au port de Kampot par un chemin de fer. Siam-Reap devrait aussi être occupée militairement.

Il me reste maintenant à étudier comment devraient s'établir les frontières du Cambodge, à l'est des Lacs.

CHAPITRE IV

COMPONG-SOAÏ — KRATIEH — STUNG-TRENG

CHAPITRE IV

La France n'a pas un moindre intérêt à délimiter les frontières du Siam et du Cambodge, à l'ouest du Grand Lac, qu'elle n'en aurait à le faire à l'est.

La première province qui confine, à l'ouest, ce « grand vivier » est celle de Compong-Soaï, également ravie en grande partie au Cambodge comme celles de Battambang et d'Angkor, et contestée comme ces dernières à la cour de Bangkok.

Or cette province limitrophe des provinces de Chicreng, Stung, Poroung et Proun-Tep, etc., met le Grand Lac en communication avec le Mékong, partant avec Oubône, Bassac et Stung-Treng.

Elle est la plus fertile, la plus peuplée de toutes les provinces de l'ouest de l'Indo-Chine. Elle possède plus de 450 villages. On peut la traverser, pendant la saison des hautes eaux, du nord au sud jusqu'à la frontière de Siam, en suivant le

7

Stung-Sen. Cette rivière est le plus grand affluent
du Lac. Elle traverse Compong-Thom et, faisant un
détour au nord, elle forme une partie de ce que l'on
considère comme la frontière siamo-cambodgienne.
Le Stung-Sen n'a pas moins de 80 à 100 mètres de
largeur et 8 à 10 mètres de profondeur dans tout son
parcours. Une flottille de canonnières pourrait y être
installée et y rendre de grands services. On n'en
rencontre pas une seule pour faire la police contre
les rebelles!! Suivant sa dénomination (Compong
veut dire *passage*), la province de Compong-Soaï est
l'objectif de toutes les routes qui mettent en communication les provinces du nord avec le Cambodge.

C'est par le Compong-Soaï que les caravanes des
Laotiens descendent vers Pnôm-Penh, à l'époque de
la saison des pluies. Ces caravanes, qui transportent
des produits de toutes sortes à vendre ou à échanger,
escortent en même temps des troupeaux considérables. On compte fréquemment, parmi ces derniers,
jusqu'à 4000 à 5000 bœufs ou buffles et de 1200 à
1500 chevaux. Les Laotiens qui les dirigent voya-
gent en pareille compagnie pendant cinq et six mois.
Mais, avant d'arriver à destination, ces malheureux
sont victimes d'une exploitation désastreuse. Chaque fois que, sur leur parcours, ils ont à traverser
un centre où se trouve installée une autorité quelconque, ils sont tenus, pour que cette dernière leur
permette de continuer leur route, à lui abandonner

une ou plusieurs têtes de leur troupeau : de telle sorte qu'en arrivant au terme de leur route, pour ne pas être ruinés, ils rehaussent considérablement le prix de leurs marchandises.

Le Compong-Soaï est, en ce moment, livré complètement aux incursions de Si-Votha et de ses lieutenants.

Voisine de la province de Compong-Soaï, celle de Chicreng est limitée, au sud et à l'ouest, par les Lacs, au nord, par la frontière de Siam. Elle est traversée par une petite rivière qui porte son nom. On y compte 80 villages dont une dizaine assez populeux. On aperçoit dans la partie sud de vastes plaines où s'élèvent, de distance en distance, de superbes bouquets d'arbres, au milieu d'immenses rizières produisant toutes du riz blanc et rouge. Les indigènes y ont creusé des étangs qui fournissent de l'eau pendant la saison sèche. A partir des villages de Top-Siem et de Cou-Som-Kril jusqu'au Siam, on ne rencontre que des forêts où se trouvent plus de 150 essences différentes d'arbres.

Or, à Saïgon, on fait venir de Singapore, possession anglaise (! !), ces essences qu'on a tout près de soi, inexploitées, sur les bords des lacs !

La province de Chicreng est traversée par des routes à peu près praticables, pendant la saison sèche, pour les voitures à bœufs ou à buffles, ainsi que pour les piétons et pour les cavaliers. Les troupeaux sont rares dans cette contrée. Mais, aux environs du Lac, il y a de grandes pêcheries organisées pour la salaison du poisson. Les produits en sont achetés par des Chinois et expédiés en Chine.

Au sud de la province de Chicreng, limitrophe de celle de Compong-Soaï, est la province de Stung, qui compte, elle aussi, une centaine de villages très importants. Au sud des villages de Dong et de Ang-Long-Kranh, d'immenses rizières produisent exclusivement du riz blanc très estimé dans le pays. Cette contrée est riche en troupeaux. Pendant la saison sèche, vieillards et enfants restent dans les villages, femmes et hommes valides se transportent sur les bords du Lac et se livrent à la pêche.

Dans ces régions abondent également de grandes forêts produisant des bois très recherchés.

La fabrication de la cire est une des sources de richesse du pays.

Quant aux provinces de Poroung et de Proun Tep, qui, au nord et à l'est, s'étendent jusqu'au Mékong, elles ne possèdent que des villages très éloignés les uns des autres. Elles sont montagneuses, peu peuplées. On y remarque l'absence presque complète de troupeaux.

Le commerce du bois est la principale ressource de ces pays. On en extrait de l'huile et de la résine. Ces bois servent également à la construction des chars à buffles et des sampans.

Mais, aux environs de la montagne de Thy, où Si-Votha installe d'habitude son quartier général, le minerai de fer est très abondant. Avec des procédés très insuffisants, les habitants en extraient pourtant une quantité suffisante pour fabriquer un nombre considérable de couteaux, de sabres, de lances, de piques, d'outils, de marmites, etc., etc. Ce minerai sert également à la fabrication du fer des krouys, qui est la monnaie de tous ces pays jusqu'à Bassac. On exploite aussi avec beaucoup de profit le palmier, dont on extrait un sucre très estimé des Cambodgiens.

Les femmes se livrent également à la fabrication des sampots — vêtements coton et soie à l'usage des hommes et des femmes — qui sont très recherchés.

Je crois utile de revenir sur l'industrie du fer, si imparfaitement pratiquée dans ces régions. M. de Lanessan, qui y a constaté la présence de gîtes métallurgiques fournissant un minerai très pur, fait à ce sujet une observation qui est de nature à éveiller l'attention de ceux qui s'occupent tout particulièrement de l'organisation de nos colonies indo-chinoises. « Il importe de noter, dit le savant député, qu'il n'existe pas, dans toute l'Asie, une seule usine européenne pour la métallurgie du fer. Cependant l'Inde contient des gisements de fer considérables. Mais les Anglais se sont toujours opposés à leur exploitation en grand par des capitaux européens et à leur transformation en acier ou gros fers, dans le but évident de ne pas priver leur marine d'un élément de fret aussi important. On sait que l'on construit, de plus en plus, en fer les bâtiments européens de l'Inde et de l'Indo-Chine, de la Chine et du Japon. L'établissement d'une grande usine métallurgique au Cambodge pourrait nous rendre de grands services ; les mines de charbon de la côte d'Annam faciliteraient beaucoup cette exploitation. Du reste le charbon de bois suffirait pendant plusieurs années. »

N'est-il pas désolant de voir de telles richesses abandonnées pour le plus grand profit de l'Angleterre? Si elles étaient exploitées, elles nous fourniraient tous les éléments pour construire à bon marché, sur place, au moins des flottilles destinées.à faire la police des rivières. Nous pourrions sans grands frais établir, sur tous les points qui les réclament, des voies ferrées dont nous aurions tous les matériaux à notre portée. Nous pourrions produire, en Extrême Orient, à des prix modérés tout le fer, tout l'acier que l'Angleterre y exporte et fait chèrement payer. Nous pourrions organiser de grandes fabriques d'ustensiles de toute nature à l'usage des populations qui n'en possèdent que de très imparfaits et chèrement acquis pour l'usage qu'ils en font.

Comment nos gouverneurs de Cochinchine ne se sont-ils pas préoccupés de pareilles créations?

L'installation d'un grand établissement métallurgique de fer à Dahr, près du mont Thy, devrait faire
l'objet d'études immédiates. Le gouvernement aurait
de nombreux avantages à en favoriser la création.
Un établissement de ce genre appellerait les populations autour de lui. Ce serait un moyen bien plus
sûr de pacification que l'envoi de colonnes expédi-
tionnaires pour en chasser Si-Votha et ses bandes.

Dahr se trouve à quelques kilomètres du Stung-
Sen, qui, comme je l'ai fait observer, est navigable en
tout temps et se jette dans les Lacs. Donc, avec peu
d'efforts, ce village serait aisément mis en communication constante avec Pnôm-Penh, Mytho et Saïgon. On aurait dès lors la facilité d'expédier ses
produits en Chine, partout en Extrême Orient. Nous
y trouverions tout ce qu'il faut pour fonder à Saïgon
un arsenal militaire et maritime de premier ordre,
se suffisant à lui-même, sans avoir besoin d'aucune
ressource de la métropole.

Combien seraient plus intéressantes des dépenses
affectées à une innovation pareille qu'à des voyages
pompeux et inutiles de nos gouverneurs de Cochinchine à Pnôm-Penh, et à l'entretien d'un résident
général auprès du roi Norodom! Je ne veux pas
citer ici tant d'autres gaspillages auxquels il serait
bien temps de mettre fin!

Le résumé qui précède démontre suffisamment, je
suppose, que nous devons au plus tôt compléter le

Cambodge, si je puis m'exprimer ainsi, par toutes ces créations diverses.

Il me reste enfin à examiner quelle est la partie du Mékong qui devrait nécessairement appartenir au royaume de Cambodge.

En toute saison, le service des Messageries cochinchinoises remonte régulièrement le cours du grand fleuve jusqu'à Kratieh, où nous avons un résident. Le lit du Mékong est partout accessible aux navires de grand tonnage jusqu'à Somboc. Les rives jusque-là en sont très peuplées. On rencontre même sur le fleuve des îles où se récoltent abondamment l'indigo et le coton. Bref, cette portion du Cambodge serait destinée au plus bel avenir, sous une administration honnête et intelligente.

Tout semblerait, dès lors, indiquer que la frontière cambodgienne, prenant Kratieh pour point extrême à l'est, serait tracée dans les conditions satisfaisantes pour le souverain du Cambodge. La possession de ce point étant d'ailleurs actuellement acquise à ce dernier, aucune contestation ne pourrait se produire de ce chef avec le Siam, et la Commission de délimitation des frontières limitrophes des deux royaumes trouverait, de ce côté, sa besogne toute faite.

J'estime néanmoins que la frontière ainsi établie ne suffirait pas au Cambodge et ne pourrait nous suffire surtout à nous, au point de vue de nos intérêts en Cochinchine. Cette frontière devrait, à mon avis, remonter au moins jusqu'à Stung-Treng et si c'était possible jusqu'à Bassac!

Stung-Treng, que je considère devoir au moins être le point extrême de la frontière du Cambodge, ne peut pas correspondre avec Kratieh par le Mékong. A partir de Somboc, en remontant vers le nord, le lit du fleuve jusqu'à Stung-Treng est rendu inaccessible par des rapides qui s'étendent sur une longueur de 80 kilomètres et rendent impraticables toute navigation sur son parcours. Les avis sont partagés sur la possibilité de détruire la totalité ou la plus grande partie de ces obstacles.

Une route de terre met aujourd'hui Stung-Treng en communication avec Kratieh. Le pays qu'elle traverse est sauvage, seulement couvert de forêts. Il est inhabité à cause des marais qu'y forment les inondations. La route de Stung-Treng à Kratieh fait même un détour pour éviter ces passages, impraticables pendant une partie de l'année. Mais il serait possible — beaucoup de voyageurs qui ont fréquenté ces parages l'attestent — de construire un petit chemin de fer, un peu en élévation afin de le préserver des inondations, reliant ces deux points importants.

Ces parages servent de refuge aux bandes rebelles commandées par Si-Votha. Nous aurions donc une raison péremptoire pour réclamer du Siam leur an-

nexion au Cambodge. Ainsi Stung-Treng deviendrait la limite extrême séparant le Siam du Cambodge.

La situation géographique exceptionnelle de Stung-
Treng nous indique d'ailleurs clairement que cette
ville doit faire partie du royaume du Cambodge, à
l'est, sur le Mékong.

Stung-Treng est un centre commercial de premier
ordre. Il est en même temps un point stratégique
que nous ne pouvons laisser aux mains des Siamois.
Le développement que peut prendre cette ville sera
considérable si les communications avec le Cambodge et la Cochinchine sont assurées.

M. de Lanessan s'exprime à son sujet de la façon
suivante :

« Stung-Treng est évidemment le point de concentration naturel de toute la vallée du Sé-Cong ; ce
qui le prouve d'une façon indéniable, c'est que le
Royaume du Cambodge possédait autrefois les bords
de cette rivière, si intéressante à beaucoup de points
de vue et dont la branche orientale, le Sé-Kéman, se
rapproche beaucoup de la province annamite de
Quang-Nam, qui possède des baies excellentes. »

Pourquoi hésiterions-nous à faire faire retour au
Cambodge de ce qu'il « possédait autrefois » ? D'autre
part, le voyageur hollandais G. Van Wecsthof, qui a
visité ces pays en 1641, rapporte que vers le commencement du XVIIe siècle, c'est-à-dire à l'époque où

les diverses principautés du Cambodge relevaient d'un suzerain puissant, Stung-Treng était une résidence royale. Alors, raconte-t-il, tous ces pays étaient sillonnés d'excellentes routes suppléant à l'insuffisance des cours d'eau.

Le Siam ne pourrait donc s'opposer sérieusement à la reprise, au profit du Cambodge, de cette région, qui, par suite des circonstances, lui est devenue absolument indispensable.

Ces circonstances dont je veux parler sont celles qui détournent de Kratieh et de nos ports du sud tous les produits du Laos méridional et des bords du Mékong ainsi que de ses affluents, pour les diriger à grand'peine à Bangkok.

En outre, Stung-Treng est situé sur le Sébong, qui compte parmi ses affluents le Sé-Cong, navigable pour les barques indigènes. Celles-ci remontent jusqu'à Attopeu, traversant des contrées très fertiles qui renferment des mines d'or et de cuivre. Le Sé-Cong permet également de remonter jusqu'à Sien-Pang, qui communique par terre avec Bassac.

En désignant Stung-Treng comme devant faire indispensablement partie du Cambodge, j'ai émis simplement le vœu que la frontière pût remonter jusqu'à Bassac, en absorbant cette ville bien entendu.

Si je ne me suis pas montré très catégorique à l'endroit de Bassac, c'est parce que je comprends que là nous pourrions trouver de graves résistances de la part du Siam.

Toutefois le mandarin, s'intitulant vice-roi, qui réside à Bassac, pourrait bien un jour, par son mauvais vouloir, par ses dispositions hostiles au Cambodge et à la Cochinchine et par sa sollicitude exagérée pour tout ce qui touche aux intérêts anglais concentrés à Bangkok, nous mettre dans la nécessité de le chasser de sa résidence et de nous y installer.

Nous ne pourrions, malgré tous nos sentiments pacifiques, souffrir que son administration tyrannique et arbitraire continuât quand même à nuire à nos intérêts.

Avant d'en arriver aux mesures extrêmes, je ne saurais trop conseiller au ministre des Affaires étrangères de désigner au plus tôt un agent qu'il accréditerait auprès de ce souverain minuscule. Il lui confierait la mission expresse de s'entendre avec lui pour l'établissement de relations commerciales entre les pays qui sont soumis à son autorité et Stung-Treng, devenue la limite frontière du Cambodge.

De la sorte, Bangkok n'aurait plus le monopole des produits de toutes ces régions, au grand préjudice de nos possessions.

Bassac relié à Stung-Treng, et Stung-Treng mis en communication avec Kratieh, ce serait le courant actuel détourné de sa route dans la direction de

Bangkok, qu'on n'atteint qu'après un mois et demi de route, et ce serait un courant nouveau s'établissant dans la direction de nos ports de Cholon, Mytho et Saïgon. J'ajoute que Stung-Treng est en relations fréquentes par des routes nombreuses avec toutes les provinces de la rive droite du Mékong.

Dès lors, la capitale de Battambang pourrait de son côté diriger les produits qu'elle recevrait vers Kampot et rendre ainsi à ce port sa prospérité ancienne perdue aujourd'hui.

Je signale tout particulièrement Bassac, car c'est, actuellement, le centre le plus important du bas Laos, sur le Mékong.

Bassac est la capitale d'une principauté à qui elle a emprunté son nom et qui dépend du Siam. Son gouverneur s'est affublé du titre de roi, parce que, bien qu'il aille de temps à autre à Bangkok boire « l'eau du serment » et qu'il paye un tribut déterminé au roi de Siam, celui-ci a reconnu son titre comme héréditaire.

Il a donc incontestablement de la sorte, en vertu de ses droits régaliens, la faculté de nous faire bien des concessions que nous réclamerions de lui, sans avoir à nous opposer des objections provenant de son suzerain de Bangkok !

Tous les produits qui partent du Sé-Mon et des pays situés sur la rive gauche du Mékong viennent se concentrer à Bassac.

Oubône, Kemmerat et Korat même communiquent sans cesse avec la capitale de la principauté. M. Harmand prétend que des villages situés dans le haut de la vallée du Sé-Bang-Hieng payent un tribut au roi. Il a même vu fondre en bronze, à Bassac, une grande statue de Bouddha.

Il faut donc, à tout prix, ou avoir avec soi ce monarque qui tient pour ainsi dire entre ses mains la prospérité du Cambodge, ou l'absorber.

Un agent vigoureux, intelligent, parlant la langue du pays, le convaincrait bien vite de l'intérêt qu'il aurait à établir avec nous des relations de commerce et d'amitié.

Cela obtenu, nous aurions assuré l'avenir de notre colonie de Cochinchine.

Sur la principauté, et faisant partie de cette dernière, à l'est, se trouve un magnifique territoire : le plateau des Bolovens, qui relie Bassac à Attopeu.

C'est avec le plus vif intérêt que j'ai lu les renseignements recueillis par M. de Lanessan sur ces pays peu explorés d'ailleurs, et je me plais à les relater ici textuellement.

« On peut dire, déclare-t-il, que la région d'Attopeu est une des plus isolées de tout le Laos, en dépit des richesses qui s'y trouvent. Cette région est une de celles qui ne peuvent manquer d'attirer un jour notre attention. Le magnifique plateau des Bolovens, qui sépare Bassac d'Attopeu, est à une altitude d'en-

viron 1000 mètres au-dessus du niveau de la mer et
jouit d'un climat à peu près semblable à celui des
parties méridionales de la France. Ses plaines mame-
lonnées et ses vallons offrent la plupart des végé-
taux des régions tempérées : les charmes, les
chênes, les châtaigniers, les conifères, etc. La
terre y est d'une fertilité inouïe; toutes les cultures
de l'Europe y sont possibles; mais les populations
clairsemées et sauvages ne tirent aucun profit de ce
territoire superbe. On y pourrait établir une colonie
européenne qui pourrait se livrer à toutes les exploi-
tations agricoles et industrielles, sous un climat favorable et dans les meilleures conditions que puissent désirer l'agriculture et l'industrie.

« Les quelques personnes qui se préoccupent sérieusement de l'avenir de la France dans l'Indo-
Chine pensent que le plateau des Bolovens, facile à
relier au port de Tourane par une route de 150 kilomètres, devrait devenir le centre administratif et
le sanitarium de nos possessions orientales, et qu'il
rivaliserait aisément, à tous les égards, avec tout ce
que la richesse des Indes a pu enfanter à Semia, à
Outa Kamund ou à Buitenzorg. »

Voilà donc une sorte de paradis terrestre à notre
porte, et nous ne songerions pas à l'utiliser, au lieu de
porter nos efforts sur Cayenne qui n'est pas salubre
ou sur la Nouvelle-Calédonie où nous avons à vaincre
des difficultés inutiles!

Il m'est difficile de prolonger davantage cette partie de mon travail, presque exclusivement descriptive. Je crois être entré dans assez de détails pour la démonstration que j'ai uniquement voulu entreprendre de la nécessité qu'il y a pour la France à procéder non pas seulement à la délimitation historique des frontières de Siam et du Cambodge, mais encore à une délimitation nouvelle et plus étendue que nous commandent et le soin de nos intérêts matériels et le souci même de la défense de notre colonie cochinchinoise.

Je n'ai plus accidentellement qu'à dire rapidement quelques mots sur le traité qui lie la France à la Birmanie.

Une convention spéciale, ayant pour but « de consolider et d'accroître » les relations existant entre la France et la Birmanie en vertu du traité du 24 janvier 1873, a été signée à Paris entre M. J. Ferry au nom de la République française et Mingghie, Min, Macha, Raya, Thin, Gian, Myothit, Myozah, Ativin, Woom, Min au nom de la Birmanie.

Cette convention dernière porte la date du 15 janvier 1885.

Je n'ai pas l'intention d'examiner en détail cet instrument diplomatique. Je ne ferai que quelques observations sur les deux articles 5 et 6.

Art. 5. — Le gouvernement birman s'interdit de créer des monopoles et d'en autoriser directement ou indirectement l'établissement sur les articles de commerce autres que le *thé destiné à être consommé à l'état frais.* Le commerce de tous les autres articles sera libre.

. . . .

. . . .

Art. 6. — En aucun cas, les droits perçus en Birmanie, tant à l'entrée qu'à la sortie, ne pourront excéder 5 p. 100 *ad valorem* avant le premier jour de l'année birmane 1257, correspondant au 1er avril 1895, *sauf pour l'opium*, qui pourra être frappé d'un droit de 30 p. 100.

A l'expiration de ce terme, le gouvernement birman pourra, en tenant compte des circonstances et des besoins du commerce, augmenter lesdits droits de douane, sans qu'ils puissent dépasser 10 p. 100 de la valeur, sur quelque marchandise que ce soit, *à l'exception de l'opium*, ainsi qu'il est dit ci-dessus.

. . . . , ...

Par l'article 5, le gouvernement birman a la faculté de créer un monopole, et de le créer directement, ou indirectement, sur le *thé destiné à être consommé à l'état frais.*

Je ne m'explique pas bien cette restriction consentie par le négociateur français. Elle ne se trouve dans aucune des conventions signées entre la Birmanie et les puissances européennes. Elle est absente de celles qu'ont signées l'Allemagne le 4 avril 1885, l'Italie le 3 mars 1871, l'Angleterre en 1862 et 1867.

Pour plus de motifs que n'en auraient pu opposer ces puissances, — l'Allemagne et l'Italie surtout, — nous aurions dû, ce me semble, ne pas souscrire à cette prétention du roi de Birmanie. Notre colonie du

Tonkin produit de thé excellent en abondance.
thé pourrait être envoyé en Birmanie. Pourqu
nous priver gratuitement de cette source de bén'
fices? L'exposé des motifs, disant que « le thé à l'é'
frais est un aliment national qui n'est l'objet d'auc
commerce hors des pays habités par des populatio
birmanes », a induit les Chambres en erreur. Ell
n'ont pas évidemment compris le préjudice qu
l'adoption de cet article pouvait causer au Tonki

Quant au droit de 30 pour 100 qui frappe exce
tionnellement l'opium, est-il admissible? Pourqu
avoir frappé cette denrée que produisent nos col
nies de Cochinchine et du Tonkin d'une taxe
laquelle elle n'est pas soumise lorsqu'elle provie
de source anglaise?

L'Angleterre conserve donc ainsi, à notre dét'
ment, le monopole de cet important commerce.
est vrai de dire que là encore l'exposé des mot
a induit le législateur français en erreur. « Cet a
ticle, dit-il, n'est consommé qu'en faible quantité
Birmanie. » Or il est avéré que l'opium est la den'
la plus productive de l'Orient, au point de vue fis

On se demande comment les agents français,
ont pour mission d'éclairer leur gouvernement s
les hommes et sur les choses des pays où ils réside
n'ont pas mis, en 1885, le ministre des Affaires étra
gères en garde contre les erreurs flagrantes cont
nues dans l'*exposé des motifs* et qui sont évide

ment la cause de son adhésion à des clauses aussi manifestement désavantageuses pour la France que les articles 5 et 6 du traité franco-birman.

Toute erreur peut se corriger. Nous avons pour devoir de négocier afin de ne pas rester, vis-à-vis de la Birmanie, dans la situation d'une nation exceptionnellement défavorisée.

Mais ce que j'ai dit, à propos de la Birmanie, sur l'insuffisance, à l'étranger, de nos agents chargés d'édifier préalablement nos ministres chargés de négocier et de signer des traités de commerce, vient de se justifier à propos de celui, avec la Chine, que l'on propose aux Chambres de ratifier.

M. de Freycinet a été frappé des inconvénients qui résulteraient pour nous du maintien de certaines clauses, et il a demandé à la Commission chargée d'examiner le traité de suspendre ses travaux.

Ainsi, par exemple, pour ne parler que de l'article 9, il y est stipulé que les marchandises ayant transité par le Tonkin seront, à leur entrée dans un port ouvert, considérées comme étrangères e payeront les droits imposés à ces marchandises. Pour faire comprendre la sottise d'une pareille clause, je prends un port ouvert : Shangaï, par exemple. La route la plus courte, la plus économique pour tous les produits du Yun-Nan, du Kouang-Si, d'une partie du Kouang-Tong, à destination de Shangaï, est évidemment le fleuve Rouge jusqu'à Haïphong, où elles peuvent prendre la haute mer pour se rendre à leur destination. Mais si l'article 9 du traité était accepté, cette route leur serait fermée, car, venant de Haïphong, ces produits arrivant à Shangaï seraient considérés comme « marchandises étran-gères » et soumis, en conséquence, à de lourdes taxes. On comprend donc que les expéditeurs des provinces ci-dessus désignées ont intérêt à leur faire descendre le Yang-Tsi jusqu'à Canton, terre chinoise. De là la perte pour nous du droit de douane, très modéré d'ailleurs, qu'elles eussent subi à notre profit si elles avaient traversé le Tonkin. C'est ainsi que nous serions récompensés de tant de sacrifices faits par nous au Tonkin ! Mais pour le sel et l'opium, je trouve dans le nouveau traité à conclure avec la Chine les erreurs identiques à celles qui ont été commises dans notre traité avec la Birmanie.

De même que nous nous sommes interdit l'expor-tation du thé à l'état frais et de l'opium en Birma-nie, on nous propose de nous interdire également l'exportation du sel et l'importation de l'opium par la frontière tonkinoise. C'est absolument niais, pour ne pas dire davantage.

Le sel est une denrée de première nécessité dans le Yun-Nan. Le Tonkin y fait de nombreuses expédi-tions. Mais les mandarins en Chine ayant le mo-nopote du sel, il leur faut empêcher les exportations du Tonkin, et nous nous prêtons complaisamment au développement de leur commerce personnel, sans prendre garde au préjudice que nous nous portons ainsi à nous-mêmes. Quant à l'opium qui se consomme au Tonkin, il vient, en général, du Yun-Nan, qui en produit de grandes quantités et le vend aux Tonkinois bien meilleur marché que celui de l'Inde. « L'opium, écrivait, le 25 mai 1886, à son gouvernement le ministre de Belgique, représente en Chine le tiers de la valeur totale importée en Chine. »

Les conditions faites à ces denrées, sel et opium, par le nouveau traité auraient donc pour conséquence inévitable d'encourager la contrebande sur les frontières limitrophes de la Chine et du Tonkin.

Les mandarins chinois et le commerce anglais ont seuls avantage à nous voir accepter des clauses si désavantageuses. La Chambre le comprendra, elle ne permettra pas au gouvernement de les ratifier.

N'est-il pas désolant de voir la France si mal servie à l'étranger?... Il est vrai que le choix de ses agents est fait avec une légèreté incroyable. J'ai dit comment un employé des télégraphes du Cambodge avait été nommé vice-consul à Louang-Prabang... Je pourrais citer tant d'autres faits semblables. On veut se débarrasser de quelqu'un, on le nomme agent à l'étranger. Est-il étonnant que notre personnel soit dès lors si inférieur à celui des autres nations? Ainsi s'expliquent les expéditions du Mexique, de Madagascar, du Tonkin et autres lieux dé-

sastreux de *même farine...*, et, après les expéditions, ces traités de commerce du genre de celui
que nous avons fait avec la Birmanie et aussi de
celui que M. de Cogordan prétend nous faire signer
avec la Chine [1] !...

C'est M. Constans, notre nouvel ambassadeur à
Pékin, qui serait chargé de réparer les erreurs commises par M. de Cogordan. Nul ne contestera les
remarquables aptitudes du député de Toulouse. Mais
suffiront-elles à M. Constans pour mieux faire que
M. de Cogordan?

En me posant cette question, je ne puis mieux
faire pour y répondre qu'à rappeler les réflexions
que faisait ces jours derniers le *Temps*, pour expliquer les conflits survenus récemment au Tonkin
entre l'autorité civile et l'autorité militaire.

« On a composé l'administration, dit-il, en grande
majorité de métropolitains qui n'étaient pas préparés
par leurs antécédents à entrer dans une administration asiatique *et ne se doutaient pas, huit jours avant
leur nomination, qu'ils iraient servir en Indo-Chine.
Ils ne savent rien du pays, rien de la vie coloniale.*

---

1. Ces lignes étaient écrites quand une note officielle a fait
savoir que M. Cogordan n'est pas responsable de l'insertion
des deux clauses que j'ai critiquées plus haut. Ce serait le
commerce de Saïgon qui les aurait réclamées ! N'est-ce pas ce
même commerce, si j'ai bonne mémoire, qui a exercé une
pression considérable sur la métropole pour la décider à
entreprendre l'expédition du Tonkin?...

CONCLUSION

CONCLUSION

Dans le premier chapitre de ce livre, je me suis
scrupuleusement borné à dire et à expliquer mon
sentiment sur notre situation au Tonkin et dans l'Annam. Je voulais, à tout prix, éviter de me prononcer
sur le fond de la question, pour ne pas réveiller de
douloureux souvenirs.

Apprenant que je suis à la veille de publier cet
ouvrage, un homme politique, qui partage mes
craintes sur l'avenir de notre occupation tonkinoise,
m'a pour ainsi dire mis au défi de « dénoncer *le* ou
les responsables de notre expédition dans les pays
de l'Annam » ?

« Oserez-vous cela? » m'a-t-il dit, me laissant
un peu trop naïvement deviner sa secrète intention.
Certes, oui, j'oserai, et, pour le prouver, je déclare
sans hésitation :

Les coupables sont tous ceux, SANS EXCEPTION, *qui
ont occupé le pouvoir et dirigé la politique extérieure
de la France depuis 1872 jusqu'à ce jour.*

Est-ce net? Est-ce là ce que voulait savoir mon curieux interlocuteur? Sommes-nous sur ce point du même avis? Je vais m'expliquer le plus rapidement et le plus clairement possible.

Vers la fin de l'année 1871, M. Senez, capitaine de frégate, mon camarade de promotion à l'école, qui commandait *le Bourayne,* pénétrait dans le fleuve Rouge avec son navire et remontait jusqu'à Hanoï. Avec une faible escorte, il se rendit de là à Bac-Ninh, où il eut affaire « à une meute aboyante de 150 à 200 *vauriens* de l'armée chinoise munis de lances, fusils et revolvers ». En novembre, il rencontra dans le Cua-Cam, à Haïphong, M. Dupuis, qui, avec sa flottille, s'apprêtait à remonter le fleuve Rouge et réclamait l'appui d'une canonnière. Le commandant du *Bourayne* ayant rendu compte de son expédition à son ministre, l'amiral Pothuau, cet officier général écrivit au gouverneur de la Cochinchine : « Il peut y avoir des inconvénients à ce que notre pavillon couvre une entreprise de ce genre. Le gouverneur appréciera donc s'y a lieu de mettre une canonnière à la disposition de M. Dupuis. » Cette absence de résolution personnelle du ministre de la marine de 1872 a été la première des fautes commises, elle est *l'origine de l'expédition du Tonkin!* S'il avait envoyé des ordres formels, donnés une fois pour toutes, très carrément, très catégoriquement, M. Chappedelaine, écoutant les conseils de

Mgr Puginier qui promettait l'appui de 6000 catholiques, n'aurait pas osé écrire au quai d'Orsay : « Si
avec de faibles ressources il est possible d'assurer
à la France une colonie de 15 millions d'habitants
dont 500 000 chrétiens, ne mériterait-on pas le reproche de timidité?... » En même temps que le consul de Canton, le 28 juillet, l'amiral Dupré réclamait
l'autorisation le faire un *coup de main*. Pour cela, il
ne demandait pas de renforts. Il consentait même
à s'exposer, en cas d'échec, « à un désaveu, à un
rappel, à la perte de son grade ». Et cependant
l'amiral Dompierre d'Hornoy, ne voulant pas céder
aux suggestions de son camarade, lui avait précédemment écrit le 24 mai : « Sous aucun prétexte
n'engagez la France au Tonkin. »

F. Garnier lui-même, le 8 septembre 1873, faisant
part à son frère des projets de son chef, s'exprimait
en ces termes précis : « L'amiral est en train de
s'engager dans une voie bien dangereuse, celle d'une
expédition armée. »

Comment se fait-il donc que, *un mois après*, le
8 octobre, ce même F. Garnier, dans une nouvelle
lettre adressée à son frère, était autorisé à lui déclarer : « J'ai *carte blanche*. L'amiral s'en rapporte à
moi. En avant donc cette vieille France ! »

Le 5 novembre, en effet, il arrivait à Hanoï, et, le 10,
il écrivait à un ami : « Il n'y a qu'un *coup d'éclat* qui
puisse rétablir le *prestige* et l'*autorité* dont je suis

entouré. Ce *coup d'éclat*, j'y suis décidé. Le 15 novembre, j'attaquerai avec nos 180 hommes la citadelle, j'arrêterai le maréchal N'guyen et je l'enverrai à Saïgon sur un des bateaux de Dupuis. »

Ne croit-on pas rêver? Le prestige, l'autorité de M. F. Garnier à rétablir!.. Voilà le but... Il suffira d'un *coup d'éclat* pour cela. C'est le drapeau de la France, ce sont nos soldats qui seront employés à cette besogne! Et le gouvernement laisse faire.

Comme il l'avait annoncé, ce bouillant officier, le 20 novembre au matin, s'empare par surprise de la citadelle d'Hanoï, et il annonce son triomphe de cette étrange et laconique façon :

« Pas un blessé. La surprise a été complète. C'est une opération modèle (sans me vanter). »

Alors commence une véritable invasion du Tonkin. Avec des petites troupes de 15 à 20 hommes, tous les camarades du vainqueur pénètrent dans les villes, s'emparent des citadelles... Pendant ce temps, que fait le gouvernement? Il ne dit mot! Son silence est un encouragement pour les vainqueurs. Les conquêtes se poursuivent toujours avec le même bonheur! Mais, hélas! au milieu des bonnes nouvelles survient, pareille au spectre du Commandeur, l'annonce de la mort de ce malheureux Francis Garnier! Le 21 décembre 1873, il avait donné imprudemment à Phu-Hoaï dans une embuscade de Lun-Vinh-Phuoc, chef des Pavillons-Noirs. Il avait été victime de son courage et de son excès de confiance en sa bonne fortune !

Le gouvernement ne pouvait plus dès lors rester spectateur ! Il fallait venger la perte d'un officier français !.. On négocia. De là sortit la convention Philastre, signée le 15 mars 1874, entre la France et l'Annam. Nous nous installions pacifiquement à Hanoï. L'invasion recevait une première légalisation officielle par notre occupation restreinte et bien déterminée, en vertu de la convention du mois de mars !

« L'enfantement a été pénible, » écrivait l'amiral Duperré, successeur de l'amiral Dupré, en parlant de ce document diplomatique.

Comment se fait-il que ni ordres, ni instructions, rien en un mot n'ait pu arrêter l'élan de nos officiers, de 1872 à 1874? Cela s'explique bien naturellement.

Tous les ministères qui se sont succédé pendant cette période *laissaient faire*, dans l'espoir de recueillir les avantages de succès éventuels et faciles d'ailleurs. Ils n'approuvaient rien officiellement, c'est vrai, mais ils ne prenaient aucune mesure pour se faire obéir. Ils acceptaient successivement tous les faits accomplis. C'était chose commode : on n'avait qu'à enregistrer des victoires ! On n'avait nulle préoccupation de l'avenir ! Les événements continuèrent à se dérouler de la sorte jusqu'à l'arrivée du commandant H. Rivière à Hanoï, en 1882. En vertu de

8.

la convention de 1874, nous occupions militairement la ville, mais les soldats annamites tenaient
garnison dans la citadelle. Cette situation anormale
n'était pas sans inquiéter le nouveau commandant.
Dès la prise de possession de son gouvernement,
H. Rivière résolut de mettre fin à cette double occupation insolite. Il avait absolument raison de penser
de la sorte. Mais comment procéderait-il pour cela?
Userait-il de la force? C'était le seul moyen qui fût à
sa disposition, car la France avait, à Hué, un chargé
d'affaires ayant seul qualité pour trancher la question pacifiquement, je veux dire par la voie diplomatique.

Ordre formel fut donné au commandant H. Rivière
« de ne pas agir militairement ».

De son côté, M. Rheinart, notre représentant auprès
de la cour de Hué, était muni d'instructions pour
traiter avec l'empereur du désarmement de la citadelle d'Hanoï. Les négociations étaient entamées;
elles allaient aboutir, lorsque, soudain, arriva dans
la capitale de l'Annam et en France la nouvelle du
bombardement et de l'assaut de la citadelle : H. Rivière, jaloux des succès de F. Garnier, rompant
brutalement l'action diplomatique, transgressant
tous les ordres reçus, avait, lui aussi, tenté son
coup de main.

Le succès avait couronné son audace, comme il
avait couronné celle de Garnier. L'amour-propre na-

tional fut satisfait en France, et le ministère bénéficia d'une nouvelle victoire. Nul ne songea certes à blâmer un chef désobéissant, mais heureux.

Qu'eût-on fait cependant s'il avait été repoussé et s'il avait désastreusement compromis la vie de ses soldats, l'honneur du drapeau?

Si j'en juge par l'émotion qu'a causée plus tard l'échec de Bac-Lé, je puis bien affirmer que H. Rivière eût été impitoyablement et très justement traduit devant un conseil de guerre dont tout le monde eût réclamé les plus extrêmes rigueurs.

Il a donc suffi à H. Rivière de réussir d'abord et de succomber quelque temps après, à la même place que F. Garnier, le 19 mai, attiré, lui aussi, par Lun-Vinh-Phuoc, pour devenir un héros légendaire.

C'est là la consécration absolue de la thèse : « La fin justifie les moyens. » A la nouvelle de la mort de ce brave officier, un cri d'indignation, de vengeance retentit d'un bout à l'autre de la France. Nous devions venger nos soldats lâchement assassinés. Les coupables n'étaient pas les *envahisseurs*, ceux qui avaient sans raison violé les traités existants, mais bien les *envahis*, ceux, en un mot, qui subissaient scrupuleusement la loi du vainqueur, conformément aux conventions établies! On a peine à croire pareilles choses!

Le gouvernement essaya-t-il de ramener le public à la saine raison? Allons donc! Il aurait risqué d'y

perdre sa popularité et d'être renversé. Il se laissa
aller prudemment au courant, sans chercher à lui
résister. Il demanda des fonds au pays; la Chambre
les vota; et on expédia des renforts. La conquête
franchit une nouvelle étape. Rien ne pouvait plus
désormais nous arrêter. Après Hanoï, nous avons eu
Sontay, et Bac-Ninh... Après Bac-Ninh, Bac-Lé...
puis Lang-Son!.. Enfin le traité de Tien-Tsin, dont
« l'enfantement » a été aussi « pénible » que celui
de la convention de 1874.

Et comme résultat final : l'occupation définitive
sous l'administration civile de M. Paul Bert!

Et maintenant, je le demande à quiconque veut
raisonnablement chercher à établir les responsabi-
lités de l'expédition du Tonkin : Est-il un seul gouvernement, depuis 1872 jusqu'à ce jour, qui n'en ait
assumé sa part? Celui même que nous avons actuellement pourrait-il, en cas de malheur, avoir la prétention d'y échapper? Que fait-il autre chose que
celui que l'a précédé? Et n'a-t-il pas eu déjà, lui
aussi, ses petits *déboires?* Ah! si les accidents survenus à la commission de délimitation des frontières
s'étaient produits il y a seulement trois ans, aurait-il
été de force à y résister? Je jure bien que non. Mais,
aujourd'hui, nous sommes condamnés à la tolé-
rance, à l'immobilité, et le gouvernement bénéficie
de cette atonie générale des esprits et des cœurs.
Je souhaite que nous ne soyons pas, malgré tout,

contraints de changer de système! Mais qu'on ne nous parle plus de tel ou tel plus ou moins responsable! Nous avons mieux à faire qu'à rechercher celui-là. Je suppose que personne ne m'accusera de n'avoir pas *assez osé*. Pourvu qu'on ne m'accuse pas d'un excès de loyale et honnête franchise!!... Un de nos hommes politiques les plus éminents me faisait l'honneur de m'écrire, il y a quelques jours : « Cherchons ce qui peut nous rapprocher, au lieu de nous occuper de ce qui nous sépare. »

Ce langage est la sagesse même. C'est le meilleur exemple à proposer aux républicains, hélas! bien divisés, sur toutes sortes de questions et notamment sur celle de l'expédition tonkinoise.

Que, dans le premier moment, sous le coup d'une cuisante douleur causée par une blessure, certes inattendue et faite à notre amour-propre bien plus qu'à la patrie elle-même; que, sur l'annonce de l'échec de Lang-Son, un immense cri irréfléchi de réprobation, d'indignation impossible à contenir soit spontanément sorti de toutes les poitrines françaises, comme il en était sorti après la mort de Rivière, cela s'explique, cela s'excuse, étant donné notre tempérament national, étant connues notre vanité et notre sensibilité pour tout ce qui touche à notre drapeau.

C'est là une de nos chères faiblesses dont nous aurions garde de rougir; c'est en même temps une

force considérable, puisqu'elle prend sa source dans
un sentiment d'honneur que nous devons entretenir
avec une constante sollicitude.

Mais, comme tout excès, la prolongation exagérée
d'un tel état mental devient nécessairement nuisible; or je le vois subsister avec une dangereuse
ténacité chez certains, dont le nombre, il est vrai,
diminue chaque jour. Ni le temps, ni la réflexion,
pas même le souci des intérêts de la République ne
sont parvenus à les calmer. L'Intolérance est restée
leur moyen, et ils ne cessent de déclarer que la
Liberté est leur but. A quelles erreurs restent-ils
ainsi exposés? S'emparant de cette thèse que « les
paroles languissantes ne persuadent jamais », ils
usent de tout ce que peut loger de petitesses, de
doctrines équivoques, leur esprit, qui s'est fait spécialement hospitalier pour la circonstance. Ils ne
daignent même plus chercher à persuader. Contraindre leur est plus commode. Rapprocher leur
serait nuisible. Diviser leur est plus avantageux. Leur
conscience leur crie-t-elle : Faites impartialement
la lumière, aussitôt leurs mauvaises passions leur
conseillent la violence. Véritables êtres amphibies, ils
mettent leur talent au service de leurs basses rancunes et ils n'hésitent pas à étaler toutes leurs pla-
titudes devant les frêles attraits d'une popularité
passagère. Inconsciemment, glissant sur cette pente
malsaine, ils en arrivent un jour à compromet-

jusqu'à la probité de leur esprit, qui s'est fait accom-
modant pour pallier, tronquer, dénaturer tout argument susceptible de contrarier leurs vues. Altérer
les faits n'est plus une friponnerie, c'est de l'habi-
leté, c'est un moyen de servir *sa cocarde.*

Encore si ces procédés stériles avaient pour excuse
une douleur irrésistible causée par une blessure
immédiate, par une plaie béante! Mais comme ils
sont coupables et, en l'état, peu patriotiques, puisque la blessure est ancienne, que le temps a cica-
trisé la plaie et qu'il ne s'agit plus que de guérir une
maladie suivant son cours!

En ce cas, n'est-il pas préférable de la diagnosti-
quer avec soin, d'en suivre les phases diverses avec
calme pour en combattre les progrès, pour arriver
enfin à la guérison, sans s'attarder à maudire,
à accuser celui ou ceux qui ont engendré le mal.
Ne vaut-il pas mieux abandonner cette peu enviable
besogne à ceux qui ne reculent devant aucune ma-
nœuvre pour détruire la République! N'est-ce pas
la France qui est engagée au Tonkin? N'est-ce pas
la France qui serait atteinte si nous y éprouvions un
désastre?

Je me rappelle Gambetta, dans la salle des Pas-Per-
dus, apprenant de Laurier, son ami, la défaite de
Wœrth. « J'aimerais mieux, s'écria-t-il aussitôt,
dix ans d'Empire que la confirmation de cette nouvelle. » C'était un enfant de la France, celui-là, un

des plus grands, celui qui, parmi tous, l'aima d'un amour incomparable! Aussi restera-t-il éternellement comme le type le plus accompli du patriote!

Pourquoi, suivant son exemple pour le Tonkin, comme pour toute autre circonstance analogue, les républicains ne feraient-ils pas taire leurs sentiments personnels, ayant toujours et uniquement pour objectif « l'intérêt de la France », et pour moyens « la Concorde et la Liberté ».

Et la Liberté put-elle jamais subsister sans la Justice?

Poursuivi avec l'acharnement que l'on sait par ses détracteurs, Mirabeau leur jetait à la face, le 24 octobre 1791, ce court défi inspiré par une âme honnête :

« Je sais que j'ai tout promis, mais ai-je promis autre chose que de servir selon mes principes. »

Pour l'honneur de mon pays, je veux croire que tout homme politique qui, depuis l'origine de l'expédition dans l'Annam, a fait partie du gouvernement, serait en droit de faire hautement de semblables déclarations!

Ainsi donc, trêve aux récriminations! J'ai été hostile à l'action militaire de la France dans le Tonkin. Je regrette l'occupation par nous de ce pays, telle que nous voulons la pratiquer. Mais je ne veux plus m'arrêter à nier la bonne foi, la loyauté, ni les intentions de qui que ce soit.

Ce que j'appelle de tous mes vœux, de tout mon cœur de Français, c'est la discussion calme, l'examen approfondi, sans parti pris, d'une situation déclarée excellente par les uns, jugée détestable — je suis de ceux-ci — par les autres.

Tant qu'on ne s'occupera pas exclusivement des *choses* laissant de côté les *personnes*, on n'arrivera pas à faire la lumière. En un mot, on ne parviendra pas à savoir s'il faut poursuivre l'œuvre commencée ou en faire le sacrifice soit complet, soit limité. J'avoue que, moi-même, malgré mes convictions très arrêtées, mais me jugeant humblement faillible, j'en suis arrivé à me dire souvent, après avoir honnêtement interrogé ma conscience : qui sait si, les Français se trouvant réunis dans une pensée commune de concorde et d'amour, en vue des intérêts de la Patrie, l'*aventure tonkinoise*, comme disent les pessimistes, ne tournerait pas à notre avantage?

Mais comment en décider dans l'état de division que les républicains eux-mêmes perpétuent par leurs polémiques ardentes, par les débordements de leurs haines réciproques, partant par leur oubli constant et coupable de la France!

Ne mettrons-nous pas fin à une crise si pleine de périls et si déshonorante pour ceux qui l'entretiennent?

*
* *

Pour ce qui regarde la Cochinchine, si l'on se décide à agir sans retard et avec énergie, tout peut se simplifier, à notre plus grande satisfaction.

Il ne dépend que de nous d'en faire une colonie française admirable, pouvant rivaliser avec les plus riches colonies anglaises et hollandaises de l'Asie.

Pour ce faire, il ne nous faut qu'obéir à ce que le plus simple bon sens nous indique. Quiconque voudra se donner la peine de regarder la carte de l'Indo-Chine, et de se rendre compte ainsi de la situation que la Cochinchine y occupe, comprendra tout de suite que, isolée du Cambodge, notre colonie n'est à proprement parler qu'une expression géographique, dont nous nous serions embarrassés bien mal à propos.

Je soupçonne M. Ch. Thomson, à cause même de la convention qu'il a conçue en 1884, convention que j'ai critiquée avec tant d'autres, d'en avoir jugé ainsi. Ses amis le disent fort intelligent et énergique à la fois. Je n'ai pas l'honneur de le connaître; je n'ai donc aucune raison de douter de ce qui m'a été affirmé, à son égard. Et j'ajoute que sa convention de 1884 me donnerait lieu, au contraire, d'en être convaincu. Je m'explique : cet acte n'a pu être le produit d'une simple fantaisie sortie du cerveau de son auteur. Il lui a été inspiré certainement par un sentiment réfléchi. Quel est ce sentiment? Il est vraisemblable que le gouverneur de Saïgon, en 1884, a compris que l'occupation par nous de la Cochinchine seule, à l'exclusion du Cambodge, était tout à fait insuffisante; qu'elle ne serait ainsi que stérile, nous réservant un avenir très limité, partant fort précaire.

La Cochinchine est, en effet, écrasée par le Cambodge qui pèse sur elle de tout son poids, l'acculant à la mer, la privant pour ainsi dire d'air et de mouvement.

Elle est, de ce fait, tributaire de son voisin. N'est-elle pas, en effet, obligée de lui emprunter son territoire pour pouvoir communiquer avec les provinces du Nord? Le Cambodge le lui prête aujourd'hui, si peu praticable qu'il soit. Mais si, d'accord avec nos ennemis, soutenu par eux, il le lui fermait demain, l'abandonnant à ces derniers? C'est là un cas que nous devons absolument prévoir, une éventualité contre laquelle nous avons à nous tenir en garde.

Encore, si nous possédions des frontières assez solides pour nous mettre à l'abri d'une invasion éventuelle, aurions-nous le droit de n'être pas si prévoyants. Mais ces frontières de défense n'existent même pas. On ne peut les établir qu'à la condition de remonter jusqu'aux grands lacs, qui, appartenant historiquement au Cambodge, sont devenus, par le fait d'une spoliation, à la fin du XVIIIe siècle, la propriété du royaume de Siam.

Il est donc clair que notre premier soin doit être de nous entendre avec le Cambodge et de réclamer de lui toutes les garanties de sécurité indispensables contre toutes les éventualités de l'avenir. Or, la première de ces garanties est sans contredit l'occupation commune de ses frontières historiques, à lui rétrocédées par le Siam.

C'est bien le sentiment de cette situation de la Cochinchine vis-à-vis du Cambodge qui a dû présider à la conception de l'arrangement de 1884, que M. Ch. Thomson a fait signer au roi Norodom. Tout l'engageait, en effet, à *mettre la main* sur le Cambodge. Il s'est toutefois senti arrêté, sans doute, par des considérations spéciales : les événements de la Chine et du Tonkin, les débats parlementaires qui avaient lieu à ce sujet à Paris, la crainte d'engager la France sans être, lui, soutenu dans ses prétentions exagérées, et bien d'autres choses encore, ont dû éveiller ses craintes, tempérer son ardeur, maîtriser son énergie. Et pourtant le *statu quo* lui semblait impossible ! Il a tenté quelque chose. Ce quelque chose a été trop ou trop peu.

Ce fut trop, car en obligeant Norodom à consentir à ses exigences, il l'humiliait inutilement et sans profit aucun ;

Ce fut trop peu, car le vieux roi, irrité, gardait,

malgré tout, la faculté de se venger de nous et de
susciter secrètement des rébellions que nous aurions
à combattre. C'est ce qui est arrivé en effet.

M. Ch. Thomson s'est donc trompé, pour ne pas
avoir assez osé, ou plutôt pour ne pas avoir logiquement osé ! Son sentiment n'en fut pas moins excellent.

Le problème à résoudre pour tout gouverneur de
la Cochinchine comprenant les intérêts de son pays,
consiste, selon moi, à absorber le Cambodge, sans
s'en emparer effectivement, c'est-à-dire en laissant
au roi de ce pays son indépendance et son autorité
dont il doit être fait habilement usage, au profit de
notre colonie du Sud. Cette tâche n'est pas si compliquée qu'elle peut le paraître au premier abord.
Elle ne réclame pas des aptitudes extraordinaires
de la part de celui qui en serait chargé : la confiance
et l'appui de la France lui doivent suffire, sous la
réserve expresse qu'il ne dépassera pas les limites
exactes qui lui seront rigoureusement tracées par
son mandant.

Ainsi le Protectorat de la France au Cambodge
trouverait une application intelligente, large, effec-
tive, avantageuse autant pour le Protecteur que pour
le Protégé.

N'est-ce pas là la véritable solution à trouver?

J'ai suffisamment démontré, je l'espère, que la
prospérité de la Cochinchine dépendait en grande
partie de la bonne ou mauvaise administration du

du Cambodge. Nous devons donc nous occuper de
rendre cette administration aussi parfaite que possible; nous devons, en un mot, venir en aide au roi
Norodom et lui organiser son royaume autant au
point de vue fiscal qu'au point de vue militaire. D'accord avec lui, il nous faut mettre de l'ordre dans la
répartition de ses impôts et dans la perception de
ces derniers. Ce serait d'une part tout bénéfice pour
lui, et d'autre part cela nous permettrait d'achever
dans ses États notre œuvre civilisatrice. Nous trouverions, en effet, dans le fonctionnement régulier
des institutions financières nouvelles, toutes ressources nécessaires pour ouvrir des voies de communication à son commerce et à celui de la Cochinchine, pour équiper et former des milices auxquelles
nous fournirions des instructeurs, pour élever des
défenses sur ses frontières et sur tous les points
stratégiques où il y aurait lieu d'en placer, pour sa
sécurité et pour la nôtre.

Je n'invente certes rien, en exposant un pareil
projet. Il en a été conçu déjà un semblable, en 1864,
lorsqu'il s'est agi de consolider le trône de l'empereur Maximilien que nous avions installé à Mexico,
malgré les sinistres souvenirs laissés par la mort
violente de l'imprudent Iturbide.

A cette époque, au Mexique, comme aujourd'hui,
au Cambodge, il s'agissait de fonder un ordre de
choses régulier. Une commission composée de

financiers et présidée par un homme de grand talent, M. Langlois, conseiller d'État, fut envoyée à Mexico. Elle avait pour mission d'inaugurer tout un système fiscal approprié au pays que nous occupions alors, et qui était néanmoins, du nord au sud, infesté de *guerillas*.

M. Langlois a été, de son vivant, le véritable ministre des finances du Mexique. A côté de lui, M. l'intendant général Friant était chargé de tout ce qui concernait la formation, l'armement et l'équipement d'une armée nationale. Un jeune capitaine, d'un mérite transcendant, M. Pierron, aujourd'hui général, naguère professeur à l'école de guerre, était le secrétaire particulier de l'empereur qui avait placé en lui toute sa confiance. Plus modestement, en qualité de sous-secrétaire d'État, j'occupais moi-même le poste de chef du cabinet militaire du souverain.

C'est ce dernier lui-même, le frère de l'empereur François-Joseph, qui avait sollicité de la France l'appui et le concours de ses financiers, de ses ingénieurs, de ses officiers.

Les résultats obtenus furent excellents, malgré la constante et coupable opposition de Bazaine; et, si ce triste personnage avant de procéder à l'évacuation du corps expéditionnaire, n'avait traîtreusement détruit une œuvre encore incomplète, mais laborieusement et consciencieusement édifiée, l'empereur Maximilien, obligé, je le crois, quand même, de déposer tôt ou tard sa couronne, aurait pu certainement, grâce à l'héritage que nous lui aurions laissé, se sauver de la sinistre mort qui lui a été infligée sur un obscur monticule, aux bords des fossés de Queretaro !

Pourquoi, forts de l'expérience du passé, ne renouvellerions-nous pas à Pnôm-Penh, dans des conditions normales, auprès de Norodom, une œuvre qui, cette fois, nous intéresse directement.

Nul ne songe — moi pas plus que quiconque, pour le moment du moins — à s'emparer effectivement du Cambodge, à le réunir à la Cochinchine pour en faire une seule et même terre française. Mais ne peut-on parvenir à l'*absorber*, en l'*assimilant* à notre colonie, en liant absolument son avenir, ses intérêts à l'avenir, aux intérêts de notre possession du sud de l'Indo-Chine ?

Je ne vois qu'avantage à opérer de la sorte et pas un seul inconvénient !

Le roi Norodom pourrait-il en prendre quelque outrage ? M. Ch. Thomson lui a imposé, certes, de plus dures conditions et il a consenti à y souscrire !

Qui nous arrêterait donc dans l'exécution de ce plan *d'absorption ?*

Le désordre règne partout dans le Cambodge. Les finances ne sont pas administrées. Le contribuable est livré à l'arbitraire des mandarins. Les routes sont absentes ou à peu près. Les transactions sont ou ne peut pas plus restreintes. Le pays est envahi par des bandes qui harcèlent nos postes et épuisent nos soldats. C'est le frère du roi qui les commande, et Norodom se déclare impuissant à les détruire!

Mais notre conduite ne nous est-elle pas dès lors toute tracée? Tout est à faire au Cambodge. La Cochinchine sera vouée à un état misérable tant qu'il en sera ainsi.

Mettons-nous donc à l'œuvre. Organisons, administrons au profit de Norodom et au nôtre.

M. Ch. Thomson avait timidement limité son action à la ville de Pnôm-Penh. D'après sa convention la capitale devait être administrée « par une commission municipale composée du résident général ou de de son délégué, président; six fonctionnaires ou négociants français nommés par le gouverneur de la Cochinchine; de trois Cambodgiens, un Annamite, deux Chinois, un Indien et un Malais nommés par Sa Majesté le roi du Cambodge sur une liste présentée par le gouverneur de là Cochinchine ».

Au lieu de cette commission municipale, véritable arlequinade, installons auprès du roi à Pnôm-Penh une commission extraordinaire composée de financiers, d'ingénieurs, d'officiers de toutes armes, de savants même. Le roi lui adjoindrait un certain nombre de ses fonctionnaires et lettrés. Ainsi se trouveraient réunis tous les éléments d'une réorganisation complète du Cambodge, pour la grande gloire et la plus désirable satisfaction et du Protecteur et du Protégé !

Un traité d'alliance offensive et défensive entre les deux compléterait une entreprise si féconde, de telle sorte que les places fortes du Cambodge, en dehors de certains postes que nous nous réserverions, seraient occupées par des garnisons mi-françaises, mi-cambodgiennes.

Les frais de cette occupation militaire seraient réglés par la commission extraordinaire résidant à Pnôm-Penh.

Le Cambodge deviendrait dès lors, en même temps que la forteresse avancée de la Cochinchine, un passage largement et sûrement ouvert pour l'exportation de nos produits et pour l'importation des marchandises étrangères.

Mytho serait bientôt un port de commerce de premier ordre. Kampot retrouverait son activité perdue.

Nous pourrions très aisément faire de Saïgon un arsenal maritime considérable, car nous trouverions en abondance, dans le pays que nous serions chargés d'administrer, le fer, la houille, le bois, la pierre, etc., nécessaires à cette grande œuvre.

Ce dernier projet ne mérite-t-il pas plus de faveur que celui de M. Fillippini dont je n'accuse d'ailleurs que l'ignorance et l'inexpérience !

Avec lui, notre Protectorat est un dangereux amoindrissement du prestige de la France ; avec

M. Ch. Thomson, il en était — malheureusement sans profit — une fâcheuse exagération. Entre ces deux systèmes, il doit y avoir place pour une troisième solution pacifique, civilisatrice, utile pour les parties engagées! Mon innovation, que dis-je, ma réédition d'organisation administrative du Mexique — car je n'ai rien inventé — est-elle de nature à produire un si précieux résultat? Tout me l'indique; et je la propose avec cette conviction profonde qu'elle est indispensable à mon pays, *s'il veut conserver la Cochinchine.*

S'il veut conserver la Cochinchine, ai-je dit? Ce sont là de gros mots, des paroles qui ont une prétention de prophétie qu'il me faut sinon justifier tout au moins expliquer. C'est ce que je vais m'efforcer de faire.

Quand j'engage mon pays à s'occuper du Cambodge au point de vue fiscal et militaire, je ne suis nullement inspiré par un sentiment platonique. Je songe à l'avenir. Aussi bien j'entends lui conseiller fermement, et pour cause, de prendre des gages *certains,* gages qui ne pourraient en aucun cas lui échapper, pour garantir la Cochinchine contre des éventualités qu'il est sage de prévoir. Comme je l'ai fait observer déjà, notre voisin devenu, grâce à nous, puissant et riche, notre voisin ingrat — certains de nos voisins de l'Europe nous ont suffisamment prouvé que l'ingratitude n'est pas bannie des nations pour lesquelles nous avons fait d'immenses sacrifices

— le Cambodge, en un mot, régulièrement administré, puissamment armé, pourrait avoir un jour la
velléité de repousser le Protectorat français, d'agir
directement contre la France, ou de se lier à nos
ennemis résolus à agir contre elle.

C'est pourquoi j'ai réclamé et je ne saurais trop le
réclamer encore, une occupation militaire commune, frontières infranchissables.

Voulons-nous, oui ou non, *conserver la Cochinchine?* Si oui, nous n'y parviendrons, à moins de
lourds et coûteux sacrifices, qu'en absorbant le
Cambodge, en nous l'attachant, en nous l'assimilant,
en nous y établissant militairement, conjointement
avec lui, dans un but de défense commune.

Si non, il nous faut en décréter l'abandon sans
y augmenter davantage nos charges.

Et nous ne pouvons l'abandonner; rien ne nous
oblige. Au contraire, tout nous engage à y rester, à
nous y installer solidement.

Mais ce n'est pas tout. Notre expédition au Tonkin
et dans l'Annam a eu son contre-coup dans le sud
de l'Indo-Chine et a créé à notre colonie de Cochinchine une situation particulière qui exige une
sérieuse attention de la part de la France.

J'y ai songé bien souvent, et je l'ai dit : Elle a
été la cause déterminante de la présente étude.

Je ne reviendrai pas sur les sentiments personnels
que m'a inspirés l'expédition du Tonkin. Mais, pour

que mon œuvre soit complète, je suis forcé, avant
de la clore, de me placer en face de ces deux hypothèses : ou l'occupation définitive assurée du Tonkin
et de l'Annam par la France, ou l'abandon du
Tonkin et de l'Annam soit par suite d'une retraite
complète, soit par suite d'une retraite partielle, ce
que j'ai appelé une *liquidation*.

Dans chacun de ces deux cas, qu'advient-il de
la Cochinchine? Si notre occupation définitive est
assurée, oh! alors notre force, notre prestige en
Cochinchine, dans le Cambodge, dans le Siam prennent des proportions considérables. Tout se sim-
plifie.

La route aujourd'hui abandonnée, inexplorée, qui,
partant de Saïgon, passe par Baria et aboutit à
Hanoï après avoir traversé l'Annam dans toute sa
longueur, s'ouvre large, bienfaisante et facilite toutes
les communications du nord au sud de nos considérables possessions! Le Cambodge n'est plus un
Protégé. Il est notre *alter ego*, « une combinaison
de forces » avec la Cochinchine. Il profite de tous
les avantages résultant pour son Protecteur d'un
état de choses si heureux, si inespéré!

Le Mékong, « cette route qui marche » devient un
véritable fleuve français.

Le port de Tourane se relie à Bassac — dont le roi
a tout intérêt à devenir notre ami — par une ligne
ferrée d'une longueur de 150 kilomètres, dont les

rails et les traverses sont confectionnés avec le fer et les bois pris sur place.

Cette vaste baie *française* se trouve par conséquent en communication directe, rapide et constante, par voie de terre, avec le haut et le bas Las et la Birmanie. Ce qu'elle ne parvient pas à attirer à elle, prend la direction de Kampot et de Mytho.

Le plateau des Bolovens s'offre à nous, pour y établir une admirable colonie française.

Bangkok est décapitée et ne devient plus qu'un centre commercial fort secondaire, avec son port dont l'entrée reste obstruée par une barre inabordable pour les bâtiments de fort tonnage.

C'est un bouleversement complet dans le mouvement général des échanges actuellement en usage sur tous les points de l'Extrême Orient.

C'est le renversement de l'influence anglaise remplacée par l'influence française.

Le résultat vaut la peine certes qu'on le recherche, et les partisans de l'expédition du Tonkin ont là une séduisante excuse pour expliquer leur entreprise.

Mais là, comme partout ailleurs, il ne suffit pas de vouloir, il faut aussi pouvoir. Et pour avoir trop voulu souvent on s'est exposé à tomber, comme dit Bossuet, « d'une grande chute ».

On comprend que la Chine au nord, le Siam et l'Angleterre au sud et à l'ouest et aussi l'Allemagne ne pourraient voir d'un œil favorable une situation aussi exceptionnelle pour les intérêts français, en Extrême Orient.

Il est inadmissible que toutes ces puissances réunies dans un intérêt commun ne fassent pas tout pour l'empêcher.

C'est bien là qu'est le danger pour l'avenir !

Mais que se passerait-il si nous éprouvions un grave échec au Tonkin ?

Évidemment, le Cambodge, notre premier voisin, n'aurait qu'une pensée : se joindre à nos ennemis. Nous aurions perdu à ses yeux toute force, tout prestige. Et nos ennemis seraient tous les peuples de l'Indo-Chine ameutés contre nous et obéissant aux influences de la Chine, de l'Angleterre et de l'Allemagne.

Si le roi de Pnôm-Penh avait alors la faculté de leur livrer passage pour nous atteindre en Cochinchine et même de nous combattre avec eux, personne ne peut douter qu'il hésiterait un seul instant à le faire. C'est donc cette faculté qu'il faut lui retirer, et, en la lui retirant, il importe de le rendre solidaire de notre sort !

Il nous faut envisager les choses telles qu'elles sont, avec leurs chances de succès et d'insuccès, et prendre nos mesures pour, en toutes circonstances, préserver l'avenir. — Jamais l'occasion d'agir ne sera meilleure qu'aujourd'hui où l'Angleterre se trouve partout aux prises avec des embarras sans nombre.

MM. Bourée et Rheinart, je l'ai déjà rappelé, ont écrit tous les deux séparément, avec l'autorité que leur donne leur profonde connaissance des hommes et des choses de tous ces pays : « La solution de la question annamite est à Pékin. »

Que le gouvernement se pénètre de ces paroles qui, j'en ai la conviction, sont l'expression d'une vérité trop longtemps méconnue.

Ici doit se terminer ma tâche. Comme l'a dit saint Paul : *Non plus oportet sapere quam oportet sapere, sed sapere ad sobrietatem.*

Je ne sais l'accueil qui sera fait à ce livre. Les minutieuses recherches auxquelles il a donné lieu auront peut-être été vaines. J'aurai peut-être gaspillé bien des heures pour le faire.

Je me serais appliqué à y mettre toute ma conscience, toute ma loyauté, toute mon honnêteté pour ne pas réussir à appeler même l'attention de ceux sous les yeux desquels il passera.

Je partagerais ce sort, hélas ! avec tant d'autres plus favorisés que moi en intelligence et en science. Je me répéterais à moi-même ce que je me suis dit le jour où j'ai pris la plume pour l'écrire, empruntant à Corneille le langage du père de Sabine :

> Faites votre devoir et laissez faire aux Dieux.

Il me semble pourtant que je serais consolé, si, n'ayant pas réussi à convaincre ceux à qui je me

suis adressé, j'ai pu conserver, au moins vis-à-vis
d'eux, le droit de dire que j'ai su apporter dans mon
œuvre, ce que La Bruyère a appelé « la politesse
de l'esprit ».

FIN

Au moment de livrer cet écrit à l'impression,
j'apprends la nouvelle de la mort de M. Paul
Bert.

La France perd en lui un patriote, un savant,
un homme de bien.

C'est un grand malheur qui nous frappe!

Il avait courageusement accepté une lourde et
dangereuse tâche, en allant tenter de pacifier et
d'organiser le Tonkin.

Il est mort au champ d'honneur!

La Patrie doit lui être reconnaissante. Je joins
mes vifs et sincères regrets à ceux de ses nombreux amis.

L. D.

DEUXIÈME PARTIE

PACIFICATION ET ORGANISATION

DE L'INDO-CHINE

INTRODUCTION

INTRODUCTION

Depuis que nous sommes dans l'Indo-Chine, avons-nous su y établir les bases d'une politique suivie, réfléchie, raisonnée ? L'avons-nous pratiquée ? Avons-nous à nous féliciter des résultats que nous en avons obtenus ?

La réponse à ces questions diverses se trouve dans les lignes suivantes, signées par l'amiral Aube, ministre de la marine, à l'adresse de MM. Goblet et Flourens et à moi remises, pour que je les leur communique :

« J'estime que nous n'avons pas les bases d'une « politique indo-chinoise; qu'il y a lieu de les éta- « blir; que les études de synthèse ne peuvent être « faites que sur les lieux : Siam, Cambodge, Co- « chinchine, Annam, Tonkin; qu'elles doivent être « confiées à quelqu'un qui, par ses recherches « antérieures, est préparé à ces études de synthèse.

« M. Détroyat s'offre pour cette mission.

« Il faut profiter de son dévouement. »

Signé : « Amiral Aube. »

« Le 19 décembre 1886. »

Je n'ai pas besoin de dire combien je fus honoré et flatté de ce témoignage de sympathie et de confiance de mon ancien camarade. Je réclamai immédiatement de MM. Goblet et Flourens la faveur d'une audience.

Ma visite au quai d'Orsay fut longue. Le ministre des affaires étrangères m'écouta avec une attention toute particulière. Je savais le président du Conseil assailli, pendant la semaine, de visites de toute sorte et préoccupé, en outre, par des questions parlementaires qui pouvaient mettre en péril l'existence du cabinet, né cependant de la veille. Je sollicitai de lui une entrevue pour le dimanche dans la matinée, espérant avoir la bonne fortune de pouvoir l'entretenir tout à mon aise et d'attirer son attention sur l'absence de politique indo-chinoise, qui, si l'on n'y prend garde, pourrait bien nous occasionner de désagréables surprises! M. Goblet accueillit ma requête avec une bienveillance dont je ne saurais lui savoir assez de gré. Je me présentai donc, à l'heure convenue, le dimanche matin, au ministère de l'intérieur, plein de mon sujet, heureux à l'avance de pouvoir le développer dans ses moindres détails. Hélas! le gouverneur général de l'Algérie occupait déjà le .cabinet présidentiel. J'attendais sa sortie depuis près de trois quarts d'heure, lorsqu'apparut M. Casimir Périer, qu'il fallut bien recevoir avant moi. C'est un député influent... Mon tour arriva enfin! Je n'étais pas installé depuis plus de deux minutes dans un fauteuil, à côté du ministre, qu'on lui annonçait la venue du sous-secrétaire d'État des colonies. L'affaire Brazza « battait son plein », comme on dit. « Qu'il attende *un petit instant* » (sic), répondit M. Goblet à l'huissier qui annonçait le nouveau visiteur. Je me sentis perdu. Je savais que des difficultés immédiates intéressaient davantage le ministre — très bien intentionné, je crois, en ma faveur — que mes récits et mes plans sur des pays qui nous ont pourtant valu Lang-Son !... Je ne songeai donc qu'à la retraite. Je balbutiai, à la hâte, quelques mots insignifiants, car je savais que rien de ce que je pouvais dire n'aurait plus désormais la moindre portée. La déclaration même de l'amiral Aube resta inaperçue, et je cédai la place à qui le ministre songeait à la donner, avant même de m'avoir entendu.

C'est ainsi que, d'ordinaire, se passent les trois quarts des audiences ministérielles : sans profit pour celui qui écoute, sans résultat pour celui qui parle.

Aussi, en sortant de chez le président du Conseil, me suis-je souvenu de ce que me disait souvent Émile de Girardin, mon oncle et mon maître :

« La France est aux prises avec deux difficultés graves qui, réunies, sont presque invincibles :

« La démocratie,

« La centralisation.

« Voyez le point de départ de la plupart de nos

ministres; presque tous sont arrivés, presque tous arrivent aux affaires, avant de savoir les questions, avant d'avoir eu le loisir de les étudier! Où voulez-vous qu'ils les apprennent? Où voulez-vous qu'ils les approfondissent? Est-ce aux affaires, alors que toutes les heures de leurs journées, insuffisantes à remplir cette triple tâche, seront réclamées : 1° par des centaines de signatures forcément données au hasard, sous peine d'arrêter le travail des bureaux; 2° par des audiences inévitables, sous peine d'affaiblir ou de perdre la majorité; 3° par la nécessité que subissent les ministres, ou qu'ils s'imposent, d'assister à cette multitude de séances législatives, où leur présence n'est, le plus souvent, que du temps perdu, un temps précieux? Nous avons si bien réglé la responsabilité ministérielle que nous en avons fait l'impuissance administrative, et pour aboutir à quoi? A une responsabilité illusoire. »

Je répète que M. Goblet ne m'en a pas moins fait un accueil aussi gracieux que possible, et je ne puis que lui en témoigner ma sincère gratitude.

Toutefois, avant de quitter son cabinet, debout sur le seuil de la porte, j'eus la naïveté de tenter un dernier effort pour l'intéresser à ma visite. Je lui laissai entendre — comme un cri suprême — ces paroles bien dignes, certes, d'éveiller son attention la plus sérieuse :

« Mais, monsieur le Président, vous devez être

convaincu que notre situation, déjà si précaire au Tonkin, deviendrait impossible et très dangereuse en cas de guerre européenne... Que feriez-vous alors?

— Nous nous replierions sur le Delta, me dit-il. Nous nous y fortifierions, nous attendrions. »

Pour le coup, je m'en allai, stupéfait et navré à la fois.

Que n'ai-je eu le temps de répondre au ministre qui traçait si à l'aise un plan d'une exécution en apparence si simple : « Mais cette retraite, cette expectative seraient-elles réalisables? Et seriez-vous en sûreté dans le Delta, devenu pour vous un *refuge*, le dernier? Avez-vous songé aux bandes innombrables de rebelles par lesquelles l'Annam et la Chine, unis dans une même pensée de haine et de vengeance, vous feraient assaillir de tous côtés?

« Savez-vous que la ville d'Hanoï communique très difficilement avec le littoral; qu'il faut près de quarante-huit heures pour aller de la résidence générale à Haïphong; que ce trajet, en cas d'insurrection générale, peut devenir très dangereux à effectuer; que, faute de ravitaillements pour l'armée et la marine, et même par suite d'une épidémie qu'il faut prévoir, nous serions sûrement débordés, et, en tout cas, bien que réfugiés dans le Delta, exposés aux plus grands périls[1] ?

1. Depuis mon entrevue avec M. le président du Conseil, les nouvelles suivantes, que les journaux ont publiées à la

« Pourriez-vous compter alors sur les milices tonkinoises, mêlées à vos troupes? Ces milices ne seraient-
elles pas excitées à la rébellion, intimidées même
par nos ennemis menaçants? Protecteurs de l'Annam, nous y serions attaqués par notre protégé lui-
même! Et que deviendraient alors nos postes et nos
résidents de l'Annam central ?

« Protecteurs du Tonkin, nous y serions également
assiégés par la Chine et par l'Annam!......... Et la
Cochinchine et le Cambodge! »

date du 23 février, sont venues confirmer mes déclarations :
« Le vapeur de rivière *le Raphaël*, de la Compagnie des
Messageries fluviales du Tonkin, faisant le service entre Dap-
Cau (le port de Bac-Ninh), Phu-Lang-Thuong et Haïphong, a
été attaqué le 29 décembre, par le travers du village de Mag-
don, par des pirates, qui l'ont escorté à coups de fusil, le long
des berges, pendant plus d'une demi-heure, en se tenant à
des distances variant de 100 à 300 mètres. Il y avait heureusement à bord du *Raphaël* deux passagers civils armés de
winchesters et quatre soldats avec leurs fusils, de telle sorte
qu'il a été possible de répondre au feu très vif de l'ennemi.
Le Raphaël a pu sortir de ce mauvais pas, criblé de trous, il
est vrai; mais son commissaire, M. Laurent, a été blessé si
grièvement qu'il est mort quelques jours plus tard à l'hôpital
de Haïphong; un des soldats a été également blessé à la main.
« C'est au même point que la canonnière *la Mitrailleuse*
avait été attaquée au mois de novembre. »
D'autre part, je lis dans le *Journal des Débats* du 24 février,
qui est hostile à l'amendement de l'amiral Véron, partisan de
l'occupation restreinte au Delta :
« Nous devons chercher à créer dans ce pays des ressources
qui diminueront d'autant les sacrifices de la métropole. Ce
n'est pas en abandonnant les entreprises commencées, et en
nous bornant à entretenir dans le Delta des troupes sans
cesse menacées et obligées de se tenir sur une continuelle
défensive, que l'on atteindra ce but. »

C'est tout cela pourtant qu'il faut craindre. C'est tout cela qu'il faut prévoir. Que fait-on pour se garantir contre de semblables éventualités? Hélas!... L'amiral Aube a eu bien raison de le dire : « Nous n'avons pas les bases d'une politique indo-chinoise. » Et nous ne faisons rien pour les établir.

Comment, d'ailleurs « les bases d'une politique indo-chinoise » pourraient-elles exister?

Depuis 1872, notre politique, au nord de l'Indo-Chine, n'a été qu'une longue série de fautes regrettables, que la *force des choses* a, le plus souvent, rendues inévitables.

Après la convention Philastre, triste héritage de F. Garnier, qui a noué la question tonkinoise, est venu l'enlèvement de la citadelle d'Hanoï, en 1885, par le commandant Rivière, au mépris du traité de 1874, tandis que M. Rheinart négociait à Hué l'évacuation de cette citadelle par les troupes annamites, qui a posé la *question d'honneur* et engagé le drapeau français, au Tonkin, en face de la Chine; puis enfin le traité de Tien-Tsin, à la suite de Bac-Lé et de Lang-Son, a consacré une occupation déjà très onéreuse et qui nous imposera encore bien des sacrifices, sans qu'on puisse prévoir un dénouement certain.

En pareille situation, l'union, la concorde semblaient devoir s'imposer à tous ceux qui ont un véritable souci des intérêts de la France!

Au lieu d'envisager la situation telle qu'elle est, avec ses inconvénients et ses avantages, les uns ont exagéré ceux-là, les autres ont démesurément vanté ceux-ci.

Les propositions les plus contraires ont été présentées, n'ayant pour but que la chute ou le maintien des ministères successifs.

De là cette absence de « bases d'une politique indochinoise » que le ministre de la marine a constatée si nettement et, j'ose le dire, si courageusement.

Je ne m'attarderai pas à examiner si l'on a eu tort ou raison de faire ce qui a été fait.

Il ne m'appartient, dans ce court travail, que m'inspirent la note du ministre de la marine et mon entrevue avec M. Goblet, qu'à me placer en face d'une *situation acquise* et à chercher — sans jeter un seul regard en arrière — à tirer le meilleur parti des *choses existantes*, étant admises et l'hypothèse d'une absence de « bases d'une politique indo-chinoise » et la nécessité de les établir !

Il est temps de fixer un plan d'ensemble, d'avoir une *idée directrice* sur la conduite à tenir à l'égard des quatre parties qui forment nos possessions indochinoises, je veux parler du Tonkin, de l'Annam, de la Cochinchine et du Cambodge.

Il faut savoir dire, avant tout, que les distinctions administratives (je ne prétends parler ici que de l'Indo-Chine) en *colonies* relevant de la marine, et *protectorats* relevant des affaires étrangères, sont et seront toujours une complication, partant la source d'abus de toute nature.

Quoi qu'il en soit, il s'agit de régler avec précision, d'abord les conditions d'existence de ces quatre parties entre elles, puis les rapports de chacune d'elles avec la métropole, qui est leur lien commun. Ce règlement devrait être, en l'état, l'objet d'une entente entre le ministre de la marine et celui des affaires étrangères. Je suis bien convaincu qu'à la suite d'une étude très consciencieusement faite on s'apercevrait, par exemple, que les intérêts du Cambodge (*protectorat*) sont absolument solidaires de ceux de la Cochinchine (*colonie*), et que le manque d'unité de direction par la métropole pour ces deux possessions est irrationnel.

Dans ma brochure *la France dans l'Indo-Chine* [1], j'ai longuement passé en revue ces diverses thèses.

Ai-je eu raison? Ai-je eu tort?

Il importe de le savoir, et on ne l'a pas encore recherché suffisamment, que je sache. Quoi qu'il en soit, cette double direction de *protectorats* et *colonies*, si détestable à mes yeux, m'inspirait les lignes suivantes, que j'adressais, le 23 décembre 1886, au ministre de la marine :

1. *La France dans l'Indo-Chine;* éditeur, M. Delagrave, 15, rue Soufflot. (Cette brochure forme la première partie du présent livre.)

« Vous désirez, amiral, *que les études de synthèse soient faites sur les lieux*, vous jugez que je suis apte à les mener à bonne fin, vous me proposez pour cet objet, sûr que vous êtes de mon dévouement, et me sachant « préparé par mes recherches antérieures ».

« Je suis disposé à accepter cette délicate et lourde mission.

« En quelques mots, je vais vous dire mon sentiment sur la façon de procéder en cette circonstance :

« 1° Avant de commencer les études *sur les lieux*, il me semble indispensable qu'il soit fait un premier travail, *à Paris*, après entente préalable des ministres de la marine et des affaires étrangères, *sur la direction à leur imprimer.*

« Cette précaution est évidemment nécessaire, et vous le comprendrez, pour celui qui, envoyé en mission dans ces pays relevant de deux autorités distinctes, susceptibles, par conséquent, d'avoir des opinions opposées, doit savoir dans quelle mesure son action doit s'étendre vis-à-vis de chacune d'elles !

« C'est ce travail préparatoire, approuvé par vous et par M. Flourens, votre collègue, qui me permettrait de poursuivre utilement « les études de synthèse » que vous réclamez. Cette œuvre serait le principe même des instructions très précises que j'emporterais. Je n'aurais ainsi nul embarras pour accomplir ma mission, dans des limites prescrites dont je ne pourrais m'écarter sans y être expressé-

ment autorisé, restant libre, bien entendu, de faire
toutes observations que je jugerais nécessaires dans
l'intérêt de mon pays.

« 2° Ce premier pas fait, comment ma mission
devrait-elle commencer?... »

Après avoir donné sur ce second point certains
détails qu'il me paraît inopportun de rendre publics,
je continuai comme il suit :

« Faut-il évacuer le Tonkin, comme certains le
proposent?

« Faut-il seulement restreindre notre occupation?

« Faut-il persister dans l'œuvre commencée par
M. P. Bert?

« Graves et terribles questions que les uns ont
envisagées à des points de vue peut-être trop pessimistes, et les autres avec des sentiments trop optimistes, c'est à craindre.

« Où est la vérité? Qui peut nous la faire connaître? »

C'est là la recherche difficile que j'avais entreprise dans la première partie de ce livre et que je
poursuivrai dans la seconde, par amour pour mon
pays, afin de le mettre en garde contre de terribles
éventualités.

CHAPITRE PREMIER

PACIFICATION

CHAPITRE PREMIER

PACIFICATION

'L'ANNAM ET LE TONKIN — LA COCHINHCINE ET LE CAMBODGE

Nos possessions de l'Indo-Chine se composent de quatre parties distinctes : le Cambodge, la Cochinchine, l'Annam, le Tonkin. Ces trois dernières formaient jadis — il y a trente ans à peine — le royaume de l'*Annam*.

C'est l'amiral Rigault de Genouilly qui a été l'initiateur du démembrement de ce royaume, partant de notre politique indo-chinoise, en 1858, lorsqu'il s'est emparé de Touranne d'abord et de Saïgon ensuite, pour protéger les missionnaires. Plus tard, l'amiral de la Grandière détacha les trois provinces de la basse Cochinchine du royaume de l'Annam.

Enfin, le traité de 1867 nous a faits les protecteurs du Cambodge.

Telle était notre situation, en Extrême-Orient, quand, en 1873, l'amiral Dupré, subissant les in-

fluences les plus dangereuses, toujours des missionnaires, engagea F. Garnier, après son camarade
Senez, dans une aventure qui l'a conduit à s'emparer, par surprise, de la citadelle d'Hanoï.

L'Annam, qui s'était résigné à la perte de la
Cochinchine, se voyant attaqué de nouveau dans ses
provinces du nord, se réveilla violemment. Il entra
en lutte avec nous. Son suzerain, la Chine, lui
prêta ses réguliers. Les mandarins annamites et,
parmi eux, le plus célèbre, Hoang-Ké-Viem, faisaient
alliance contre nous avec le Céleste Empire. Le lieutenant de Hoang-Ké-Viem, Liu-Vinh-Phuoc, se
mettait à la tête des Pavillons-Noirs, et, après avoir
fait tomber le malheureux F. Garnier dans une
embuscade, il lui tranchait la tête, par ordre de son
chef, pour l'exposer au bout de la lance d'un de ses
soldats.

Le traité de 1874 fut la conséquence de ce douloureux événement.

La cour de Hué se résignait, une fois de plus, au
modus vivendi tracé par ce piètre instrument diplomatique. Mais Hoang-Ké-Viem ne l'acceptait pas, lui
Il ordonnait à son cruel lieutenant de rester en
armes, à la tête des rebelles. Perfide, la Chine con-
tinuait, de son côté, l'envoi de ses réguliers. Nous
étions harcelés de toutes parts. Notre petite garnison
de Hanoï, sous les ordres de Rivière, ne pouvait
rester plus longtemps sous les canons de la citadelle,

occupée par les Annamites, en vertu du traité de 1874. Ce malheureux officier perdit malheureusement patience un peu trop tôt. M. Rheinart, notre agent à Hué, négociait l'évacuation de cette position par les Annamites et son occupation par nos troupes, lorsque, soudain, la nouvelle de l'assaut heureux donné par les Français arriva à la connaissance de la cour de Hué. La stupéfaction qui en résulta n'eut d'égale dans l'Annam que la colère et l'indignation auxquelles elle donna lieu. Rivière, aussi imprudent que Garnier, subissait le même sort que lui, et, également sur l'ordre de Hoang-Ké-Viem, il était décapité par Liu-Vinh-Phuoc.

Ai-je besoin de raconter le reste?

Depuis le traité de Tien-Tsin, nous sommes, par *acte diplomatique*, les possesseurs d'un vaste territoire appelé le Tonkin. Nous devons l'occuper, le surveiller, le défendre! Cette obligation n'est pas seulement une cause de faiblesse, c'est un danger permanent pour nous...

Réparties sur une étendue de terres relativement considérable, nos colonnes restent continuellement exposées à des retours offensifs, à des surprises dont on ne saurait prévoir les conséquences. Les *réguliers* chinois reviennent sans relâche, sous le nom de *rebelles*. C'est le vice-roi de Canton, d'accord avec les mandarins révoltés de l'Annam, qui nous en expédie des bandes.

Adversaires de Hoang-Ké-Viem sur la question dynastique, Thuyet et Thuong [1], les ex-régents, sont ses alliés sur le terrain de la défense nationale. C'est là notre œuvre !

Ce sont surtout les événements du 5 juillet 1886 qui ont compliqué singulièrement notre situation.

Chacun comprendra que si j'entreprends de parler de ces fâcheuses circonstances, je dois apporter dans mon langage toute la réserve possible.

*
* *

Après le bombardement du fort de Thuan-An, par l'amiral Courbet, en août 1883, nous avons occupé le fort de Mangka, dans la citadelle de Hué, avec deux compagnies d'infanterie de marine et un bataillon de chasseurs à pied. Ces forces nous suffisaient pour tenir en respect le gouvernement annamite. Toutefois, l'hostilité des grands mandarins n'en devint, de ce fait, que plus vivace et, si je peux dire, plus féroce contre la France, ainsi que contre tous les indigènes suspectés de nourrir secrètement quelque sympathie pour elle.

Toutes les intrigues de la cour étaient donc exclusivement dirigées contre nous, et malheureusement nos résidents, à Hué, furent au-dessous de leur tâche pour les déjouer.

____

1. Thuong est mort à Tahiti.

M. de Champeaux, par son manque de fermeté et de vigilance, a été certainement l'instigateur inconscient de l'échauffourée du 5 juillet.

Avant lui, on le sait, M. Rheinart n'avait su ni empêcher ni prévoir le lâche assassinat de Yuc-Duc et des rares partisans de la conciliation. Mais cet odieux attentat aurait dû au moins servir de leçon à son successeur et lui dicter une conduite des plus énergiques, lorsque, *le lendemain même du jour où le roi Hiep-Hoa le reçut* et *lui serra la main*, ce malheureux souverain subit le triste sort de Yuc-Duc! Que fit M. de Champeaux en présence d'un événement si honteux, si outrageant pour son pays et pour lui-même?

Il se montra plus résigné qu'indigné, plus hésitant que décidé à agir. Au lieu de se faire terrible, impitoyable à l'égard des régents Thuyet et Thuong, les auteurs de toutes ces intrigues et nos ennemis avérés, il leur donna les preuves d'une insigne faiblesse. Il subit l'influence malsaine d'un lettré nommé Hinh, qui était depuis longtemps l'oracle de la résidence. Celui-ci décida le représentant de la France à attendre les explications des régents. Il finit même par le convaincre qu'il serait très politique de sa part de prendre son parti de la mort de Hiep-Hoa et de s'entendre avec ses assassins.

Il fut fait ainsi que le conseilla Hinh, qui se retira aussitôt après dans la basse Cochinchine, son pays d'origine, où il a, depuis lors, acheté des propriétés..... sans doute sur les économies provenant de ses maigres appointements d'employé à la résidence! On trouverait certainement l'explication de cette retraite chez certains miliciens qui furent chargés, dit-on, par Thuong et Thuyet, de lui apporter des cadeaux sous forme de barres d'argent.

Les faits que je viens de relater suffisent amplement à faire apprécier la situation précaire du roi Amnghi, en 1885, lorsque le général de Courcy se décida à se rendre à Hué pour présenter au jeune souverain ses lettres de créance, en qualité de résident général.

Le général jugea nécessaire de frapper un grand coup, en arrivant dans la capitale de l'Annam; il fit, en conséquence, son entrée à Hué avec une escorte importante, composée de 386 hommes du 3e zouaves et 157 hommes du 11e bataillon de chasseurs.

Il n'est pas douteux que cet acte, qu'on a déclaré intempestif et à qui l'on a attribué l'attaque nocturne de nos positions le 5 juillet par les régents Thuyet et Thuong, répondait à des préparatifs considérables, ignorés du résident, ou, du moins, qu'il n'avait su empêcher.

Avec l'autorité que lui donnent les fonctions de secrétaire particulier qu'il a occupées auprès de M. P. Bert, dont il était le gendre, M. Chailley a jugé la situation dans les termes suivants, avec une impartialité dont on ne saurait trop le louer [1] :

« M. Paul Bert, comme les autres, condamnait un peu sévèrement — lui-même l'a reconnu plus tard — les événements de juillet, dont le résultat presque immédiat avait été d'exaspérer la rébellion et de la disséminer dans tout l'Annam, à un moment où le rappel prématuré de nos troupes restreignait nos moyens d'action. *En fait, les événements de juillet n'avaient eu d'autre tort que d'éclater trop tôt.* »

Il n'en est pas moins constant que l'arrivée du résident général, avec une pareille suite, avait tous les dehors d'une provocation, et que les régents n'eurent pas de peine à en faire juger ainsi. Mais si nous avions eu, à Hué, un résident habile, tous ces complots auraient pu être facilement réduits à néant.

M. Chailley aurait pu ajouter que l'affaire du 5 juillet eut pour résultat fortuit, mais très heureux, de montrer à tous les Annamites, en général, mais particulièrement à la cour, au comat et aux autres mandarins, notre puissance militaire et la nécessité de vivre en paix avec nous. Ils ont été terrorisés lorsqu'ils ont vu que nous avions été assez forts pour nous emparer de la citadelle en quelques heures, avec quelques centaines d'hommes, et que nous avions réduit au silence toute l'artillerie de

1. *Revue Bleue* du 15 janvier 1887.

Thuyet avec 6 pièces de montagne, 6 pièces de douze, 3 canons-revolvers et 2 mitrailleuses.

L'effet eût été décisif si nos ennemis n'exploitaient contre nous des faits regrettables.

Ils veulent bien admettre que, dans le feu de l'action, nous ayons, avec notre artillerie, rasé toutes les constructions qui longent la muraille est de la citadelle ; ils admettent également que les zouaves et les chasseurs aient fait un carnage épouvantable des tirailleurs et des fusiliers annamites ; que nous nous soyons emparés des poudrières, des chevaux de la cavalerie indigène ; que nous ayons occupé les points stratégiques à notre convenance ; ils excusent, en un mot, tous les entraînements du succès.....

Mais ce qu'ils n'excusent pas, c'est, disent-ils, « le pillage » *qu'inventaire en main* ils nous accusent d'avoir fait.

Voici ce qu'ils déclarent.

Les Français auraient pris :

CHEZ LES GARDES ROYALES : 113 taëls d'or, 742 d'argent, 2,672 ligatures ;

AU PALAIS DE LA MÈRE DE TU-DUC : 228 diamants, 266 bijoux montés en diamants, perles, pierres précieuses, 271 objets en or, 1,358 lingots d'argent, 3,416 taëls d'or ;

AUX TEMPLES FUNERAIRES DE THIEN-TRI, DE MNIH-MANG, DE GIA-LONG (MEUBLÉS DES OBJETS PERSONNELS APPARTENANT A CES ROIS DE LEUR VIVANT) : pres-

que tout ce qui a pu être emporté commodément ;
couronnes, couchettes, tapis, matelas, robes de cé-
rémonie, lits et guéridons sculptés, panoplies, boîtes
à bétel, crachoirs, cuvettes, réchauds, moustiquaires
et rideaux en soie brochée, brûle-parfums, théières
avec leurs plateaux, pipes et cure-dents;

Aux divers ministères et a la préfecture de
Hué : enlèvements analogues;

Aux trésors royaux : soustraction de près de
24 millions de francs en or et en argent et nombreuses pièces de soie.....

D'après eux, ce pillage aurait duré plus de deux
mois.

L'inventaire détaillé fait par les mandarins
eux-mêmes, a Hué, est a Paris. Une copie authen-
tique y est déposée. Le gouvernement en a-t-il
connaissance?

Il n'est venu à la pensée de quiconque a ap-
proché le brave et honorable général de Courcy
de mêler son nom à des actes semblables. Pour moi,
qui l'ai particulièrement connu et qui ai combattu,
à ses côtés, au Mexique, je le tiens pour un par-
fait honnête homme et un vaillant soldat. Tout au
plus peut-on l'accuser, en la circonstance, d'avoir été
imprévoyant! Ce qui est malheureusement indéniable, c'est que les rapports faits à Hué, à cette
époque, constatent des désordres inouïs qui s'y
seraient produits pendant plusieurs semaines, après

le 5 juillet, sans avoir été réprimés, comme ils auraient dû l'être.

C'est Thuong lui-même qui s'est fait l'écho des bruits les plus odieux contre nous. On raconte que des larmes inondèrent ses yeux lorsqu'il apprit l'incendie des archives de la plupart des ministères et de la Bibliothèque nationale, et les dégâts subis par les bureaux des annalistes, par l'Imprimerie nationale, fort riche en caractères chinois qui ont disparu, enfin par l'atelier de gravure, où manque un bon tiers des planches, etc., etc.

Heureusement que l'importante section des manuscrits, se trouvant dans un bâtiment isolé, au milieu d'un lac artificiel, a peu souffert.

Ces manuscrits se composent, en grande partie, de documents officiels et officieux *secrets* qui remontent à Gia-Long.

C'est dans ces manuscrits, contenant les anciens rapports des mandarins de Lang-Son, Cao-Bang, Son-Tay, que la Commission de délimitation des frontières aurait trouvé de précieux renseignements pour l'œuvre dont elle est chargée. Quelqu'un y a-t-il songé? C'est douteux. Les a-t-on consultés pour indiquer les routes à faire suivre à nos troupes, pour se rendre compte des ressources locales qu'on pourrait exploiter dans l'intérêt des deux pays?... C'est bien improbable.

Quoi qu'il en soit, nous subissons encore, dans

l'Annam, les suites fâcheuses des dilapidations qui ont été la conséquence de l'attaque nocturne du 5 juillet. Je ne partage pas l'opinion de ceux qui prétendent qu'il est sans importance de réagir, par une enquête éclatante, contre des accusations nuisibles à notre prestige et qui sont devenues un élément de force pour nos ennemis. L'anarchie est générale dans l'Annam. C'est à peine si quelques provinces reconnaissent, en ce moment, le gouvernement de Hué. Nos troupes sont prisonnières dans les postes qu'elles occupent. Nos résidents, fort inutiles d'ailleurs, n'ont aucune autorité. Thuyet, qui traîne à sa suite le jeune roi Amnghi, a pour partisans non seulement les lettrés patriotes qui sont en révolte contre nous, mais encore les amis, les soutiens du nouveau roi Dong-Khanh, à qui leur patriotisme impose de s'unir secrètement au moins à l'ex-régent rebelle !

C'est là une épouvantable situation, et il est inadmissible qu'elle dure plus longtemps.

Comment en sortir?

*
* *

J'ai eu l'occasion de donner à cet égard des explications assez catégoriques dans la première partie de ce livre, qui traite de notre situation dans l'Indo-Chine, en général, mais plus particulièrement du Tonkin et de la basse Cochinchine.

10.

Je n'ai pas cessé de me déclarer partisan d'une indépendance absolue, pour l'Annam. Mais, pour le Tonkin, j'ai conseillé ce que j'appelais une *liquidation*, moyen terme entre l'*occupation* et l'*évacuation*.

Une situation nouvelle — qui vient de prendre naissance dans l'Extrême-Orient — serait bien de nature à fortifier mes opinions et même à augmenter mes craintes : c'est l'arrivée du marquis de Tseng à Pékin, c'est son entrée au Tsong-Li-Yamen, c'est l'influence que ce personnage aura dans la direction des affaires de son pays.

Le marquis de Tseng a l'exact sentiment de la *situation parlementaire, en France, de l'expédition du Tonkin et de l'Annam*, si je puis dire ainsi.

Il sait que le moindre incident peut provoquer dans nos Chambres un vote hostile à l'occupation actuelle.

J'ai des raisons particulières pour croire que sa tactique va consister à provoquer ce vote. Sa politique aura pour but : l'*écœurement complet du Parlement français*, pour tout ce qui regarde les affaires de l'Indo-Chine.

Si j'en juge par des scrutins récents, il a déjà gagné une quantité importante de la partie qu'il compte jouer. En outre, le marquis a emporté dans son cœur, à l'égard de certains hauts personnages français, des rancunes... asiatiques !...

Nous déborder sur la frontière chinoise par l'in-

vasion continue de bandes qui harcèleront nos
troupes, qui nous obligeront à conserver un corps
d'occupation relativement important, et, dans un cas
donné, à bout de luttes, à envoyer des renforts,
sous peine d'être mis en échec, tel est le plan
simple et facile d'exécution du marquis.

Il aura pour auxiliaire acharné le vice-roi de
Canton, Chang-Chi-Thang, notre plus mortel ennemi, à qui, d'ailleurs, il a emprunté le système
qu'il va appliquer avec ardeur sur une vaste échelle.

Et je ne dis pas mot d'une tentative directe de
la Chine réorganisée, armée et puissante! C'est un
facteur que j'élimine, *pour le moment*, en dépit de
l'importance que je lui reconnais et qu'on a fini par
lui reconnaître.

Il est évident que tous nos efforts doivent tendre
à déjouer ces manœuvres ennemies. Je suis heureux
de dire que, par suite de circonstances inespérées
pour nous, cette tâche, très compliquée il y a quelques mois, s'est simplifiée depuis lors, et qu'elle
est susceptible de se simplifier encore bien davantage. Je m'explique :

Les dernières et récentes conquêtes de l'Angleterre, en Birmanie, ont fait d'elle une voisine immédiate de la Chine, voisine plus gênante, plus envahis-
sante, plus tracassière que la France, certes! C'est
là une circonstance qui est de nature à modifier, à
atténuer considérablement l'ombrage que notre

contact avec la Chine, sur les frontières tonkinoises, à causé récemment à Pékin.

Dès à présent, la Chine confine avec la Russie au nord, avec l'Angleterre à l'ouest et au sud-ouest, avec la France au sud.

La diplomatie européenne va donc occuper désormais, en Extrême-Orient, une place jusqu'ici inconnue [1].

Nous sommes à la veille d'y voir se créer des alliances. Qui peut dire que la Chine elle-même n'aura pas besoin de notre appui, qu'elle ne le réclamera pas, pour enrayer les envahissements de l'Angleterre?

Et si, par impossible, l'Angleterre s'unissait à la Chine contre nous, n'aurions-nous pas la Russie pour faire contrepoids à cette alliance?

Croit-on que l'Allemagne va rester spectatrice immobile des événements qui se préparent?

Ce n'est donc pas sans raison que j'ai parlé d'une amélioration probable dans nos affaires de l'Indo-Chine. Je suis convaincu que nous en ressentirons les heureux effets dans un avenir prochain.

Il nous faut, à tout prix, pour cela, *gagner du temps*. A cet effet, nous devons travailler à trois choses :

1° Faire cesser le plus possible le mauvais vouloir de la Chine ;

1. Voir *Pièces justificatives*, B... à la fin du volume, page 353.

2º Enlever tout prétexte à des difficultés nous venant de l'Annam;

3º Nous garantir contre toutes les agressions de bandes qui seraient de nature à provoquer, de la part du Parlement français, des déterminations hâtives et fâcheuses.

Telle est la solution définitive du problème à résoudre. Si nous y parvenions, ce serait l'*occupation pacifique*. Il ne nous resterait plus qu'à examiner plus tard, à notre aise, l'utilité qu'elle pourrait avoir pour la France.

Ce qu'il importe donc de rechercher avant tout, c'est l'*occupation pacifique!*...

*
* *

Une véritable bonne fortune nous permet, *si nous le voulons*, de disposer de l'instrument qui nous procurera un résultat si heureux : je veux parler du grand mandarin Hoang-Ké-Viem, le grand patriote annamite, l'ami de Phan-Than-Gian, qui, ne pouvant repousser l'invasion française en Cochinchine, ne voulut pas survivre à la perte, pour son pays, des trois provinces occupées par la France, et s'empoisonna. Il ne faut pas oublier que Hoang-Ké-Viem est celui qui, depuis douze ans, a fomenté toutes les insurrections, toutes les attaques contre nous dans le Tonkin; c'est lui qui a fait venir les

Pavillons-Noirs de la Chine; c'est lui qui a mis à leur tête Liu-Vinh-Phuoc; c'est lui qui a fait décapiter F. Garnier et H. Rivière; c'est lui enfin qui, à des conditions, ce me semble, fort acceptables, répondrait de la pacification générale de l'Annam et de nos provinces tonkinoises.

Il a eu l'occasion de voir, à Hué, M. Paul Bert, avec qui le mit en rapport un des personnages de l'entourage du résident général. Cedit personnage avait passé plusieurs jours avec lui, dans le village où il s'est retiré, pleurant sur les malheurs de sa patrie! Il m'a raconté lui-même que l'accord semblait un instant complet entre M. P. Bert et Hoang-Ké-Viem. Il croit qu'il serait devenu définitif, si le résident général avait consenti à céder sur la QUESTION DES MISSIONNAIRES!

Mais voici le résumé des opinions, des exigences, si l'on veut, du mandarin annamite [1].

Son langage aurait été le suivant :

« *Le protectorat de la France est nécessaire à l'Annam.* Il lui est nécessaire, parce que, s'il n'existait pas, adviendrait aussitôt celui de l'Angleterre ou de l'Allemagne. Ce point bien établi et accepté, comment devrait-on fixer les termes du protectorat?

« La France n'a aucun intérêt à rendre lourde sa protection à l'Annam. Elle doit lui laisser, au con-

---

1. Voir *Pièces justificatives*, A... à la fin du volume, page 349.

traire, la plus grande indépendance, pour ce qui regarde ses affaires intérieures. Son influence doit s'exercer uniquement sur ses affaires extérieures. Par conséquent, elle retirera les résidents et vice-résidents, qui pèsent sur l'Annam comme une constante menace d'annexion.

« Elle supprimera, en même temps, ses postes militaires et se bornera, comme jadis, à occuper le fort Mangka, dans la citadelle de Hué, relié à celui de Thuan-An, à l'entrée de la rivière, avec telles garnisons qu'il lui conviendra d'y laisser.

« Par suite de la suppression des postes militaires, toute occasion de conflits disparaîtra. »

Quant aux missionnaires, Hoang-Ké-Viem demandait « la *faculté* de les renvoyer ». Il entendait, disait-il, par missionnaire, non pas un *apôtre isolé* de la religion catholique, mais le *missionnaire congréganiste* qui obéit à un mot d'ordre venant de sa congrégation, qui trouble l'administration des mandarins, compromet leur autorité, empêche la perception de l'impôt sous le couvert de la protection que leur accorde la France! Sur ce chapitre, ses exigences étaient absolues. A tout ce que pouvait lui dire M. P. Bert, il objectait :

« Le missionnaire congréganiste n'est pas *Français;* il n'est que le serviteur des intérêts d'une congrégation. Que fait-il *pour son pays?* Rien. Il n'en apprend même pas sa langue aux *fidèles,* bien différent, en cela, du missionnaire anglais, qui se marie, fait souche là où il réside, fait de la *propagande anglaise*, et répand, lui, la langue de la mère patrie. »

Il est bien regrettable que ces importants pourparlers n'aient pas eu les suites qu'on devait en attendre. Ils n'auront pas été tout à fait inutiles cependant, car nous connaissons maintenant d'une façon exacte les bases d'une entente possible avec les mandarins patriotes. Non seulement Hoang-Ké-Viem croyait pouvoir répondre de la pacification de l'Annam, sous notre protectorat, mais il s'engageait, en outre, à obtenir la soumission de Amnghi et son retour à la cour de son frère, dont il est d'ailleurs le puîné.

Il alla, dit-on, jusqu'à promettre à M. Paul Bert de nous « débarrasser » au besoin de Thuyet, s'il était un obstacle à l'accomplissement de ses promesses.

Tous ces détails sont bons à retenir, car il est bien démontré aujourd'hui que la France ne peut sérieusement songer à réduire l'Annam par la force.

Aussi n'est-ce pas sans sourire que les gens qui *savent*, lisent, dans les journaux, les dépêches suivantes :

« Saïgon, 5 février.

« Une colonne est partie de Saïgon pour pacifier la province de Phu-Yen. »

« Pacifier! » Hélas ! nous n'avons pas même pu encore assez « pacifier » pour nous mettre à l'abri d'attaques imprévues, même sur les points où nous avons des postes militaires, comme à Than-Hoa, par exemple.

Mille fois mieux vaudrait employer à l'organisation de la Cochinchine et à son développement industriel et commercial, l'argent qu'on y dépense en expéditions inutiles et *sans résultat* autre que celui de nous affaiblir et d'augmenter, si c'est possible, le nombre de nos ennemis.

« L'Annam, a dit M. P. Bert, est un long ténia qui s'étend le long de la mer et dont chaque anneau est une chaîne de montagnes inaccessibles. » En définissant ainsi ce pays, M. P. Bert, éminent médecin, savait que le ténia tue, si l'on ne s'en débarrasse pas. Débarrassons-nous de l'Annam ! Confions aux indigènes le soin de le pacifier. Un Nguyen règne à Hué. En cela, nous restons fidèles à l'esprit du traité de Tien-Tsin. Conservons la direction des affaires extérieures. Ayons une ingérence prépondérante dans l'union douanière de l'Indo-Chine. Donnons au roi des petits détachements, s'il en a besoin, pour parcourir le pays, afin de bien prouver aux populations que nous sommes ses amis et ses alliés.

En ces circonstances, Thuyet ne tarderait pas à être abandonné par ses partisans. Il se soumettrait certainement, comme le promettait Hoang-Ké-Viem à notre résident général, sous peine d'être assassiné par un des siens, suivant la coutume du pays.

L'Annam rendu à lui-même, libre, indépendant, notre ami, notre allié, vivant ainsi sous notre protectorat, que de simplifications en résulteraient pour notre œuvre au Tonkin !

Et qui nous empêcherait de nous servir d'un tel allié, de le mettre dans notre jeu pour rendre notre occupation tonkinoise facile et définitive?

Je vais raisonner sur cette hypothèse.

*
* *

Une chose que nul ne saurait contester désormais, c'est le danger permanent que nous crée notre voisinage immédiat avec la Chine.

Il en est un autre, non moins grand, c'est l'état des esprits et au Parlement et dans le pays, relativement aux affaires du Tonkin et de l'Annam.

Une répugnance injuste peut-être, mais actuellement invincible, a gagné la grande majorité des Français, pour tout nouvel effort à tenter en Extrême-Orient.

Or, l'expérience nous indique de plus en plus, chaque jour, qu'avec notre corps expéditionnaire restreint nous ne pouvons occuper et défendre, en même temps, le Delta et ce qu'on appele la zone neutre. Les plus optimistes avouent, en cela, notre impuissance. S'il en était réellement ainsi, nous ne parviendrions jamais à faire une organisation sérieuse, même dans le Delta. Notre expédition serait, dès lors, qualifiée justement de « coupable aventure ». Dans l'intérêt de tous, et, au-dessus de tous, dans l'intérêt de la France, il ne peut en être ainsi. Les offres de Hoang-Ké-Viem sont des plus honorables pour nous. Nous devons les accepter, nous devons rendre à l'Annam sa liberté et son indépendance. Nous devons en faire notre auxiliaire. En ce cas, qui nous empêcherait de nous entendre avec le roi Dong-Khanh, pour faire occuper par ses troupes la zone neutre, source de toutes nos difficultés avec la Chine ?

Nos contingents sont trop réduits — et nul n'osera demander qu'on les augmente — pour occuper des positions un peu éloignées de notre base d'opérations. Partout où ils se trouvent, ces contingents sont « en l'air », sans cesse exposés à des attaques qui les épuisent. En installant les Annamites, à notre place, sur les frontières de la Chine, notre contact avec l'empire chinois n'aurait plus les inconvénients que lui trouve aujourd'hui la cour de Pékin et qui provoquent sa « mauvaise humeur », pour me servir des expressions mêmes de l'un des représentants de la France, M. Ristelhueber.

Les conditions du nouvel arrangement à faire avec l'Annam *dépendraient absolument de nous ;* l'occupation par ses troupes, et pour notre compte, durerait *autant* que nous le voudrions, *comme* nous le voudrions. Sur certains points, l'occupation pourrait même se faire simultanément par eux et par nous. Le drapeau français flotterait partout, à côté de celui de nos alliés.

Ceux-ci se chargeraient de la police, que nous faisons peu ou point.

Hoang-Ké-Viem serait nommé généralissime des troupes annamites au Tonkin. Il nous servirait certainement avec loyauté, pour pacifier les pays révolutionnés par lui et dans lesquels son influence est encore considérable.

Nous n'aurions plus à redouter, vis-à-vis des Chambres françaises, des surprises foudroyantes comme celle de Lang-Son..., comme celle de Massouah survenue récemment aux Italiens, en Abyssinie!

Et, comme gage de la fidélité de nos nouveaux alliés, nous aurions : *la tête du roi lui-même*, car nous occuperions toujours le fort Mangka, à Hué, et celui de Thuan-An, sur la côte. Ah! j'en ai la profonde conviction, les services que notre protectorat, devenu intelligent et bienfaisant, rendrait à l'Annam, suffiraient à nous préserver contre toute défection de la cour de Hué.

Et d'ailleurs quelles garanties plus réelles avions-nous qui nous assuraient la fidélité des milices tonkinoises, quand nous les avons organisées et armées?

Quelles garanties avons-nous encore contre une éventualité de défection de leur part?

Ne se battent-elles pas fort bien, à côté de nous?

A mon avis, nous devrions nous borner à faire occuper Lang-Son par nos troupes dans la « zone neutre ».

Pourquoi tenir garnison à Laokai, à Caobang, par exemple?...

Il est bien entendu, en tout cas, que les positions à laisser à la garde des Annamites seraient l'objet d'un examen sérieux fait par des hommes compétents, de telle façon que nous fussions le mieux gardés possible contre tout retour offensif qu'il faudrait toujours prévoir, par prudence.

Par ce système, les troupes du roi Dong-Khanh nous faciliteraient simplement l'occupation du Tonkin. Nous gagnerions du temps!... c'est l'essentiel. L'occupation du Tonkin par nous serait, en réalité, complète. En fait, elle se réduirait au Delta [1]!

---

1. Cette solution me semble préférable à celle que M. de Kerohant a proposée, il y a quelques jours, dans le *Soleil*, en ces termes :

« Pourquoi n'a-t-on jamais songé à faire du haut Tonkin un royaume gouverné par un prince de l'ancienne dynastie nationale, qui serait placé sous le protectorat de la France et assurerait l'ordre au moyen d'une gendarmerie indigène? Le haut Tonkin constituerait, dans ces conditions, un tampon entre l'empire chinois et nos possessions du Delta, comme l'Afghanistan, sous l'autorité de l'émir Abdurrhaman, constitue un tampon entre l'Inde anglaise et les possessions russes. Ce royaume indigène serait placé sous notre influence. Nous aurions dans cette partie du Tonkin, la plus difficile à garder et la moins productive, les avantages moraux du protectorat, sans en avoir les charges matérielles. »

Nous pourrions, dès lors, sans nouveaux efforts, nous organiser solidement dans le Delta!...

Nous pourrions nous préparer à défendre nos inté-rêts tonkinois contre cette éventualité, prochaine, dit-on, d'un chemin de fer chinois partant de Pakoï et traversant le Yunnan et le Quang-Si. Ce chemin se relierait au chemin de fer anglais ayant sa tête à Bhâmo, sur le fleuve Irraouady, et devant aboutir au Yunnan.

Si ce projet se réalisait, l'importance du Fleuve Rouge se trouverait, en effet, considérablement di-minuée?

Quelles précautions faudrait-il prendre en vue de pareilles éventualités?

Nous ne pouvons l'étudier qu'en un état de paix bien établi.

Pour faciliter la démonstration des avantages que j'attends de l'ensemble de mon système d'occupa-tion franco-annamite pour la « zone neutre », je vais en examiner particulièrement les résultats sur deux points stratégiques principaux : Laokaï et Lang-Son.

*
* *

Nos frontières tonkinoises touchent à la Chine par les deux provinces chinoises le Yunnan et le Quang-Si. Il est évident que notre occupation doit tendre à deux buts : nous créer, d'une part, les moyens les plus propices de pénétrer chez nos voisins; nous mettre, d'autre part, en défense contre toute agression de leur côté.

Je vais, à cet effet, m'occuper tout d'abord du Yunnan.

Tous les explorateurs sont d'accord sur ce point que, pour pénétrer dans le Yunnan, le Fleuve Rouge est la voie la plus courte et la plus économique. C'est « *la meilleure* », assure M. de Kergaradec. Or, voici ce qu'il dit de cette voie « *la meilleure* »: « La navigation n'y est possible, en toute saison, jusqu'à Laokai, que par des vapeurs à fond plat et à roues, ne calant pas plus de 80 à 90 centimètres, et munis d'une forte machine. »

Qu'il me soit permis avant d'aller plus loin de faire observer que cette assertion est fort contestable. Nos canonnières n'ont pas pu, dernièrement, remonter le fleuve au-dessus de Tuan-Quan, dans le mois de juillet.

« Mais, continue M. de Kergaradec, des jonques peuvent, en toute saison, circuler entre Hanoï et Laokai, à condition de ne pas caler plus de 1 m. 20 et de remonter à la gaffe, en poussant du fond, ou d'être tirées à la cordelle. Cependant, on rencontre sur la route des rapides qui obligent à des transbordements fréquents ! »

Il faut avouer que c'est là une route peu commode !

En admettant néanmoins la possibilité d'une pareille navigation, contestée, je le répète, par certains explorateurs, il faudrait dix jours pour atteindre Laokai, en partant d'Hanoï. Au-dessus de Laokai jusqu'à Man-Hao, sur le territoire chinois, le fleuve est très encaissé. La navigation s'y fait sur des embarcations longues et effilées... De Man-Hoa, il faut encore huit jours de marche pour atteindre la capitale, Yun-Nan-Fu !...

En somme, tout serait encore problématique et hérissé de difficultés dans la question des relations du Tonkin avec le Yunnan par le Fleuve Rouge !... en acceptant même les données optimistes de M. de Kergaradec.

A côté de l'opinion de notre représentant actuel à Bangkok, il est bon de faire connaître celle du célèbre explorateur anglais Colqhoun [1].

Il s'exprime ainsi sur ce sujet :

« Il est incontestable qu'en remontant le Fleuve Rouge les Français suivront la meilleure voie donnant accès à l'est du Yunnan.

« Mais ce n'est pas tout d'avoir une bonne route commerciale. Il faut s'assurer du commerce du pays. On peut se demander si ce commerce existe ou s'il est possible de le créer. TOUT CE QUE NOUS AVONS VU MONTRE LA PAUVRETÉ DE CETTE PARTIE DE LA

---

1. Colqhoun, *la Chine méridionale :* de Canton à Mandalay, t. II, p. 30 et suivantes.

Chine, et, par conséquent, l'insignifiance de son commerce.

« Sans doute, le Yunnan possède de grandes richesses minérales, mais le gouvernement (chinois) ne se montre guère disposé à favoriser leur exploitation. Nous avons constaté que l'est du Yunnan *est mal cultivé* et que la population y est clairsemée. »

Quant à la navigation si difficile entre Laokai et Man-Hoa, « SEULE ROUTE POUR PÉNÉTRER DU TONKIN DANS LE YUNNAN », Colqhoun ajoute :

« En amont de Man-Hoa, les rapides et les hauts-fonds sont si nombreux, et les *miasmes paludéens* (*ch'ang* en chinois) passent pour tellement dangereux que les négociants y abandonnent leurs canots, chargent leurs marchandises sur des mules et des chevaux et prennent la voie de terre pour se rendre dans les villes de l'est du Yunnan. »

Colqhoun raconte aussi « qu'il ne put jamais remonter de Man-Hoa à Yan-Kiang, faute de guides. Les indigènes ne voulaient pas s'aventurer dans ces régions, *à cause de l'insalubrité du climat!*» Encore faut-il dire que, de Laokai à Man-Hoa, on ne peut employer que des barques d'un faible tirant d'eau... C'est l'ouest du Yunnan qui est riche. C'est l'ouest et le sud-ouest que les Anglais viennent d'atteindre. C'est par ce côté qu'ils sont devenus les voisins de la Chine !

A un autre point de vue, je vais donner maintenant les appréciations du correspondant du *Journal des Débats* sur ces régions si peu connues et je puis dire si mal famées :

« En arrivant à Laokai, écrit-il, le fleuve s'élargit; les berges et les monticules environnants sont délaissés, et la petite citadelle placée au confluent du Nam-Ti présente un aspect fort gai avec ses murailles et ses six tourelles carrées en brique rouge et sa jolie pagode qui couvre près du sixième du terrain. En y débarquant le 21 juin, la première impression ne changea pas, et l'entrée par l'escalier monumental qui donne sur la grande porte produisit bon effet. Tout l'intérieur de la citadelle a été approprié et aménagé par les soins du colonel de Maussion, qui commande ici; malheureusement, les logements y sont rares, et toute l'ancienne ville chinoise a été incendiée par Liu-Vinh-Phuoc, avant son départ. Au bout de quelques jours, on s'aperçoit qu'on est ici presque aussi prisonnier que dans sa jonque. En dehors de la citadelle, les sentiers sont impraticables et défoncés; on pourrait les parcourir *pour affaire de service*; mais, si ce n'est pendant quelques jours de sécheresse, les plus intrépides auraient tort d'y aller se promener. A quoi bon rechercher la fièvre, qui vient d'elle-même vous trouver? Ce Laokai a un air lugubre : la légion étrangère, composée de cerveaux brûlés, d'ordinaire si gaie, les tirailleurs tonkinois, si bruyants et si enfants, prennent ici un air grave et inquiet.

« Laokai *devra être abandonné* pour bien des raisons, et surtout parce qu'il est absolument dominé à 800 et 1,800 mètres de distance par six forts chinois élevés de 80 à 200 mètres au-dessus de lui et situés sur la rive droite du Nam-Ti, pays incontestablement chinois depuis une haute antiquité. Quand Liu-Vinh-Phuoc, *le fondateur de Laokai*, s'établit ici, il n'avait rien à craindre des Chinois. A 3 kilomètres en arrière, à Phu-Moï, ancien et grand village qui a encore quatre ou cinq maisons habitées, il y a l'emplacement d'une jolie ville qui pourrait être saine et très défendable à cause des hauteurs en pays annamites qui la domineraient. D'après les renseignements pris ici sur place par les Européens intéressés, qui ont bien voulu me faire part de leurs impressions, le seul commerce consiste, par ordre d'importance, dans l'exportation du sel et dans l'importation de l'opium, de l'étain, des médecines chinoises et d'un peu de thé. Et l'on nous dit, mais c'est probablement une erreur, que le traité de commerce franco-chinois supprime l'importation du sel au Yunnan et l'exportation de l'opium au Tonkin, sous prétexte que ces impôts sont des monopoles en Chine! L'exportation de l'étain par le Fleuve Rouge vient d'être prohibée par le vice-roi du Yunnan, parce que c'est un monopole d'une grande Compagnie chinoise de Canton. Que nous resterait-il alors? »

Je le demande maintenant à toute personne de bonne foi :

Pourquoi irions-nous, bien imprudemment et bien inutilement, tenir garnison en pareille position ?

Ne serait-il pas préférable d'y placer les Annamites, qui connaissent le pays et qui l'ont longtemps occupé pour leur propre compte. En s'y installant désormais pour le nôtre, il est évident qu'ils viendraient bien plus facilement que nous à bout des *rebelles*, s'ils existaient encore ! Et ils n'auraient plus de raison d'être, en face d'Annamites.

Pour ce qui est de Lang-Son, c'est bien différent. Nous devons absolument l'occuper, nous y établir très fortement, devant la Porte de Chine.

En partant de Lang-Son, on pénètre, par trois routes, dans la province chinoise du Quang-Si :

« 1° *Au centre*, par le *chau* (annamite) de *Van-Uyen*, et le *Tchéou* (chinois) de *Pin-Tchiang* ou Pin-Tsiang. On va de la porte de Chine à Pin-Tsiang en une étape. Pin-Tsiang est sur un affluent du Li-Kiang. De là, on va à Long-Tchéou et à Tai-Ping-Fou, par le Li-Kiang. Sé-Ming n'est qu'à trois jours de Lang-Son.

« 2° *A l'est*, par le chau de Lao-Binh et Tchéou-Ssé-Ling.

« 3° *A l'ouest*, par le Huyen de That-Khé et le Tchéou de Long-Tchéou. Cette route est la plus favorable au point de vue militaire.

Il est donc indispensable d'occuper Lang-Son très

solidement, et même d'établir un poste à That-Khé,. qui est sur la route militaire conduisant de Lang-Son au Quang-Si.

Mais dans quel but, je ne saurais trop le demander, nous embarrasser de la garde des autres points, *si nous pouvons nous en dispenser*, bien entendu?

Ayons, si nous le voulons, de petits détachements mêlés aux garnisons annamites en certains endroits où cela nous semblera prudent de les laisser, mais ménageons le gros de nos forces pour la garde et pour l'organisation du Delta.

Je reviens sur l'occupation de Lang-Son par nos troupes, pour signaler une anomalie des plus suprenantes :

Pour ravitailler Lang-Son par Hanoï, il faut actuellement une dizaine de jours ; mais si le ravitaillement se faisait par Tien-Yen sur le littoral, à l'embouchure du Tamé, en face de Kebao, il nécessiterait à peine TROIS jours, à la condition qu'on suivît la route mandarine établie sur les bords du fleuve qui descend de Lang-Son à la mer. Au lieu d'occuper Laokai, ne serait-il pas préférable d'occuper Tien-Yen et d'y établir des magasins d'approvisionnement et de ravitaillement pour le nord?

Cela dit, j'insiste de nouveau tout particulièrement pour que le gouvernement réfléchisse mûrement à cette intervention amicale de l'Annam dans nos provinces tonkinoises. Qu'il ne perde pas de vue que nous resterions maîtres, comme je l'ai fait observer, d'en déterminer les proportions et la durée; que nous conserverions comme gages les forts de Mangka et de Thuan-An, et qu'enfin le roi de Hué resterait responsable de toutes trahisons ou tentatives de trahison dont nous pourrions être victimes...

Si cette expérience réussissait, « nous aurions, pour me servir des expressions de M. Chailley, concilié les opprimés de la veille, émancipés et enrichis par nous. »

Elle est séduisante à faire. Je ne vois rien qui s'y oppose sérieusement.

*
* *

Si je reviens ici sur mes déclarations antérieures relatives à la Cochinchine et au Cambodge, c'est pour signaler une fois de plus la détestable politique que la France y poursuit, depuis le départ de M. Thomson et l'arrivée de M. Filippini.

J'ai fait certaines réserves de détail plus que de fond sur la convention du 17 juin 1884, mais je me suis élevé de toutes mes forces contre la nouvelle politique de *recul*, qui a produit déjà des effets déplorables et qui est l'objet des protestations presque unanimes de la part des Français établis au Cambodge.

Les événements n'ont pas tardé à me donner raison. Le journal *Paris* a publié, à la date du 23 février dernier, une lettre remplie de récits à la fois les plus tristes et les plus curieux sur ce qui se passe, en ce moment, au Cambodge. Le lecteur me saura gré d'en mettre le texte sous ses yeux.

« Pnôm-Penh, le 15 janvier 1887.

« L'évolution politique au développement de laquelle nous assistons produit des résultats de plus en plus décevants. Nous avons du reste pressenti, dès le début, l'insuccès auquel la direction nouvelle donnée à nos affaires au Cambodge conduirait notre protectorat. Et les événements sont venus avec trop de rigueur, malheureusement, donner raison à nos appréhensions, confirmer les pronostics que nous avions alors formulés.

« La méthode à laquelle on s'est attaché n'avait qu'un but : la dénonciation du traité Thomson, mais une dénonciation progressive et discrète, de crainte que l'opinion publique ne s'émût et ne s'éclairât sur les périls de l'entreprise. Ce projet chaque jour se réalise, et bientôt il ne restera plus un vestige de la convention du 17 juin 1884. Une telle politique (politique de recul, ne craignons pas de dire le mot) réunit contre elle, dans une protestation énergique, tous les Français établis au Cambodge.

« C'est qu'en vérité on a franchi toute limite, entraîné par un mouvement dont on n'a pas mesuré tout d'abord peut-être le caractère imprudent et qui, par sa nature même, devait fatalement aller au delà du but qui lui avait été fixé.

« Les concessions, en effet, accordées au Cambodge dépassent toutes les espérances qu'avaient pu concevoir les adversaires de l'influence française dans ce pays. Ils puisent désormais dans cette bonne fortune inespérée un encouragement pour de nouvelles revendications.

« On s'est employé à obtenir de la pacification, de la pacification à tout prix, de la pacification quand même, au risque de sacrifier les partisans de la France, de les désigner par notre abandon aux rigueurs d'une répression qui ne se fera pas longtemps attendre.

« La plupart des fonctionnaires indigènes qui s'étaient ralliés à nous, qui nous avaient donné pendant les mauvais jours des preuves incessantes de dévouement, se trouvent aujourd'hui remplacés dans leurs fonctions par des chefs rebelles qui n'ont pas cessé un seul instant de nous combattre. Nous cédons, nous leur offrons des garanties et des gages en échange de leur neutralité, ne montrant envers nos amis qu'une impolitique ingratitude.

« Quelles difficultés ne rencontrerons-nous pas alors dans l'avenir pour nous créer des partisans si nous abandonnons aujourd'hui une clientèle dévouée aux périls d'une réaction impitoyable? Cette considération, qui a été méconnue, n'avait-elle pas sa valeur? Le parti de l'opposition revenu au pouvoir ne manquera certainement pas d'exercer des représailles vis-à-vis des soutiens de la cause française auxquels nous aurions dû réserver un meilleur sort.

« Ainsi le Pusnouluk-Chuk, gouverneur rebelle du Treang, et le Vough-Outen-Tut, autre chef rebelle, nos adversaires les plus irréconciliables, viennent d'être nommés, l'un gouverneur des provinces du Treang et l'autre des cinq provinces de l'ouest, qui comprendraient, paraît-il, Pnôm-Penh même. Il n'est plus, naturellement, question des gouverneurs que nous avons appelés dans ces provinces et qui nous avaient servi, en plusieurs circonstances, très efficacement. La circulaire de M. Piquet, résident général, déclarait pourtant que les mandarins attachés à la cause française ne seraient pas dépossédés. Aussi, déçus dans leur attente et craignant pour leur vie, nos derniers partisans s'enfuient-ils dans la province de Battam-Bang, entraînant dans leur retraite tous les habitants de leurs villages qui s'étaient également compromis pour le triomphe de nos intérêts.

« Cette conduite a eu pour effet non seulement de détacher de nous l'élément mandarin, mais encore et surtout de ruiner notre prestige parmi le peuple, qui a perdu foi en notre engagement et qui reprendra difficilement confiance en nous.

« D'un autre côté, nous nous sommes laissé jouer par le roi, un roué dont on ne soupçonne pas la profonde duplicité, et que nous nous sommes toujours habitués à considérer comme un instrument d'un maniement facile. C'est là peut-être l'erreur essentielle qui a orienté notre politique dans ces dernières années. Nous nous sommes toujours refusés à reconnaître en Norodôm un adversaire digne de nous; nous n'avons pas exercé autour de son palais la surveillance nécessaire, nous avons laissé les intrigues se nouer en toute liberté. Naturellement, il a exploité cette situation que nous avons su lui créer. Voilà la source des difficultés sans cesse renaissantes qui nous assaillent ici et contre lesquelles nous demeurons impuissants.

« Jusqu'ici il ne s'est pas encore résolu à diriger publiquement la révolte, ayant vu à cela une certaine inopportunité. Mais il n'en a pas moins agi occultement, bien qu'il n'ait pas rompu officiellement avec le résident général. Sa participation secrète à la rébellion ne fait donc doute pour personne. Il est certain qu'il exigera même avant peu de nouvelles concessions. Nous en donnons pour preuve ce mot symptômatique qu'il adressait à un négociant français de son entourage qui le conjurait de ne pas se montrer trop exigeant : « Mais, mon cher, ils m'ont fait les concessions qu'ils étaient obligés de me faire, je ne leur en sais aucun gré. » De tels sentiments professés hardiment démontrent notre naïveté dans le choix des moyens et notre profonde ignorance du caractère asiatique, sur lequel la force seule peut avoir quelque action.

« En résumé, la position actuelle est celle-ci : un protectorat qui n'en est pas un, puisque nous sommes protégés de Norodôm, qui a bien voulu provoquer une trêve complaisante des chefs rebelles en leur accordant tout ce qu'ils ont demandé. Trêve complaisante, et pas même générale, parce qu'on sait de source certaine qu'un des principaux meneurs du mouvement, le Quan'Khien, grand chef chinois de la rébellion dans les provinces avoisinant le golfe de Siam, a systématiquement refusé de se rendre à l'appel du roi, répondant qu'il était le maître chez lui.

« Un bon quart du pays échappe de la sorte, non seulement à notre protectorat, mais encore à l'autorité royale. Si, d'autre part, on considère que le Civotah possède tout le nord du royaume, plus une partie de l'est, on reconnaîtra sans contredit que notre situation au Cambodge, par suite de l'évolution politique accomplie, se trouve de beaucoup inférieure à celle qu'avait créée la convention de 1884. Nous ne pensons pas toutefois qu'il y ait lieu d'abandonner tout espoir. En réalité, nous sommes toujours dans le pays. Peut-être sera-t-il possible de réparer les fautes commises, mais, à coup sûr, adieu les affaires, adieu le développement de la colonie, pleine de ressources, qu'on était certain de voir se réaliser à bref délai, en demeurant attaché aux termes de la convention. La question est plus grave qu'on ne le pense au premier abord. Elle est liée à certains faits économiques dont on ne méconnaîtra sans doute pas la valeur.

« Si le pays échappe à notre influence, le Siam qui, par son transit, était tributaire du Cambodge et de la Cochinchine, le Siam, non content d'avoir congédié les fonctionnaires français des postes et télégraphes, des douanes et autres services, pour les remplacer par des Italiens, des Anglais et des Allemands, continuera à accentuer la séparation, préjudiciable à nos intérêts.

« Le gouvernement siamois voit, en résumé, deux politiques se développer à ses frontières : la politique française, impuissante au Cambodge, et la politique anglaise, quelles que soient ses difficultés, se maintenant en Birmanie. Il incline naturellement vers la nation occidentale qui lui inspire l'espoir d'un établissement durable, vers la nation persévérante qui lui paraît en situation d'entretenir avec le pays des relations commerciales d'une certaine valeur.

« Il vient, du reste, d'affirmer ses préférences en

concédant aux Anglais et aux Allemands une ligne admirable de chemin de fer, qui non seulement va détourner de la Cochinchine tout le trafic du Siam, mais encore celui du Cambodge. Nous voulons parler de la ligne de Battam-Bang à Chantaboun, le deuxième port de Siam, comme on sait. Cette ligne, d'après les derniers renseignements qui nous sont parvenus, est en pleine voie d'achèvement. L'infrastructure est à peu près terminée. Il ne reste plus à exécuter que la superstructure.

« Évidemment, tous les riz de Siam qui ont été exportés jusqu'à ce jour par Saïgon et donnaient à notre colonie de Cochinchine environ 500,000 fr., passeront désormais par Chantaboun, qui est desservi, nous n'avons pas besoin de le dire, par les compagnies de navigation allemandes et anglaises de Hong-Kong et de Singapour.

« L'exploitation de cette ligne de chemin de fer déterminera, c'est inévitable, une diminution considérable dans les revenus indirects de la Cochinchine, et il est certain que notre politique nouvelle au Cambodge n'est pas faite pour atténuer ce coup fâcheux, qui nous atteint économiquement et moralement. Peut-être essayera-t-on de réagir, mais, quelles que soient les mesures que l'on adopte, on ne pourra affaiblir que très imparfaitement la conséquence d'événements accomplis. Notre erreur est évidente.

« Prompts au découragement, nous ne montrons ni persistance dans les efforts, ni continuité dans la ligne suivie. Au premier échec, nous abandonnons l'œuvre engagée et laissons la place vacante à nos rivaux européens, qui moissonnent où nous avons semé.

« Notez que le préjudice supporté par la Cochinchine dans toute cette affaire ne consistera pas seulement dans la grande diminution de son trafic, mais se répartira encore dans certaines créances qu'elle a en portefeuille, et dont il lui sera bien difficile de recouvrer le montant. Il ne faut pas oublier, en effet, que la colonie a contribué à l'expédition du Cambodge pour une somme de 628,000 piastres, c'est-à-dire trois millions de francs, que cette affaire a complètement épuisé sa caisse de réserve. Elle n'a, du reste, reculé devant aucun sacrifice, accordant sans compter le concours de ses fonctionnaires et de ses tirailleurs annamites.

« Le protectorat, qui n'a cessé de lui faire des emprunts en vue de la pacification, tend de plus en plus à obtenir son autonomie, à se dégager de sa créancière. La Cochinchine élève alors certaines revendications dont il serait difficile et injuste de contester le bien fondé.

« On objectera peut-être que le protectorat s'est réservé des sources de revenus, en conservant les contributions indirectes, c'est-à-dire l'opium et les

douanes, dont le rapport lui permettrait de se libérer insensiblement.

« Pour qui connaît le pays, ces ressources sont
illusoires. L'opium jusqu'ici n'a rapporté aucun
bénéfice. La consommation de ce produit s'élève à
peine même au chiffre nécessaire pour payer la
matière fournie par la ferme de Saïgon.

« D'autre part, les douanes, outre qu'elles ne
trouveront pas la force militaire pour réprimer la
fraude, seront très probablement la source de nombreux embarras. Il faut considérer que ce service,
tel qu'il a été institué avec un personnel de valeur
médiocre, constitue un danger pour l'avenir. Nous
ferons, du reste, un jour, le procès de cette administration. Indépendamment des vexations que la
population peut être appelée à subir, il faut remarquer que les douanes ont été jugées par les
mandarins comme un domaine leur appartenant.
Attendons-nous donc à voir avant peu les hommes
politiques cambodgiens, mis en goût par les concessions que nous leur avons faites, réclamer l'abandon
de cette dernière prérogative. Peut-être ne l'empor-
teront-ils pas tout d'abord, mais on peut être assuré
que la contrebande s'exercera sur une vaste échelle
et que, s'ils ne nous succèdent pas dans nos postes
d'observation, ils sauront bien en créer à côté des
nôtres.

« En résumé, ces deux moyens financiers, non

seulement sont incapables d'éteindre la dette contractée, mais encore de subvenir aux frais du protectorat.

« Cette situation, nous l'avons provoquée par notre indécision. La responsabilité d'une si grave aventure provient de tendances qui ne sont motivées que par le désir de prendre systématiquement le contre-pied d'une politique heureuse.

« Pour avoir hésité devant de légères difficultés qu'il eût été facile de vaincre au début, l'avenir nous en réserve peut-être de plus graves et de plus difficiles à surmonter. »

Que puis-je dire de plus que le correspondant si bien renseigné de mon cher confrère et ami Ch. Laurent ?

La ligne ferrée qui va relier Chantaboun à Battambang est un VÉRITABLE DÉSASTRE pour nos intérêts cochinchinois. Nous n'avons su ni prévoir son installation, ni l'éviter. Cette concession faite à des Anglais et à des Allemands rendra certainement plus difficiles que jamais les négociations relatives à la délimitation des frontières qui devrait, à tout prix, rendre Battambang au Cambodge et lui donner Chantaboun, véritable colonie d'Annamites, nos protégés !

On se sent profondément affligé en songeant à tant d'imprévoyance et d'incurie.

Nous n'avons pas, à l'heure actuelle, un représentant à Chantaboun; nous n'en avons pas davantage à Battambang!

Mais ce qui me semble monstrueux, c'est que nous n'avons pas même songé à en installer un à Korat, qui est le point le plus important du Laos central! De plus, nous sommes en train de nous créer tous les embarras possibles au Cambodge, si nous n'y adoptons pas, sur l'heure, la politique la plus vigoureuse, dussions-nous faire prendre le vieux roi Norodôm, ce rusé, ce perfide, qui couvre sa trahison de mensongères promesses, et l'envoyer prisonnier à Poulo-Condore! Nous oublions trop cette vérité absolue que la Cochinchine sans le Cambodge est un corps sans tête.

Ne pourrions-nous pas nous en souvenir un instant et agir en conséquence?

CHAPITRE II

ORGANISATION DE L'INDO-CHINE

CHAPITRE II

ORGANISATION DE L'INDO-CHINE

Nous ne pourrons réellement procéder à notre organisation coloniale que lorsque la pacification sera un fait accompli. Nous pourrons, seulement alors, songer à étendre nos possessions dans l'Indo-Chine — comme l'a fait l'Angleterre dans les Indes, — doucement, lentement, en attirant à nous les masses, qui comprendront que leurs intérêts, entre nos mains, sont mieux placés qu'en les leurs. Les conquêtes morales sont moins brillantes que celles que procurent les succès des armes, mais elles sont plus durables qu'elles ! — Elles nécessitent, il est vrai, des qualités plus rares et plus délicates. Ce sont celles-ci que nous devons nous efforcer d'acquérir.

J'ai indiqué par quels moyens nous pourrions arriver pratiquement à pacifier les quatre parties qui forment notre territoire colonial (protectorat et colonie).

Ma conviction profonde, en dépit des objections qui pourraient m'être faites à ce sujet, est que si mon système est défectueux, il est encore le meilleur qui ait été proposé, pour mettre fin, dans l'Indo-Chine, à un état de choses on ne peut pas plus précaire, surtout s'il s'agit de l'Annam et du Tonkin.

Pour exposer clairement ma méthode d'organisation, qu'il me soit permis d'admettre que la pacification soit un fait accompli.

Ma préoccupation unique consisterait, dès lors, à créer un gouvernement fort et paternel, exerçant son action de chaque jour avec régularité et vigueur tout à la fois. Ce sont les seuls moyens d'améliorer le sort des populations placées sous une domination quelconque.

C'est ainsi que procèdent les Anglais, dans leurs possessions de l'Inde. Je ne parlerai pas des nombreuses expériences faites, pendant *deux cent cinquante-huit ans*, par la Compagnie des Indes. Je me bornerai à résumer, très rapidement, tout ce que le gouvernement de la reine a entrepris, depuis l'*acte de cession* du 2 août 1858, signé en sa faveur par ladite Compagnie, après l'insurrection de 1857, « pour améliorer le gouvernement de l'Inde ».

L'Angleterre a compris, dès l'origine, que les affaires de l'Inde méritaient une direction toute particulière. Le nombre de ses sujets indiens s'élève à l'énorme chiffre de 260 millions d'habitants, répartis sur un territoire *dix fois plus grand* que celui de la France! Elle a donc été conduite à créer un ministère spécial de l'Inde. Comme elle avait à compter avec des races différentes, ne parlant pas la même langue, ayant des mœurs traditionnelles et des religions opposées, et, par-dessus tout, obéissant à un fanatisme qui les rend diversement aussi tenaces que déraisonnables, elle a dû aussi bien prendre toutes les précautions possibles, pour administrer systématiquement ses territoires immenses.

Ces précautions lui auraient été d'ailleurs conseillées par les exigences d'une politique à qui les institutions parlementaires anglaises donnent une mobilité souvent préjudiciable à ses intérêts.

A côté du ministre spécial, elle a donc formé un haut conseil colonial *stable* et *permanent*. Après avoir pris ces premières garanties, en Angleterre même, le gouvernement de la reine a dû s'occuper de l'action qu'il avait à exercer dans l'Inde, aussi bien que de la façon dont il l'exercerait.

Pour se donner plus de prestige vis-à-vis des populations indiennes, très portées à se laisser éblouir par l'apparat et par le cérémonial, il a placé un vice-roi à leur tête. Dans son organisation coloniale, il a dû néanmoins songer à se mettre en garde contre les empiètements possibles, à une heure donnée, d'une autorité aussi étendue que celle dont il armait ce vice-roi, à une aussi grande distance de la métropole.

D'autre part, il devait encore se préoccuper de la *stabilité* et de la *régularité* d'un mécanisme pareil.

Pour obtenir ces deux conditions indispensables à toute bonne administration, le gouvernement anglais a placé le vice-roi en dehors des vicissitudes de la politique de la mère-patrie. Ce dernier est nommé pour une *durée fixe*, et il a auprès de lui un conseil colonial *permanent*, semblable à celui qui assiste le secrétaire d'État, en Angleterre.

Il me suffira de quelques mots pour faire comprendre cette admirable institution coloniale qui unit si étroitement l'Angleterre à l'Inde, par des liens *constants* et *traditionnels*.

Pour ce qui est du ministère spécial de l'Inde, en Angleterre, je le vois entouré d'un conseil de *quinze* membres. *Neuf*, au moins, de ces derniers doivent avoir résidé ou servi dans l'Inde pendant *dix* ans, et ne l'avoir pas quittée depuis *dix* ans. *Chaque conseiller est nommé pour dix ans !*

C'est toujours le ministre qui pourvoit aux vacances.

Est-il plus ingénieuse innovation que celle-là? Les ministres peuvent changer, le conseil colonial subsiste, la tradition se perpétue, l'éducation de chaque ministre est toute préparée, quand il arrive aux affaires.

Il y a une « idée directrice » qui persiste, en se modifiant, bien entendu, suivant les circonstances!

De plus, par une sage disposition, *nul membre de la Chambre des Communes ni de celle des lords ne peut faire partie du conseil colonial!*

En revanche, chaque année un travail d'ensemble, rédigé par le conseil colonial, est distribué aux lords et députés d'Angleterre, qui les tient au courant de la politique anglaise dans les Indes.

Si le secrétaire d'État, à Londres, est entouré d'un conseil permanent, le vice-roi, dans son gouvernement, est, lui aussi, fortifié par les lumières, tempéré par les décisions de hauts fonctionnaires expérimentés qui forment deux conseils coloniaux : l'un *exécutif*, l'autre *législatif*.

Il est utile de faire observer que cette création date seulement de 1861. Elle est le résultat des expériences faites, de 1858 à cette dernière époque, par lord Canning (fils de l'ancien premier ministre), qui fut le premier vice-roi de l'Inde.

L'organisation prévue par l'*acte* de 1858 fut alors modifiée. Elle est restée la même depuis lors. Cette remarque ne paraîtra pas sans intérêt, certainement.

Le conseil *exécutif* compte *cinq* membres (quelquefois *six*) dont *trois* doivent avoir servi dans l'Inde pendant *dix* ans. *Ils sont choisis par la Couronne.*

Le commandant en chef de l'armée est, de droit, membre de ce conseil *exécutif*, ainsi que les gouverneurs de Bombay et de Madras.

La durée du mandat de lord Canning fut de *trois* ans. Mais cette durée, sans être précisément limitée, a été ultérieurement fixée par l'usage à *cinq* ans... La Couronne s'est prudemment réservée le droit de *veto*.

C'est, certes, là un conseil *exécutif* compétent!

Quant au conseil *législatif*, il se compose d'abord des membres du conseil *exécutif*, et ensuite de *six* à *douze* membres *dont la moitié ne peuvent être fonctionnaires*. D'ordinaire, on y introduit des natifs.

Le *quorum* doit être de *six* au moins.

Chaque membre, nommé pour *deux* ans, a l'initiative des bills. Les séances du conseil sont publiques.

Tel est, en résumé, le système adopté par l'Angleterre pour la direction de sa politique dans l'Inde.

N'est-il pas possible d'emprunter à ce système ses grandes lignes que lui a tracées une longue expérience souvent chèrement achetée?

A côté du ministre compétent (ministre de la marine et des colonies ou ministre des colonies), ne pourrait-on former, en France, un conseil colonial s'occupant de toutes nos colonies en général, et spécialement de l'Indo-Chine?

Ne pourrions-nous pas, réunissant, dès lors, protectorats et colonies sous une direction unique, nommer un gouverneur général de l'Indo-Chine, pour *trois* ans seulement (à cause du climat). Son mandat serait renouvelable. Il résiderait, provisoirement au moins, à Saïgon, et serait chargé, avec des attributions exceptionnelles, de la direction générale de nos affaires dans l'Extrême-Orient.

Sous ses ordres serait placé le gouverneur du Tonkin, ayant particulièrement des attributions dans le genre de celles accordées aux gouverneurs de Madras et de Bombay.

Quant au Cambodge et à l'Annam central, *seulement protégés*, ils seraient traités comme les États indigènes de l'Inde, comme Hyderabad, le Mysore, Bavoda et le Kachemire, qui sont en relations directes avec le vice-roi. En attendant que les populations de ces derniers États se soumettent *volontairement* et *complètement* à l'administration anglaise, *comprenant sans pression violente que leur intérêt les y pousse*, l'Angleterre a adopté vis-à-vis d'elles une politique protectrice, moralisatrice et pacifique se résumant dans ces mots : *Pacis imponere morem*, bien préférable à la formule romaine : *Regere Imperio populos*.

Pour l'Annam central spécialement, cette politique est la plus sage, incontestablement. Quant au Cambodge, il faut arriver, je crois, le plus promptement possible à l'assimilation, sinon à l'annexion avec la Cochinchine.

Mais c'est une question dont le gouverneur général, d'accord avec le conseil colonial, aurait à proposer la solution au ministre compétent, en France [1].

Puisque j'ai indiqué ce que nous pouvons emprunter à l'Angleterre dans son système de gouvernement aux colonies, je vais, m'inspirant des études que j'ai faites de l'ensemble de son organisation coloniale, essayer de tracer moi-même quelques-unes des principales lignes de mon plan d'organisation générale de l'Indo-Chine.

S'il ne trouvait pas son application immédiate, sous une autorité unique analogue à celle du vice-roi des Indes anglaises, au moins pourrait-on l'appliquer

---

1. **CONFÉDÉRATION DANS L'INDO-CHINE.**

Qui sait si la solution de la question indo-chinoise ne se trouverait pas dans l'établissement, sous notre protectorat, d'une confédération des quatre provinces : TONKIN, ANNAM, CAMBODGE, COCHINCHINE, sous l'autorité *nominale* du roi de Hué?

Un résident général serait placé à côté de lui, ayant les pouvoirs les plus étendus.

Quant aux provinces, y compris le Cambodge — dont le roi serait *remercié* — elles seraient gouvernées à l'instar des possessions anglaises de Madras et de Bombay.

Nous aiderions le roi de Hué à faire dans le bassin du Mekong — et particulièrement à Luang-Prabang — les revendications qu'il a le droit d'y faire. Ce serait tout profit pour nous. Nous ferions ainsi la conquête par le progrès et la civilisation! Tout serait simplifié!

Je n'ai pas encore eu le loisir d'étudier ce système dans tous ses détails. Mais je le recommande à l'attention du gouvernement et de tous ceux qui s'intéressent au développement colonial de la France dans l'Indo-Chine.

(Note de l'auteur.)

partiellement, et en tirer partie, je l'espère, pour les intérêts de la France.

FAUT-IL UN MINISTÈRE SPÉCIAL DES COLONIES?

La première question qui s'est souvent présentée à l'esprit de ceux qui s'occupent des questions coloniales françaises est la suivante :

Faut-il créer un ministère spécial des colonies?

Le ministre de la marine, l'amiral Aube, déclare cette création indispensable.

Eh bien! je me suis en vain demandé : Pourquoi une semblable innovation? Et, tout en rendant justice à l'honorable sous-secrétaire d'État des colonies actuel, à qui l'amiral Aube reconnaît, comme tous, les plus grands mérites, j'ajoute : Pourquoi un sous-secrétaire d'État des colonies — le seul qu'on ait conservé dans le cabinet actuel?

Pourquoi, en un mot, songer à un nouveau ministère, quand on trouve déjà que, parmi ceux qui existent, il faudrait en supprimer deux?

J'avoue que je serais bien embarrassé si j'avais à donner une raison valable de cette dislocation du ministère de la marine! Je sais bien que la division en protectorats et colonies, dans la direction de nos possessions coloniales, est une anomalie; qu'elle est un embarras pour la marche prompte et régulière

13

de nos affaires, qu'elle peut devenir l'occasion de conflits. C'est ce qui explique cette opinion devenue générale, que la réunion, en une seule main, de ces deux services, malencontreusement séparés, serait une œuvre essentiellement salutaire. Sur ce point particulier, je suis d'accord avec ceux qui réclament une fusion. Mais je suis fermement convaincu que le ministre de la marine et des colonies a tout naturellement qualité pour continuer à détenir en ses mains des attributions que tous les ministres de la marine et des colonies précédents ont détenues avant lui, avec un tel soin et un tel honneur, qu'après une première tentative malheureuse de formation d'un ministère des colonies spécial, sous l'Empire, on a été forcé de revenir aux anciens errements.

J'estime qu'en cette circonstance il faut surtout se conformer à ce dicton anglais : « *The man right in rigth place* ». Nos colonies anciennes, qui sont attachées à la France, comme les membres d'un même corps, ont-elles donc eu à se plaindre de l'administration et de la direction du ministère de la marine et des colonies? Les gouverneurs désignés par les ministres de la marine et des colonies ont-ils moins bien justifié le choix de leur personne que les résidents élus par le département des affaires étrangères? Est-ce que les administrations de la Martinique, de la Guadeloupe et de la Réunion, pour ne citer qu'elles, laissent quelque chose à désirer?

Mais l'Algérie, mais la Tunisie? m'objectera-t-on peut-être.

On a fait de nombreuses et diverses écoles sur ces « *terres françaises* ».

Le dernier mot n'est pas dit sur la politique, non pas *coloniale*, mais *spécialement française* à appliquer à l'Algérie, pas plus que sur les rapports de cette dernière avec la Tunisie.

J'ai sous les yeux le compte rendu d'une conférence très écoutée et fort étudiée, faite sur ce sujet par M. Georges Villeneuve, à la mairie du IVe arrondissement, et je crois fort à propos d'en reproduire ici les passages suivants [1] :

« Notre intervention dans la Régence n'a pas été provoquée par un accident diplomatique, comme la prise d'Alger; elle n'a été que la conséquence de notre installation en Algérie, ou plutôt une liquidation politique inévitable et prévue, sinon espérée depuis plusieurs années.

« En effet, la Tunisie est une annexe géographique et politique de l'Algérie; la Régence est, en réalité, une dépendance du plateau de Constantine, qui doit forcément trouver complément dans l'annexion des vallées tunisiennes. Sa rivière principale, la Medjerdah, a son cours supérieur en Numidie. Sa frontière est si peu naturelle, si imparfaitement recti-

---

1. *La Tunisie, département français,* G. Lambert, éditeur, quai des Orfèvres.

fiée, que les Kroumirs ont pu tout à loisir, et trop souvent, la franchir au préjudice de nos tribus limitrophes...

« En face des convoitises de l'Italie, il fallait se hâter. »

Après un long et éloquent plaidoyer en faveur de la Tunisie, l'orateur rappelait les paroles d'un général français, affirmant « qu'il serait plus facile de garder avec le même contingent l'Algérie et la Tunisie réunies que l'Algérie toute seule... » et il concluait en ces termes :

« Aussi la Tunisie est déjà à moitié française. Il ne nous restera plus que la troisième étape à parcourir : celle du protectorat à l'annexion ; ce ne sera guère plus qu'une affaire de procédure diplomatique...

« Nous aurons, suivant une belle expression d'Onésime Reclus, pris possession de l'*Afrique Mineure*...; il y aura bientôt deux Frances : celle d'Europe et celle d'Afrique. »

Quoi qu'il en soit, à la tête du gouvernement de ces deux belles provinces nous avons placé deux administrateurs éminents : MM. Tirman et Massicault. Ne modifions pas trop vite l'état des choses existant de ce côté, de crainte de nous tromper encore une fois. Sachons attendre les expériences en cours. N'oublions pas que l'Angleterre a fait bien des tentatives, bien des écoles dans l'Inde, avant d'obtenir son organisation tant vantée aujourd'hui à si juste titre.

C'est ici que les partisans d'un ministère des colonies spécial semblent avoir beau jeu. Ils me diront en effet : « L'Angleterre n'a-t-elle pas créé un secrétaire d'État pour l'Inde, qui fait partie du cabinet, au même titre, dans les mêmes conditions que les autres ministres de la reine? Imitons l'Angleterre ». Ceux qui tiendraient ce langage oublieraient deux choses : 1° l'étendue considérable des possessions de l'Angleterre dans l'Inde; 2° le nombre de ses habitants, qui s'élève au chiffre de 260,000,000, dispersés sur un territoire *dix fois plus grand que la France.*

L'Algérie ne compte que 3,600,000 habitants, dont 150,000 Français, 150,000 Européens non Français, et 3,300,000 Musulmans (Arabes, Kabyles et Maures).

La pensée dominante de l'Angleterre a été de se ménager une politique coloniale traditionnelle, inspirée par des hommes d'un savoir, d'une compétence incontestables. C'est pour cela qu'elle a créé, à Londres, un conseil colonial permanent qui survit à tous les ministères emportés par les crises parlementaires.

Quant aux secrétaires d'État de l'Inde, ils n'ont été jugés nécessaires que parce que les affaires de cette colonie sont considérables et qu'elles ne peuvent être traitées que par un département spécial.

Nous n'avons pas les mêmes raisons de créer

ce ministère spécial, mais nous avons les mêmes
motifs d'instituer un conseil colonial permanent.
Créons donc cedit conseil, à l'image au moins de
celui qui existe en Angleterre, sinon dans des conditions absolument semblables, et plaçons-le à côté du
ministre de la marine et des colonies, qui pourrait
dès lors suffire amplement à la tâche de diriger notre
administration coloniale et maritime.

Que si l'on voulait quand même séparer les colonies
de la marine, il suffirait de les adjoindre au ministère de qui relèvent déjà les consulats et les protectorats, c'est-à-dire au ministère des affaires étrangères, qui changerait alors de nom; il s'appellerait
logiquement le *ministère des affaires extérieures*.

Est-ce là une œuvre utile? Je me garderais de
l'affirmer. Ce que je ne crains pas de dire, c'est qu'il
est temps de réunir sous une même autorité, sous
une même direction, et les colonies et les protectorats.

Une objection m'a été faite à propos de la compo-
sition du conseil colonial?

Comment parviendrait-on à en réunir les éléments? Cette objection ne me semble pas véritablement sérieuse. Nous n'aurions pas à exiger, de la
part des membres du conseil, une résidence de *dix
ans* dans les colonies, comme on l'exige en Angleterre.

Mais, parmi les anciens gouverneurs et fonctionnaires de toute sorte de nos colonies — *ne faisant pas partie du Parlement* — et parmi d'anciens colons ayant quatre ou cinq années de résidence dans nos colonies, nous trouverions certainement les éléments sérieux d'un excellent conseil colonial, groupant les intérêts de toutes nos colonies, sauf, bien entendu, l'Algérie et la Tunisie, qui doivent être traitées « comme terres françaises ».

TRAVAUX PUBLICS

Ce qui m'a particulièrement frappé dans l'organisation anglaise de l'Inde, c'est la part que le gouvernement local a faite aux travaux publics ; je veux parler des chemins de fer, canaux, bâtiments civils, routes [1].

Les Anglais ont divisé les dépenses en deux parties : l'une, la plus forte, est prélevée sur le revenu ordinaire, l'autre est demandée à l'emprunt. Toutefois, un acte du Parlement, en date de 1879, a limité les demandes faites annuellement à l'emprunt pour chemins de fer et canaux au chiffre de 62,500,000 fr. Ce chiffre est évidemment très important, mais il

1. Je signale tout particulièrement la très remarquable étude de M. Barthélemy Saint-Hilaire, publiée dans le *Journal des Savants* sous le titre « l'Inde anglaise » (son état actuel, son avenir), à qui j'ai eu souvent recours pour écrire cet ouvrage.

répond à l'étendue du territoire anglo-indien. Les travaux payés par l'emprunt sont appelés *productifs* et non *extraordinaires* comme chez nous, *parce qu'il est entendu que, seules, pourront être construites par ce moyen les lignes de chemins de fer qui doivent rapporter 4 p. 100 au moins, QUATRE ANS après l'ouverture.* En examinant le budget 1886-1887, on trouve que la dépense totale des chemins de fer est estimée à 16 millions de livres sterling; celle de l'irrigation à 2,350,000 livres sterling; celle des bâtiments et routes à 5,350,000 livres sterling. Je livre ces documents, puisés dans le budget anglais des Indes, à l'attention de notre gouverneur général de Saïgon et de notre résident général du Tonkin. Je ne saurais trop, à ce propos, engager ces hauts personnages à étudier le système qu'ont adopté les Américains, aussi bien que les Anglais, pour construire leurs chemins de fer, à travers des pays incultes et inhabités. Ils pourraient aussi utilement se rendre compte des travaux d'irrigation des ingénieurs anglais dans l'Inde, pour en faire des applications bien nécessaires dans le Delta du Tonkin, dans le vaste Delta de la Cochinchine, et dans les territoires qui avoisinent les lacs du Cambodge !

Les Anglais ont si bien compris que les travaux publics leur procureraient la paix et la richesse que, depuis quarante ans, ils ont quadruplé les dépenses totales des travaux publics. Les États indigènes construisent eux-mêmes leurs chemins de fer, mais c'est l'État qui construit aujourd'hui et exploite les lignes ferrées indiennes. Il inaugure de 500 à 800 milles par an. En 1883, il possédait 20,400 kilomètres de voies ferrées en exploitation, ayant occasionné une dépense de 3 milliards 703 millions de francs. Il emploie 185,261 employés, dont 177,287 natifs. Que faisons-nous en Cochinchine? Que faisons-nous au Tonkin? Des expéditions! Nous essayons de la civilisation, à coups de canon! Où sont les débouchés que nous avons ouverts pour compenser les sacrifices que nous a occasionnés notre conquête? Le seul port qui soit susceptible d'abriter nos croiseurs et de nous servir de base d'opérations n'est même pas protégé!

Nous n'avons pas un arsenal sérieux, en prévision de l'obstruction du canal de Suez, en cas de guerre. Nous avons des mines de houille qui ne sont pas encore exploitées. Nous avons des mines de fer d'une richesse exceptionnelle; leurs gîtes abandonnés se trouvent sur l'emplacement même du quartier général de Si-Votha, frère de Norodôm, le chef des rebelles du Cambodge.

Nous avons, à nos côtés, le plus grand vivier du monde, dont la richesse en poissons nous procurerait d'*immenses* revenus; nous le laissons livré aux mains des Siamois, qui n'en tirent, pour ainsi dire, aucun profit.

Nous n'avons pas même de frontières définies pour séparer le Cambodge du Siam. Pas un agent, pas un seul, sur des points où nos intérêts les plus chers nous commanderaient d'en avoir, ne fût-ce que pour être au moins renseignés sur ce qui s'y passe !

Et voilà ce que nous appelons : COLONISER, PRO-TÉGER !

Nous avons envoyé, à grands frais, des missions pour nous rendre compte des richesses que nous pourrions extraire de ces terrains privilégiés. A quoi nous ont servi ces expéditions scientifiques?

Un ingénieur des plus distingués du corps des mines, M. Edmond Fuchs, assisté d'un ingénieur civil, M. Saladin, a visité les bassins de la Cochinchine, de l'Annam, du Tonkin. Il a publié un mémoire des plus curieux, avec cartes à l'appui, sur les terrains qu'il a explorés [1], il y a de cela quatre ans.

Qu'a-t-on résolu, à la suite de ces recherches laborieuses? Je n'ai pas besoin de répondre à cette question. Tout le monde y a répondu comme moi.

Par les détails qui suivent, on pourra juger combien sont coupables ceux qui n'ont *rien* fait et qui pouvaient tant faire !

---

1. *Mémoire sur l'exploration des gîtes de combustibles et de quelques-uns des gîtes métallifères de l'Indo-Chine, adressé aux ministres de la marine et des travaux publics et au gouverneur de la Cochinchine,* par Edmond Fuchs (1883). Dunod, éditeur, Paris.

PROJET DE FABRICATION DE FONTE ET ACIER
AU CAMBODGE ET EN COCHINCHINE

Tandis qu'il remplissait la mission scientifique dont le gouvernement l'avait chargé dans l'Indo-Chine, M. Fuchs a été amené, après M. Boulangier, ingénieur des ponts et chaussées, à visiter les gîtes de fer qui se trouvent au Cambodge, à l'est du grand lac, ceux-là mêmes qu'a signalés M. de Lanessan. Celui qui est aux environs de Pnôm-Deck lui a paru « d'une abondance et d'une pureté exceptionnelles ». Il l'a décrit en détails très complets, et il a conclu en déclarant « qu'il était indispensable de le mettre en valeur industrielle ». Il est actuellement exploité par les *Khouys* d'une façon tout à fait rudimentaire. Leurs travaux d'exploration ne font qu'effleurer le gîte. La consommation du fer et de l'acier, en Extrême-Orient, ne fait que croître. L'absence de toute usine européenne dans ces pays donnerait une importance particulière à un établissement de ce genre créé par nous, dans le Cambodge. Si rudimentaire que soit, à l'heure actuelle, l'industrie des *Khouys*, elle n'en a pas moins pour résultat de produire toute la coutellerie de ces pays, les sabres, lances, piques, outils, marmites, etc., enfin toute sorte d'objets qui servent de monnaie sur un territoire immense et qui sont transportés par les marchands jusqu'au fond du Laos et du royaume de Siam. Des gîtes de Pnôm-Deck les *Khouys* extraient surtout actuellement des grenailles de limonite et de fer oligiste massif, et des fragments de petite dimension d'une roche spongieuse chargée de fer, à base de silice, et qui contient 2,34 p. 100 de manganèse.

Le mélange irrégulier de ces deux minerais est l'objet d'exportations nombreuses. Il est apporté dans un très grand nombre de villages, où il est traité par des procédés très imparfaits. Une société européenne créant un établissement sérieux à Pnôm-Deck seulement trouverait dans l'exploitation de ce gîte des bénéfices à coup sûr considérables.

Plusieurs observations peuvent être faites par des Européens, relativement à la création, au Cambodge, d'une grande usine métallique.

Le climat? La main-d'œuvre? Les voies de communication? Les prix d'établissement et d'exploitation? Les chances d'écoulement des produits?

Pour ce qui est du climat, voici ce que répond M. E. Fuchs : « Les dépressions de la plaine forment, il est vrai, sur une partie de ces terrains, des marées qui sont de nature à procurer à ceux qui les habiteraient des fièvres paludéennes, et surtout l'anémie, très fréquentes dans la partie sud de l'Indo-Chine. Mais avec une alimentation régulière, et surtout avec des précautions à prendre pour les boissons, les Européens eux-mêmes peuvent se garantir facilement contre ces maladies. »

En tout cas, le personnel dirigeant, seul, pourrait être recruté en Europe. Il serait renouvelé, suivant les circonstances, tous les trois ou quatre ans, ou reposé par des congés qui permettraient aux ouvriers fatigués de vivre dans des régions tempérées.

Les *Kmers* et les *Khouys*, appartenant à la famille des Pro-Malais, et qui sont très robustes, formeraient le personnel ouvrier.

Avec les *Kmers* et les *Khouys* on pourrait aussi employer des Annamites et des Chinois vigoureux, et, en général, endurcis, dès le plus jeune âge, aux plus pénibles corvées. Les coolies chinois possèdent l'habitude de travailler en commun. Il est difficile d'apprécier la somme de travail maximum qu'on pourrait attendre d'un ouvrier indigène. Il serait évidemment inférieur à celui d'un ouvrier en Europe. M. Saladin, qui a assisté M. Fuchs dans sa mission et qui, pour ses expériences, a fait faire des travaux au Tonkin dans des mines de houille du littoral, M. Saladin, dis-je, a constaté qu'un ouvrier indigène ne fournit pas plus de 500 kilogr. de charbon par jour, soit 150 tonnes par an. C'est sur ces données qu'il faudrait calculer, en général, la somme de travail de l'ouvrier indigène. On le payerait en conséquence. Quant à son logement, M. Saladin a estimé à 30 francs le coût du logement d'un coolie, « ce

chiffre comprenant les magasins destinés aux approvisionnements de vivres, les abris pour les ani-
maux et les rares aménagements nécessaires à l'établissement des habitations ». Pour les Européens,
les logements devraient être établis dans des conditions hygiéniques très soignées.

On ne parvient aujourd'hui au gîte de Pnôm-Deck
que par des sentiers grossièrement ébauchés dans
les forêts, et Pnôm-Deck est à 70 kilomètres de Compong-Thom, sur les bords du lac.

Tout serait à faire pour mettre le gîte en communication soit avec la mer directement, soit avec le lac.

Ce qui a semblé le mieux indiqué pour cela aux
ingénieurs, c'est de relier le gîte à un point de la
rivière Sène, d'où des chalands de faible tirant d'eau
peuvent, toute l'année, descendre à l'aise jusqu'à
Compong-Thom. Ce mouillage se trouverait, d'après
eux, à 10 kilomètres en aval de cette ville (à 65 kilomètres de Pnôm-Deck), et y serait relié par un petit
chemin de fer.

La voie serait de 75 centimètres avec un rail de
8 à 10 kilogrammes par mètre courant. La nature
sableuse du sol, son horizontalité, les forêts qui
fourniraient le bois pour les traverses, le bas prix
de la main-d'œuvre indigène, ont permis d'estimer
à 35,000 francs, chiffre maximum, le coût kilomé-
trique de l'établissement de la voie et de l'acquisi-
tion du matériel. Le gouvernement de la Cochin-

chine et la métropole même devraient évidemment venir en aide à la Compagnie qui entreprendrait l'exploitation du gîte de Pnôm-Deck, pour lui faciliter l'exécution des travaux d'*accessibilité* sur un point important le mettant en relations promptes et constantes avec le littoral.

Quant au traitement des produits, aux frais qu'il occasionnerait, et à l'écoulement de cesdits produits, je ne peux pas mieux faire que de reproduire textuellement ce qu'en dit M. Fuchs lui-même dans son mémoire : « L'abondance et la pureté exceptionnelles des minerais de Pnôm-Deck les destinent tout naturellement à être transformés en produits aciéreux, par l'une des méthodes rapides de la métallurgie moderne, et, en particulier, par le procédé Bessemer.

« L'importance des frais de transport, l'élévation inévitable des frais généraux et du capital de premier établissement entraînent l'obligation rigoureuse de donner à l'usine le maximum d'importance dont elle est susceptible, eu égard au placement de ses produits.

« Nous sommes convaincu qu'une industrie indigène, une fois la question de concurrence résolue au point de vue des prix, aurait un placement annuel de 20,000 tonnes, tant dans notre colonie que dans les pays voisins.

« La Cochinchine est, en effet, entrée dans la voie

de créations de chemins de fer. Celui de Saïgon à Cholon a dépassé de beaucoup les espérances de ses fondateurs, et son succès a provoqué les études de voies ferrées plus étendues reliant Saïgon à Chaudoc, à Mytho, et a fait naître le projet, plus vaste encore, d'une ligne côtière de l'Annam. D'autre part, les constructions métallurgiques prennent une importance croissante dans l'Indo-Chine, dans les colonies néerlandaises de l'archipel de la Sonde; enfin nous ne doutons pas que les Indes elles-mêmes n'absorbent également les tôles et fers de bonne qualité, comme ceux qu'il serait possible d'obtenir avec les minerais de Pnôm-Deck.

« L'écoulement de 20,000 tonnes d'acier Bessemer sur le marché de Saïgon, sous forme de rails, de tôles et de fer de construction, nous paraît donc parfaitement admissible, et nous le prendrons comme base de nos évaluations préventives de l'importance de l'usine à fonte et de celles de l'exploitation du gîte.

« La mine devra produire, à cet effet, 55 à 60,000 tonnes de minerai à la teneur de 50 à 55 pour 100 de fer qui donneront 25 à 28,000 tonnes de fonte grise à Bessemer, comprenant quelques milliers de tonnes de fonte à moulage.

« La situation des usines est commandée par les questions d'approvisionnement et de personnel, et découle directement des considérations suivantes.

« L'usine Bessemer recevant la fonte du Cambodge devra être placée, d'une part, près du charbon minéral et du marché de fer; et, de l'autre, au centre de mouvement du personnel français et des approvisionnements européens.

« La ville de Saïgon, qui possède déjà l'arsenal, réunit ces deux conditions, et devra, par suite, être le siège de la fabrication de l'acier Bessemer et de son élaboration en produits marchands.

« Il en est autrement de l'*usine à fonte*, qui devra, au contraire, être placée au Cambodge même, à proximité du gîte, au sein des inépuisables forêts qui entourent la mine et qui fourniront facilement le charbon de bois nécessaire à la marche des hauts fourneaux...

. . . .

« La castine serait fournie par les carrières de calcaire-marbre situées à 5 kilomètres du gîte de fer, et l'on trouverait également sur le Mékong des matériaux réfractaires de qualité moyenne (sables et alluvions kaolineux).

« Quant au type de l'usine, il découle naturellement de ce qui précède; elle se composerait de 8 hauts fourneaux au bois, dont 5 constamment en marche, produisant chacun 15 tonnes par jour.

« L'usine Bessemer de Saïgon comprendrait un groupe de 2 convertisseurs de 10 tonnes chacun, très largement approvisionné d'appareils de rechange, et une forge complète pour l'élaboration définitive des produits. C'est également dans cette usine, à Saïgon, que seraient concentrés tous les services de direction technique et commerciale.

« Dans ces conditions, nous pensons que le bas prix de la main-d'œuvre indigène compenserait dans une certaine mesure l'élévation des frais du personnel européen; un prix de revient de 270 à 280 francs par tonne nous paraît facile à obtenir à Saïgon, la mise des fonds totale à prévoir pour la mise en exploitation du gîte et la création des usines avec leurs fonds de roulement pouvant être évaluées à 7 millions de francs. »

Si je suis entré dans tous ces détails, c'est que, consignés dans un long mémoire *officiel*, ils sont sans doute peu connus, et je tiens à les répandre. Je suis convaincu que notre intérêt national nous porte à favoriser par tous les moyens possibles une entreprise pareille, bien plus propre à pacifier le pays et à nous attirer les populations, que les expéditions successives dont on nous annonce périodiquement les succès sur tel ou tel point! Les régions où se trouvent les gîtes en question sont, comme je l'ai fait observer, occupées par les dissidents que commande Si-Votha, le frère du roi. Si l'on apportait du travail, par conséquent du bien-être, aux populations qui les habitent, elles viendraient à nous et laisseraient bientôt le fusil pour prendre la pioche.

Ce qui me surprend et me peine à la fois, c'est qu'*aucune tentative*, en ce sens, n'a été encore faite, et que le gouvernement de la Cochinchine n'a pas encouragé, au prix même de sacrifices, la création d'une industrie dont notre colonie retirerait, la première, toutes sortes de bienfaits.

Nous trouverions sur place le bois et le fer pour construire de tous côtés, à bon marché, les voies ferrées qui manquent. Nous apporterions la richesse au milieu des populations, en facilitant les échanges et en occupant les bras. Nous ferions cesser d'odieuses misères.

Notre routine administrative, si méticuleuse, si difficultueuse, sous prétexte de régularité et de coutumes établies, ne cédera-t-elle pas devant de semblables considérations?

EXPLOITATION DES MINES DE COMBUSTIBLE
AU TONKIN

Mais puisque j'ai parlé de l'établissement d'usines de fonte et d'acier au Cambodge et en Cochinchine, qu'il me soit permis de faire prévoir la conséquence inévitable d'une pareille installation : l'exploitation de nos houilles situées sur le littoral tonkinois.

Pour que l'usine Bessemer pût fonctionner à Saïgon, il lui faudrait absolument du *charbon minéral*.

La société fondatrice de cette industrie devrait donc s'en procurer. Elle aurait tout intérêt, par conséquent, à prendre son combustible le plus près possible de l'usine, sur le bord de la mer, afin d'éviter des frais de transport onéreux. Alors ne devrait-elle pas exploiter elle-même un ou plusieurs gîtes du littoral du Tonkin? Aussi bien que le gouvernement de la Cochinchine devrait encourager l'exploitation de ses gîtes métallifères, le gouvernement du Tonkin ne devrait-il pas pousser à l'exploitation de ses gîtes houillers?

La même société ne pourrait-elle pas faire simultanément l'une et l'autre chose?

Comment enfin devrait-on exploiter les gîtes houillers du Tonkin?

*
* *

Je n'ai pas la prétention de faire une étude détaillée des bassins houillers de l'Indo-Chine. Mais puisque j'ai proposé la création d'une usine Bessemer dans l'arsenal de Saïgon, il faut bien que je me préoccupe du charbon minéral qui lui est absolument nécessaire.

Je signale donc seulement ici, dans le bassin houiller de l'île de Hon-Gâc, les deux gîtes que M. Fuchs a désignés sous le nom de *mine Jauréguiberry* et *mine Henriette*. Elles fourniraient plus qu'amplement, toutes deux, le combustible qui conviendrait pour cet usage.

Le bassin du Hon-Gâc est sain ; l'hiver y est agréable. Il y gèle même au mois de janvier. Le mouillage de la baie est bon, par neuf mètres de fond, et, de tout temps, accessible aux bâtiments calant jusqu'à sept mètres.

La *mine Henriette*, dont le charbon se rapproche de celui de la Grand'Combe (mine Théron), excellent pour les chaudières, pourrait donner 300,000 tonnes au-dessus du niveau de la mer.

Chaque étage de 10 mètres au-dessous de la côte donnerait dans cette section un *tonnage* de 80,000 tonnes environ.

Quant à la *mine Jauréguiberry*, sans recourir aux pompes, on pourrait extraire sur deux points : d'une part 350,000 tonnes de charbon, d'autre part 100,000 tonnes. Au-dessous du niveau de la mer, chaque étage de 10 mètres donnerait largement 150,000 tonnes.

Et je laisse de côté tous les bassins secondaires dont il serait facile de retirer des masses considérables de bon combustible.

Il serait vraiment temps de nous mettre à l'œuvre, afin de rendre ces richesses productives et de ne pas rester à la merci des Anglais, surtout quand il s'agit de trouver du charbon pour nos bâtiments.

Saïgon absorbe actuellement de 5 à 6,000 tonnes de charbon australien en outre de 100,000 *briquettes françaises*. Ces produits étrangers disparaîtraient, faisant place aux produits similaires qu'on retirerait de l'exploitation du bassin de Hon-Gâc.

Les marchés sur lesquels les charbons du Tonkin entreraient principalement en concurrence avec les charbons anglais sont Saïgon, Singapore, Hong-Kong, Shangaï, sans compter les marchés secondaires, comme Haïphong par exemple.

Des statistiques exactes permettent d'arriver au groupement suivant, pour l'importance des débouchés immédiats des charbons du Tonkin.

Singapore..................	18,000 tonnes.
Saïgon.....................	15,000 —
Hong-Kong et Haïphong....	22,000 —
Shangaï	45,000 —
Total.....	100,000 tonnes.

Il est de mon devoir de déclarer que les houilles anglaises sont supérieures à nos houilles du Tonkin, qui sont maigres ou demi-grasses. Mais celles d'Australie sont, en revanche, inférieures à celles du Tonkin, à cause de leur teneur en soufre. D'autre part, le pouvoir calorique des lignites du Japon et, par suite, leur valeur industrielle, ne sont que les deux tiers de ceux du charbon de la *mine Henriette.*

Les charbons anglais se payent 51 francs la tonne à Singapore, 53 fr. 50 à Hong-Kong, 54 à 55 francs à Shangaï (ces prix s'appliquent à des marchés importants à long terme).

Les charbons australiens — si inférieurs aux charbons du Tonkin — se payent de 50 à 51 francs la tonne à Saïgon, où la briquette atteint le prix de 70 francs la tonne (80 francs à Haïphong).

Ces prix peuvent être difficilement réduits pour les charbons anglais, car ils correspondent à une valeur de 12 à 15 francs la tonne à Cardiff, à laquelle il faut ajouter le fret, variant de 38 à 42 francs.

Et encore ces prix ne sont-ils rémunérateurs que s'ils sont compensés par des frets de retour beaucoup plus élevés.

A quel prix les 100,000 tonnes du bassin de Hon-Gâc pourraient-elles être présentées sur ces divers marchés?

C'est là évidemment le nœud de la question.

Pour arriver à résoudre ce problème, et se basant sur l'immobilisation d'un capital de 5 millions de francs pour frais de premier établissement et fonds de roulement, M. Fuchs estime que le prix de la tonne de charbon sous vergues, dans la baie de Hon-Gâc, atteindrait de 15 à 18 francs, et celui de la tonne de briquettes de 27 à 30 francs, suivant l'importance, encore inconnue, des frais d'épuisement.

Le tableau suivant dressé par lui fera ressortir l'*écart considérable* qui existe en faveur des charbons du Tonkin, au point de vue des distances à parcourir jusqu'aux lieux de consommation.

ORIGINE DES CHARBONS	DISTANCE APPROXIMATIVE A FRANCHIR EN MILLES MARINS JUSQU'AUX LIEUX DE VENTE				
	Singapore.	Saïgon.	Haïphong.	Hong-Kong.	Shangaï.
Angleterre ..	11,600	12,250	13,000	13,160	14,000
France	6,600	7,250	8,000	8,160	9,030
Australie ...	3,600	4,200	4,100	4,000	4,000
Japon	3,190	2,250	1,800	1,600	1,500
Tonkin	1,550	900	30 à 60 [1]	400	1,200

1. Suivant la route adoptée. Les bateaux de faible tirant d'eau pourront prendre les canaux intérieurs; les grands navires, au contraire, passeront à l'extérieur de l'archipel.

Après l'examen de ces chiffres, il est facile de déduire l'importance immédiate probable de l'exploitation de nos houilles tonkinoises, en raison même des bas frets auxquels seraient soumis nos charbons pour être transportés aux destinations indiquées ci-dessus.

Ainsi donc, une société qui se fonderait à l'effet d'exploiter le gîte métallifère de Pnôm-Deck (Cambodge) et conjointement les *mines Henriette* et *Jauréguiberry* du bassin de Hon-Gâc (Tonkin), aurait besoin d'un capital de 12 millions de francs. Mais ce capital serait assuré de produire des bénéfices exceptionnellement rémunérateurs.

Il me semble impossible que le gouvernement de

Saïgon ne trouve pas, à la condition de lui faire des avantages et de lui en faire concéder par la métropole, une société qui entreprendrait des travaux dont l'exécution s'est déjà trop longtemps fait attendre.

L'opinion de M. de Lanessan sur cette question est intéressante à publier, après les renseignements qui précèdent.

« Il importe de noter, a-t-il dit [1], qu'il n'existe pas dans toute l'Asie une seule usine européenne pour la métallurgie du fer. Cependant l'Inde contient des gisements de fer considérables. Mais les Anglais se sont toujours opposés à leur exploitation en grand par des capitaux européens, et à leur transformation en acier et en gros fer, dans le but évident de ne pas priver leur marine d'un élément de fret aussi important. On sait que l'on construit, de plus en plus, en fer les bâtiments européens de l'Inde, de l'Indo-Chine, de la Chine et du Japon.... »

Hésiterons-nous encore à créer cette usine, que réclament les hommes les plus compétents et les plus autorisés?

Cette question va à l'adresse du gouvernement lui-même, à Paris.

----

1. Rapport sur la convention complémentaire du commerce entre la France et la Birmanie (page 29), adressé par M. de Lanessan à la Chambre des députés, le 23 juin 1885.

UNIFICATION DE LA MONNAIE
HÔTEL DES MONNAIES

On a parlé tout récemment d'une glorieuse expédition que nous avons faite dans le Binh-Thuan. Nous l'aurions pacifié, assure-t-on! Je veux bien le croire; mais ici, comme partout ailleurs, je pense que nous eussions fait une meilleure besogne en essayant d'apporter une amélioration dans le sort des populations misérables qui y subissent les exactions des mandarins. Ces moyens, tout simplement pacifiques, feraient bien mieux merveille que nos chassepots perfectionnés et nos canons rayés. J'ai lu avec un vif intérêt le rapport, sur cette province, de M. Aymonnier, notre résident. C'est un travail minutieux, très bien fait, qui lui donne droit à tous les éloges. J'y ai en vain cherché une des raisons pour l'annexion, que M. Harmand lui-même a conseillée, de cette province à la Cochinchine. Je reconnais pourtant que mon ancien camarade de la marine est l'homme qui *sait* le mieux les affaires de l'Indo-Chine. Il les a étudiées à fond. Il a parcouru ces contrées en tous sens.

Je dis donc que M. Aymonnier ne m'a donné, je le confesse, aucun goût pour l'annexion de cette province, au demeurant assez misérable. Mais je n'en suis pas moins d'avis qu'il faut lui procurer tous les bienfaits qui seraient de nature à nous l'attacher. Parmi ceux-ci, dans le travail de notre résident, m'est apparu celui qui consisterait à fabriquer une monnaie uniforme, unique, pour toute l'Indo-Chine.

Je vais plus spécialement relater les pertes que cause, depuis longtemps, la diversité de la monnaie, dans tout l'Annam.

Je prends, dans le rapport de M. Aymonnier, les détails très curieux qu'il donne à ce sujet.

« La barre d'argent très usitée dans l'Annam, dit-il, vaut de 16 à 18 piastres au Binh-Thuan, alors que son poids est tout au plus de 15 piastres.

« Pendant mon séjour au Binh-Thuan, la piastre mexicaine était changée, selon l'époque, contre 6 à 10 ligatures et même contre 20 ligatures de mauvaises sapèques. A Man-Ki, on refusait les nouvelles piastres, à empreinte de la Balance, n'acceptant que les anciennes, à effigie de l'Aigle ; on se souvenait trop qu'un bateau chinois inonda le pays, il y a trois ou quatre ans, de fausses piastres marquées à la Balance.

« Dans ce pays, où les monnaies sont mauvaises, décriées, les achats ont souvent lieu par échanges, les transactions se font en paddy, la vraie monnaie du pays..... »

Enfin, je résume comme il suit le récit de notre résident au Binh-Thuan :

« Autrefois, le roi Gia-Long fabriquait une sorte de

sapèques en cuivre dont une ligature valait six ligatures de sapèques de zinc. Le roi Minh-Mang en
fabriqua de deux sortes, dont l'une, de grandeur
moindre, ne valait que quatre fois la monnaie de
zinc. Thieu-Tri et Tu-Duc firent de même. Plus tard,
Tu-Duc fixa la valeur de toutes ces sapèques de cuivre
à six fois la valeur de la monnaie de zinc. Vers
1872-1874, à l'instigation du métis chinois Trân-
Chuyen-Thânh, le roi vendit aux Chinois le droit de
fabriquer les sapèques.

« Dès le début, les Chinois diminuèrent le poids
des sapèques, tout en leur conservant la même
valeur. C'était encore du cuivre, néanmoins. Mais
bientôt les Chinois de Saïgon et de Cholon fabri-
quèrent des sapèques fausses de plus en plus petites,
et faites des plus vils métaux possibles.

« Toute cette boue, portant les caractères de Minh-
Mang, était importée dans l'Annam par des barques
chinoises ou annamites qui réalisaient des bénéfices
énormes. En même temps, les sapèques en vrai
cuivre et zinc devenaient de plus en plus rares, dis-
paraissaient même. Les rares possesseurs durent
garder cette monnaie aussi précieusement que de
l'or. La fausse monnaie qui inonde le pays, du Quan-
gham au Binh-Thuan, se fendille, se perce de trous,
se brise au moindre effort. Elle ne pèse pas la moitié
de la vraie sapèque, et ce prétendu cuivre ne donne
rien à la fusion.

« Sur les réclamations qui s'élevèrent de toutes parts, Tu-Duc avait interdit l'importation de cette fausse monnaie sous peine de la décapitation. Les mandarins augmentèrent leurs exigences vis-à-vis des importateurs, et ce fut tout le résultat de la prohibition. Ils continuèrent à donner cours forcé à cette monnaie, qu'eux-mêmes acceptèrent comme tribut dans plusieurs provinces du Sud.

« Cette monnaie de terre s'avilissant rapidement, toutes les denrées montèrent de prix d'une manière exorbitante, et la perturbation était grande, lorsque, pour d'autres causes, le protecteur des Chinois fut mis à mort par les régents. A ce moment la circulation de ces sapèques était permise, et l'importation prohibée; quelques mandarins, au Quang-Binh, n'ayant plus rien à craindre, agirent contre les importateurs.

« Alors la cour interdit le cours des sapèques dans tout le royaume. D'où émoi général; il n'y avait plus d'autre monnaie en cours au Binh-Thuan; les mandarins avaient caché l'ordre pour écouler la fausse monnaie entre leurs mains. On dut revenir au système primitif des échanges en nature. Des rixes nombreuses troublaient quotidiennement les marchés.

« Au bout d'un mois ou deux, les mandarins aux abois, en présence de cette pénurie de sapèques, publièrent, vers le 1er novembre 1884, un ordre du

14.

roi, vrai ou supposé, prescrivant le cours de cette sapèque si elle était assez saine de trous, au taux de 4, c'est-à-dire que ce qui valait 6 ligatures de zinc ces dernières années était mis à 4. Et pour faire accepter ceci, ils mettaient de même à 4 la ligature des derniers rois.

« Les populations, échaudées précédemment, refusaient ce cours forcé, continuaient le système d'échanges en nature. Cette sapèque des Chinois, qui avait été à 8 ligatures la piastre, tomba jusqu'à 30 ligatures, alors que 6 ou 7 ligatures de zinc étaient changées contre une piastre.

« Pour comble, les mandarins s'avisèrent d'interdire les échanges en nature et d'adopter des mesures répressives pour forcer le cours de cette sapèque interdite peu de mois auparavant.

« Le peuple crie de tous côtés et avec raison : « *Dès que leurs magasins de fausses sapèques seront vidés, ils prohiberont de nouveau ces sapèques* »..... Les mandarins en étaient à faire courir le bruit que le cours forcé de ces sapèques, fabriquées en Cochinchine, était imposé par la France. »

Le récit qui précède suffit à démontrer l'urgence de combattre ces nombreux abus. Pour cela, nous n'aurions évidemment qu'à fabriquer nous-mêmes la monnaie, et qu'à avoir, pour cet usage, sous notre contrôle un hôtel des monnaies à Saïgon, par exemple, ou à Hué, ce qui serait peut-être plus politique, surtout si nous songeons à faire de l'Annam central un territoire indépendant, notre ami et notre allié.

La ville de Battambang (Siam) en possède un, qui procure des revenus importants à la province. Les machines et l'outillage pour la frappe sortent des fabriques françaises.

L'unique monnaie qu'on y frappe est une pièce moins grande que notre centime. Elle doit avoir 9/10° cuivre et 1/10° d'argent. Cent vingt pièces ont la valeur d'une piastre. Le poids de chacune d'elles est de 1 gr. 2/10°. D'un côté, on voit l'image d'un oiseau fantastique de la mythologie indienne du nom de garanda, et de l'autre le nom de la province.

M. Brien raconte comment on frappait à Battambang avant l'achat des machines qui fonctionnent à l'hôtel des monnaies [1].

« Avant l'achat des machines, dit-il, on frappait à la main, et maintenant encore on a recours à ce procédé lorsque la frappe mécanique est insuffisante pour fournir aux demandes de change.

« L'alliage en fusion, au lieu d'être coulé en barres pour le laminage, est alors précipité sur un tronc de bananier flottant dans une cuve d'eau froide. En tombant, il se divise en grenaille très fine. On a préparé des briquettes oblongues formées de cendre,

1. *Cochinchine française* (Excursions et reconnaissances), n° 25, janvier-février 1886. Saïgon, imprimerie Coloniale.

de poussière de charbon et de terre pétries avec de l'eau, et dans lesquelles on a pratiqué de petites cavités hémishériques destinées à recevoir la quantité de grenaille nécessaire pour une pièce de monnaie. Cette quantité est mesurée avec un godet *ad hoc*. Les briquettes garnies sont placées sur de vastes feux de forges et chauffées jusqu'à ce que la poussière d'alliage soit fondue. On retire alors les briquettes; on les plonge dans un baquet d'eau froide pour solidifier le métal en fusion, et l'on extrait les boules, grosses comme des petites chevrotines; ces boules passent ensuite sur une série d'enclumes, où un ouvrier les place une à une pendant qu'un deuxième ouvrier donne rapidement un coup de marteau sur chacune. Quand elles sont suffisamment aplaties pour recevoir l'empreinte, on les apporte à la dernière enclume, qui occupe trois ouvriers : le servant, le poinçonneur et le frappeur.

« Le servant place sur le milieu de l'enclume la rondelle à marquer en même temps qu'il chasse celle qui vient de recevoir l'empreinte; le poinçonneur, qui a le travail le plus délicat, tient à deux mains le poinçon d'acier, saisi entre deux baguettes de bois, et applique l'outil sur le milieu de la rondelle; le frappeur donne un coup de marteau sur la tête du poinçon : la pièce de monnaie se trouve alors marquée de l'empreinte en relief d'un oiseau et, au-dessus, d'un caractère chinois. La pièce n'est marquée que d'un côté; l'autre face reste unie et légèrement convexe. Ces trois ouvriers sont très habiles et frappent jusqu'à 90 pièces par minute. Grâce à une intelligente division du travail, *ce système fournit un rendement trois fois plus fort que le système des machines*, mais en employant, il est vrai, un personnel nombreux. Les pièces frappées ont encore à subir certaines préparations avant d'être mises en circulation : elles sont d'abord placées sur le feu dans de grandes marmites évasées en fer; on les remue avec une palette jusqu'à ce qu'elles prennent une teinte bleuâtre; elles sont alors suffisamment décapées. On les plonge ensuite dans un certain bain de sel marin et de graisse de tamarin où elles prennent un magnifique aspect d'argent mat... que l'usage et la manipulation enlèvent bien vite. »

Malgré toute son ingéniosité, ce système est défectueux. Aussi les proportions voulues de cuivre et d'argent qui doivent entrer dans chaque pièce sont fort irrégulières. La proportion de cuivre est généralement plus forte que celle de l'argent, et encore ce dernier est-il d'un titre inférieur à celui de la piastre mexicaine.

Ce serait un grand service à rendre aux populations indo-chinoises que de leur fabriquer une monnaie d'une valeur unique, indiscutable, uniformément la même, ayant cours forcé dans les provinces occupées et protégées par nous.

Nous pourrions, par cette innovation, détruire, dans un temps donné et à la satisfaction de tous, les variétés de sapèques qui donnent lieu aux agiotages et aux abus signalés par M. Aymonnier.

Pour cela, il faut absolument avoir recours aux procédés européens de fabrication et de marque.

Quelle raison pourrait-on alléguer pour retarder plus longtemps l'installation à Saïgon, ou à Hué, d'un hôtel des monnaies, qui là, comme dans la province de Battambang, serait une source de produits pour notre colonie?

ÉCOLE FORESTIÈRE

Il est de toute nécessité d'instituer à Saïgon une école forestière. Nous possédons dans l'Indo-Chine, au Cambodge surtout, d'immenses forêts dans lesquelles se trouvent plus de 150 essences d'arbres différentes. Nous n'avons pas organisé la moindre exploitation de ces produits! Et nous en faisons venir pour notre usage de Singapore à Saïgon! Nous sommes encore, à cet égard, tributaires des Anglais. C'est une véritable honte pour nous. Plus prévoyant que nous, le gouvernement de Calcutta a fait des forêts une source des revenus de l'État. En 1864, le docteur Brandis a organisé ce service avec un talent et une régularité que nous ne saurions trop imiter.

L'Angleterre en retire chaque année 10 millions de francs. Elle a fondé une école indienne à Dehra-dim, situé dans les provinces de l'Ouest. Elle est à la veille d'en fonder une seconde en Angleterre, pour former des élèves.

Un inspecteur général des forêts, qui fait partie du gouvernement suprême, dirige, en ce moment, cet important service. Il a sous ses ordres des conservateurs des forêts européens. Son personnel se compose d'une centaine de membres ayant fait leur apprentissage dans les écoles d'Allemagne et de France, SURTOUT A NANCY !

Ainsi donc, l'Angleterre forme chez nous des élèves forestiers dont elle se sert *contre nos intérêts* dans l'Inde ! Et les admirables forêts de nos colonies restent abandonnées !

On ne peut pas raconter pareilles choses sans s'indigner contre notre sottise. Quand donc le gouvernement se décidera-t-il à prendre des dispositions en vue de se procurer des ressources auxquelles il n'a pas même songé, lorsqu'il a tant de dépenses à couvrir ?

CULTURE ET REVENUS DE L'OPIUM

L'opium qui arrive de l'Inde a toutes les préférences des consommateurs indo-chinois. Il donne à l'Angleterre des revenus qui ont quadruplé depuis quarante ans. Ce revenu a atteint, en 1887, le chiffre de 9,227,600 livres sterling. C'est la Chine qui absorbe presque entièrement la récolte indienne. Nous cultivons également l'opium dans l'Indo-Chine. Ne serait-il pas possible, par des procédés intelligents, par une culture soignée, de rendre ce produit égal à celui de l'Inde anglaise? Ceci ne me semble pas douteux. Nous pourrions en tout cas essayer et, cette fois encore, entrer en concurrence sérieuse avec l'Angleterre. Non seulement nos populations indo-chinoises ne feraient plus usage, alors, de l'opium indien, mais nous pourrions exporter notre opium indo-chinois en Chine, à des prix plus bas que ne le peuvent faire les Anglais, à cause des frais de transport qui, pour nous, seraient moindres que pour eux. Voici, du reste, comment l'Angleterre procède :

Le gouvernement de l'Inde autorise le monopole dans le Bengale. Les deux tiers des caisses sont expédiées de Calcutta. Bombay, où le commerce est libre, expédie le reste.

Il y a deux agences : l'une à Patna, pour le Bengale; l'autre à Gharipour, pour les provinces de l'Ouest. Tout cultivateur autorisé à cultiver l'opium doit vendre sa récolte au gouvernement, à un prix qui varie selon la quantité récoltée. La moyenne est de 5 shillings par livre. La superficie des terrains cultivés est de 550,000 acres environ, produisant en moyenne 8 millions de livres pesant. *Les agences sont chargées de la fabrication comme le sont chez nous les manufactures de tabac.*

A Calcutta, les caisses (d'une centaine de livres) qui y sont expédiées par les agences sont vendues aux enchères publiques. A Bombay, le gouvernement a adopté un système plus économique : il ne s'occupe ni de la culture ni de la fabrication. Il prélève un droit sur l'opium apporté du Malwa et du Kadjapoutana. Le droit perçu, qui était à l'origine de 17 livres, est actuellement de 70 livres !...

Nous pourrions bien imiter le système anglais et donner une grande extension à la culture, par suite à la consommation et à l'exportation de l'opium.

Qui nous empêcherait d'avoir, chaque année, une exposition à Saïgon et à Hanoï, et d'accorder des primes importantes aux meilleurs produits de nos colonies? Nous pourrions à la rigueur étendre cette protection à la culture du thé.

LÉGISLATION INTÉRIEURE. — MUNICIPALITÉ

Je ne veux pas insister outre mesure, dans ce travail très limité, pour faire ressortir toutes les ressources que nous pourrions tirer de nos colonies indo-chinoises, en prenant exemple sur l'Angleterre et en profitant des expériences faites par elle dans les Indes depuis 300 ans. Je ne puis cependant pas ne pas dire quelques mots de sa législation générale, qui est irréprochable. Son système des municipalités électives est un chef-d'œuvre de libéralisme bienfaisant et intelligent à la fois. Les Anglais se sont bien gardés de toucher à la commune indienne. Ils ont laissé le village tel qu'il était de temps immémorial.

Ils se sont contentés d'y superposer des municipalités, partout où ils ont cru pouvoir le faire. Celles-ci ont pour mission de veiller à la perception des impôts locaux et de prendre toutes les mesures de salubrité nécessaires. Elles s'occupent uniquement des eaux, des rues, des égouts, de l'éclairage, de la police et de l'*instruction*, sans jamais trop pressurer les habitants. Toutes les taxes sont, à cet effet, très modérées.

En 1883, le nombre des municipalités électives était de 761 pour 14,29,5502 habitants des principales villes. Le chiffre des taxes était de 46 millions de francs. Dans les localités autres que les villes, ce sont des comités ruraux qui fonctionnent. Ces administrations, de date récente, ont fort bien réussi.

MAGISTRATURE

L'organisation de la justice a été aussi bien l'objet d'une préoccupation spéciale de l'Angleterre. Les recettes judiciaires se montent à 656,934 livres sterling, les dépenses à 3,255,751 livres sterling. Le déficit est donc de 60 millions de francs au moins. Mais la magistrature anglaise, dans l'Inde, n'est inférieure sous aucun rapport à celle de la métropole.

Pouvons-nous en dire autant de la nôtre?

C'est M. Dislère, conseiller d'État, ancien directeur des colonies, qui va répondre à cette question [1].

« On a, dit-il, souvent médit de la magistrature coloniale; on a cité des exemples peu à son avantage, mais si on avait examiné l'origine, les origines, les dossiers de ces magistrats, on se serait aperçu que ceux qui font leur carrière de la magistrature coloniale, qui y entrent dès le début, prêtent rarement à la critique ; c'est parmi les magistrats recrutés dans les tribunaux métropolitains, qu'à côté d'hommes intègres et éminents on a rencontré ces quelques brebis égarées, heureuses de cacher dans les colonies des irrégularités de conduite ou des dettes criardes, et qui, sous le climat des tropiques, renouvellent les unes et accroissent les autres. Or, comment recruter les magistrats du Tonkin, de l'Annam et du Cambodge (car nous supposons que, même en laissant aux indigènes leurs tribunaux et leurs codes, quelque inadmissibles que ceux-ci puissent être à côté de notre législation, on confierait à des juges français le soin de connaître des questions intéres-

1. *L'Organisation de l'Indo-Chine*, par M. Dislère (librairie militaire de L. Baudion et Cⁱᵉ).

sant nos compatriotes), si ce n'est parmi les magistrats métropolitains, le jour où on enlèverait aux colonies les pays de protectorat? Une magistrature coloniale, formant corps, pouvant se renouveler par le passage de ses membres fatigués dans le cadre métropolitain, est nécessaire pour assurer une bonne justice dans nos établissements d'outre-mer.

« Il deviendrait impossible de la constituer au Tonkin le jour où le département des affaires étrangères y aurait la direction de nos affaires. »

Le sujet est trop délicat à traiter pour que j'ajoute un mot à ce qui précède. Il est évident que nous devons former tout un personnel administratif et judiciaire spécialement colonial, une armée spécialement coloniale.

Les Anglais ont compris la nécessité d'une organisation pareille. Ils ont étendu cette sollicitude à tous leurs services civils; ils ont créé un « Service civil » uniquement affecté aux colonies et ils n'ont eu qu'à se louer de cette création.

SERVICE CIVIL COLONIAL ANGLAIS

Bilan Indien (1887).

J'emprunte à M. Barthélemy Saint-Hilaire quelques détails sur la façon dont est organisé le Service civil de l'Inde :

Le Service civil y est formé de quatre classes de fonctionnaires : les fonctionnaires assermentés (*cove-nanted*), les fonctionnaires indigènes civils, les fonctionnaires non assermentés et les officiers de l'état-major employés civilement. *Les fonctionnaires asser-mentés se recrutent* EN ANGLETERRE *par examen.* Les candidats doivent avoir de dix-sept à dix-neuf ans. Une fois reçus, ils ont un traitement de 300 livres, à la condition de rester deux ans en Angleterre, pour étudier certaines matières, dans un collège ou dans une Université. Le Service civil a des avantages spéciaux, sous les rapports des pensions et des congés.

Le Service civil des natifs (*statutory Civil Service*) a été formé en 1870, en 1876 et en 1880, et tout indigène un peu capable a chance d'être employé, d'après les règlements arrêtés par le gouverneur général, en conseil, et approuvés par le secrétaire d'État. Le Service civil non assermenté comprend tous les employés inférieurs des travaux publics, des forêts, des prisons, de la police, de l'inspection, etc. Ces fonctionnaires, qui peuvent être ou des Européens, ou des Eurasiens (métis), ou des natifs, sont nommés par les administrations locales pour la plupart; quelques-uns le sont par le secrétaire d'État. On leur a fait des conditions spéciales pour la pension et les congés. Enfin, les officiers d'état-major peuvent être employés au civil dans les provinces qui ne sont pas régularisées (*non regulation*); mais ils sont en petit nombre. Cette administration entière coûte 40 millions de francs, y compris le traitement du gouverneur général, qui est de 625,000 francs, et ceux des gouverneurs de Madras et de Bombay, qui sont d'un peu moins de la moitié.

L'Angleterre, il est vrai, paye une partie de ces dépenses et notamment le traitement du gouverneur général; le reste est acquitté par le budget de l'Inde.

C'est avec une organisation pareille, si admirablement comprise, que le budget de 1886-1887, établi par M. Barbour, secrétaire du gouvernement de l'Inde, et par M. Gay, contrôleur général, présente comme *revenus* : 75,798,000 livres sterling, et comme *dépenses* : 75,616,500 livres, soit 182,000 livres en excédent.

RÉGIME DOUANIER INDO-CHINOIS

Le récent vote qui a eu lieu, le 11 février, à la Chambre des députés à propos du régime douanier de l'Indo-Chine, m'oblige à aborder cette question capitale.

La Chambre, on le sait, a, dans sa séance du 11 février, adopté, par 413 voix contre 106, un article additionnel à la loi de finances, présenté par MM. Thomson, Waddington et Dautresme, ainsi conçu : « Les produits étrangers, importés dans la Cochinchine, le Cambodge, l'Annam et le Tonkin, seront soumis, à partir du 1er juin 1887, aux droits inscrits au tarif général de la métropole. Un règlement d'administration publique déterminera les produits qui, par exception à la présente disposition, seront l'objet d'une tarification spéciale, et les localités où des entrepôts pourront être établis. »

Ce qui a rendu cette discussion fort originale, c'est que les partisans de l'amendement et ses adversaires, comme M. Peytral, ont également puisé leurs arguments dans les actes de M. Paul Bert et dans les théories que, résident général, il a émises sur le régime douanier à adopter dans le Tonkin et l'Annam.

Lorsque M. P. Bert est arrivé au Tonkin, le régime douanier en vigueur était le suivant : tarif, 5 p. 100 sur les marchandises étrangères ; 2 1/2 p. 100 sur les marchandises françaises.

Malgré la protection accordée à celles-ci, elles étaient néanmoins primées par les marchandises étrangères !

M. J. Chailley, qui a collaboré avec son beau-père au tarif douanier pour le Tonkin et pour l'Annam, fournit à ce sujet de très intéressants renseignements [1].

---

1. *Le Régime douanier en Indo-Chine* (*Journal des Débats*, 24 février 1887).

Il fait connaître d'abord que « M. Paul Bert songea — et c'était son sentiment lorsqu'il quitta la France — à établir un tarif sur les bases suivantes : 1° toutes les marchandises françaises entreront en franchise; 2° toutes les marchandises étrangères seront frappées d'un droit de douane.

Parmi les marchandises étrangères, il classait à part toutes celles d'origine asiatique, et les soumettait à un tarif calqué presque exclusivement sur le tarif chinois, c'est-à-dire à un droit en moyenne de 5 p. 100. Quant aux marchandises d'origine européenne ou américaine, il établissait une autre subdivision; l'immense majorité était soumise purement et simplement au tarif général français, les autres étaient classées dans une catégorie à part et soumises à des droits dont la quotité variait pour chacune d'elles.

M. J. Chailley constate que l'économie du système voté par la Chambre le 11 février est à peu près le même que celui qui avait les préférences de M. P. Bert.

Mais, ajoute-t-il, où M. P. Bert différait d'avec les auteurs de l'amendement, c'est sur la liste des marchandises rangées dans cette deuxième catégorie.

Ces dernières sont surtout des marchandises *chinoises* qui n'ont pas de similaires en France. M. Waddington et ses amis ont réclamé à leur égard des « droits dont la quotité varierait pour chacune d'elles ».

M. P. Bert, lui, les classait dans une catégorie distincte et les frappait d'un droit fixe de 5 p. 100.

En outre, il voulait des droits spéciaux, mais inférieurs à ceux du tarif général, pour quelques articles d'origines européenne et américaine, bien qu'ils eussent leurs similaires en France.

Ces articles, peu nombreux d'ailleurs, étaient les *cotton-yarns*, les fers en barre, le zinc façonné pour toiture, le fer-blanc, la porcelaine commune, le tabac, le sucre, et même le pétrole.

Les « puissantes considérations » qui dictaient à M. P. Bert ces déterminations, sont expliquées comme il suit par son secrétaire :

« Ces divers articles sont, au Tonkin, d'un usage journalier; les *cotton-yarns* sont très employés par les indigènes pour leurs vêtements, et, sans parler de ce qui a pu passer en fraude, il en a été déclaré à la douane pour plus de 8 millions. Le fer, le zinc, dans un climat très humide, sont des matériaux indispensables à la construction. Quant au pétrole, c'est la seule matière éclairante qui soit employée là-bas. Or, tout le pétrole vient d'Amérique; le fer, le zinc, sauf ce qui, par suite des clauses d'adjudication, a été nécessairement acheté en France, viennent de l'étranger. Quant aux *cotton-yarns*, sur les 8 millions déclarés, il y en avait pour 10,000 fr. d'origine française ; le reste venait, non pas même de Manchester, mais de Bombay.

« Pourquoi de ces pays et pourquoi pas de France?

« Il y a à cela plus d'une raison. Les industriels en rejettent la faute sur les commerçants français, et réciproquement. Toujours est-il que les produits présentés comme français sont plus chers d'au moins 50 p. 100. Soumettez les produits étrangers similaires au tarif général, et l'indigène et le Français habitant la colonie sont forcés de payer 1 1/2 ce que hier ils payaient 1. Dans un pays encore mal soumis, où toute mesure est exploitée contre nous, celle-ci pouvait avoir, au point de vue de la pacification, les conséquences les plus graves. M. Paul Bert le sentait ; c'est ce qui lui faisait désirer ici une exception au tarif général. »

Je comprends bien qu'un intérêt politique aussi considérable que celui de la pacification ait inspiré le résident général. Je ne puis néanmoins dissimuler que cet aveu de l'infériorité si marquée des produits français sur les produits étrangers est d'une gravité fort inquiétante.

On ne voit vraiment pas comment on parviendra à combler un écart si considérable !

Le secrétaire de M. P. Bert ajoute :

« Il avait encore d'autres raisons tout aussi puissantes. Ces raisons sont, d'ailleurs, toutes spéciales au Tonkin.

« L'Annam et le Tonkin ont, au point de vue commercial, un double caractère. Sans doute, ils offrent
à nos produits un marché important ; mais c'est surtout comme route commerciale qu'ils ont été con-
quis. C'est parce que, soit par le Song-Coï, soit par
le Song-Ma, soit par les chemins de fer qui abouti-
ront au Yunnan et au Kouang-Si, ils nous donnent
la route la plus directe de pénétration en Chine, que
nous avons si obstinément voulu nous y établir. Or,
le tarif voté le 11 février, si l'on n'y déroge pas pour
le commerce de transit, si l'on ne réduit pas à un
tant pour cent très faible les droits sur les marchandises étrangères à destination de la Chine par le
Tonkin, agira, pour diminuer la valeur commerciale de cette route si chèrement conquise, de la
même façon et avec la même efficacité qu'une forteresse bien armée de canons que l'on bâtirait à
l'entrée.

« En 1885, sur sept articles principaux, l'importation étrangère au Tonkin a atteint le chiffre de
11 millions de francs, et l'importation française,
celui de 1,500,000 fr. Évidemment, la même proportion se retrouvera, au moins pendant quelque
temps, dans les envois à destination de la Chine.
Le tarif voté le 11 février suspendra forcément ces
envois, les droits de transit que nous en aurions pu
tirer s'évanouiront, et les produits étrangers chercheront une autre voie.

« Et cette voie, les Anglais disent l'avoir trouvée.
Ils sollicitent actuellement du gouvernement chinois l'autorisation de faire le commerce et d'établir
un entrepôt à Nanning, sur le Ngo-yu-Kianh, le
West River des cartes anglaises. De Canton à Nanning, la route par eau est courte et peu coûteuse.
De Nanning on est au centre du Kouang-Si et
pas loin du Yunnan; et comme, jusqu'ici, les marchandises arrivant en Chine par le Tonkin ne sont
exonérées par les Chinois du droit d'importation
que dans la proportion de un cinquième, ce n'est
pas cet avantage minime qui excitera à passer pardessus notre tarif douanier.

« Ainsi, ces mêmes marchandises françaises que
nous voulons protéger ne pénétreront pas en Chine
par le Tonkin, parce qu'elles n'y seront pas demandées comme étant trop chères *ab initio*, et les marchandises similaires étrangères, ne pouvant non
plus pénétrer par cette route à cause de notre tarif
douanier, en chercheront une autre. Qu'avons-nous
à y gagner? Je ne le vois pas; mais je vois bien ce
qu'a le Tonkin à y perdre. »

Certainement « l'Annam et le Tonkin *offrent* un
marché important à nos produits », mais ils se
bornent à le leur *offrir*, car un peu plus haut M. J.
Chailley nous a appris avec un sentiment de tristesse
qui ne s'explique que trop, hélas! que « nos produits y sont présentés 50 p. 100 plus chers que ceux

d'origine étrangère ». Aussi l'importation étrangère y atteint-elle « 11 millions de francs, et l'importation française 1,500,000 francs ». Ces chiffres ne sont véritablement pas encourageants pour les commerçants français! Et c'est ici que les adversaires de l'expédition paraissent avoir le droit de demander : « Dans quel intérêt continuons-nous les sacrifices que nous impose l'occupation prolongée? »

Il est vrai que M. Chailley voit dans le Tonkin — et il l'explique à sa manière — une route importante pour le commerce de transit, vers la Chine! C'est pourquoi il réclame une protection toute spéciale, c'est-à-dire une diminution sur les droits de tarif, en faveur des marchandises *étrangères*, à destination de la Chine, par le Tonkin.

Je regrette de ne pas partager toutes les illusions de M. Chailley sur l'importance de la *route commerciale* qu'offre actuellement le Tonkin, et qu'il pourra offrir plus tard aux marchandises, *à destination de la Chine* et tout particulièrement du Yunnan et du Quang-Si.

Je crains bien que, quoi que nous fassions, nous ne soyons primés longtemps encore par les Anglais sur tous ces marchés, sans espoir de pouvoir lutter contre eux, si ce n'est dans un avenir bien éloigné! Mais je ne me laisse pas décourager par ces désavantages, parce que j'estime que le Tonkin et l'Annam peuvent nous procurer par eux-mêmes assez de ressources, et assez de transit DU CÔTÉ DU LAOS, pour justifier nos conquêtes. Toutefois, il faut que nous sachions nous y prendre à temps, et que nous nous résignions à faire les sacrifices et les efforts nécessaires.

Je veux croire que notre incurie et notre imprévoyance habituelles et persistantes ne nous feront pas perdre encore là tout ce qui nous a été définitivement enlevé dans le Laos méridional, par la construction, qu'ont entreprise les Anglais et les Allemands, du chemin de fer qui va relier Chantaboun à Battambang et qui, suivant un projet anglais déjà ancien, se prolongera certainement jusqu'à Korat, le grand entrepôt du Laos et de la plus grande partie du bassin du Mékong. Je veux même espérer que nous pourrons encore réparer une partie du dommage que la construction de cette voie ferrée va causer à nos colonies indo-chinoises, à la Cochinchine principalement. Mais ce n'est pas certes, à mon avis, en cherchant des débouchés illusoires sur les marchés du Yunnan et du Quang-Si par nos routes « *directes* » du Tonkin que nous y parviendrons.

J'ai traité la question de ces routes [1], j'ai exposé les difficultés de pénétration que nous rencontrerions surtout pour le Yunnan, à travers des pays exceptionnellement malsains. Et encore, en en venant à bout,

---

1. Voir pages 204 et suivantes.

ne parviendrions-nous à atteindre ainsi que les parties orientales de cette province, pauvres, peu ou point habitées, tandis que les parties occidentales, ouvertes aux Anglais, sont saines, riches et peuplées.

Quant au Quang-Si, nous y trouverions également les Anglais. Ils nous y ont devancés. M. J. Chailley l'avoue : ils vont avoir un entrepôt à Manning sur le Ngo-yu-Kianh, au centre de cette province, pas loin du Tonkin, sans doute sur la route du chemin de fer qui, partant de Bhâmo, traversera le Yunnan et le Quang-Si, et ira jusqu'à Pakoi, en face d'Haïphong.

Quelle valeur aurait alors, au Tonkin, « cette route commerciale » dont M. P. Bert attendait de si fameux résultats et qui a inspiré à M. Chailley une pensée de protection spéciale en faveur des marchandises étrangères à destination de la Chine, par le Tonkin?

Le conseil des ministres a chargé, il est vrai, MM. Flourens et Millaud de procéder à la constitution d'une commission relative aux chemins de fer du Tonkin.

Cette commission aura pour mandat spécial d'étudier et de fixer les grandes lignes d'un projet de construction de chemins de fer dans la colonie.

Le ministre des affaires étrangères a même prié ses collègues de désigner un délégué pour faire partie de cette commission. Que doit-on attendre de cette tentative?

Il faut espérer que, parmi les membres de cette

commission, quelque personne compétente figurera qui pourra instruire ceux-là qui ne seraient pas très au courant de la question ! Ils seront nombreux, sans doute.

Je me permets de leur adresser d'avance cet humble avis : qu'ils s'attachent surtout à étudier les moyens de relier Luang-Prabang à nos possessions du Tonkin et de l'Annam. Qu'ils fassent de ce point — où M. de Freycinet a eu la bonne pensée d'installer un vice-consul — l'objectif principal de leurs études. J'ai longtemps méconnu l'importance de cette situation. Je ne l'ai comprise qu'après l'avoir étudiée avec la plus grande attention. J'y crois fermement aujourd'hui. Si les membres de la nouvelle commission parvenaient à faire de Luang-Prabang ce que les Anglais ont fait de Korat, je leur jure bien qu'ils auraient rendu à leur pays un service autrement signalé que celui que leur rendraient des députés protégeant, au Tonkin, le commerce de transit étranger à destination de la Chine. Pour s'en convaincre, je les engage à lire les renseignements que je donne un peu plus loin sur Luang-Prabang, sur sa position et sur son avenir [1].

Pour bien indiquer enfin la pensée dominante de M. P. Bert, M. J. Chailley, critiquant le vote du 11 février, écrit :

---

1. Voir pages 331 et suivantes (Conclusion).

« Combien plus sage me paraît le système de M. Paul Bert! Il disait aux commerçants français : « Vous n'êtes pas encore outillés pour cette lutte : outillez-vous! Je vous envoie les types qui plaisent à ces populations chinoises : filés, tissus, cuirs, quincaillerie, produits métallurgiques, etc. Je vous renseigne minutieusement sur le prix qu'elles en offrent, sur la consommation probable qu'elles en font : à vous d'agir. Fabriquez ce qu'elles veulent à des prix abordables. *Aussitôt que vous pourrez satisfaire non pas même aux besoins de toute la population, mais à une fraction de ces besoins, alors, mais alors seulement nous établirons sur les produits similaires étrangers des droits, comme vous les voulez, quasi prohibitifs, et vous serez maîtres à la fois du marché du Tonkin et du Yunnan. Jusque-là, des tarifs prohibitifs n'ont d'autres effets que d'appauvrir la colonie sans vous enrichir vous-même.* »

J'ai peine à comprendre cette *sagesse* qui consistait à tout sacrifier, *au comptant*, pour protéger à outrance, *à terme.*

Cette fois encore, M. P. Bert faisait, je le crains, un rêve chimérique.

Il n'entendait, dit-on, faire usage des droits prohibitifs vis-à-vis de l'étranger que lorsque les industriels français seraient outillés pour la concurrence. En pensant ainsi, certes, M. P. Bert cédait aux instincts généreux de sa nature excellente, peut-être un peu trop artiste. Malheureusement il ne prenait pas garde que lorsque l'industriel français serait prêt, lui, l'étranger, établi depuis longtemps, aurait pu, grâce aux profits qu'il aurait accumulés, *à l'abri de nos tarifs protecteurs*, amortir son capital de fondation, et arriver, dès lors, à offrir ses marchandises à des prix tellement inférieurs à ceux de nos commerçants qu'elles pourraient défier tous les tarifs prohibitifs.

La logique semblerait indiquer au contraire — en admettant bien entendu qu'on dût faire usage des tarifs prohibitifs — que ces tarifs devraient être appliqués *à l'origine*, sauf à procéder *plus tard* par des abaissements périodiques, au fur et à mesure que notre outillage permettrait la concurrence avec les produits étrangers.

Le système de M. P. Bert risquait donc de provoquer une ruine complète plutôt que de procurer un bienfait. Hélas! notre éminent administrateur avait mieux à faire qu'à chercher des combinaisons de tarifs. Nous possédons dans nos colonies de la houille excellente, du fer « d'une richesse exceptionnelle ». Que n'est-il parvenu à faire exploiter nos mines de houille et de fer, qui sont nécessaires à toutes les industries [1]?

Leur exploitation, l'exploitation de nos admirables

1. Voir pages 215 et suivantes.

forêts, l'installation de routes, une protection sérieuse
à l'agriculture, un enseignement bien compris pour
perfectionner l'irrigation des eaux, dans ces pays
de rizières, des encouragements aux producteurs, et
tant de choses encore valaient mieux que tout ce que
projetait M. P. Bert.

Il eût fait ainsi de la *protection éclairée!*

Mais je termine l'examen que j'ai commencé en
citant les dernières phrases de M. Chailley : « On
a dit, dans cette discussion (11 février), qu'il importait
de nous protéger contre les vastes entrepôts de Singapour et de Hong-Kong. Eh bien! Hong-Kong et
Singapour doivent leur prospérité à leur liberté
commerciale illimitée. Et qu'on ne dise pas que
l'Angleterre a beau jeu, en Asie comme en Turquie,
à pratiquer le libre-échange. L'Angleterre, à Singapour et à Hong-Kong, rencontre deux formidables
rivaux, les Chinois et les Allemands. Battue par eux,
surtout par ces derniers à Shangaï, elle ne songe
pas pour cela à prendre des mesures prohibitives,
car ces mesures ruinent les colonies, et l'expérience
de l'Inde lui a prouvé que les colonies appauvries par
la métropole trouvent en elles-mêmes des ressources
inattendues, et, comme Bombay vis-à-vis de Manchester, cherchent la richesse dans l'indépendance. »

Je suis forcé de reconnaître la prospérité des
Anglais en Extrême-Orient et leur supériorité sur
les autres nations. Mais cette supériorité, cette pros-

périté, je ne saurais les attribuer « à leur liberté commerciale illimitée » actuelle.

Ils les ont acquises, au contraire, à la longue, par des *pratiques prohibitives*, les plus excessives. C'est de cette manière que l'Angleterre s'est ménagée, au détriment des autres nations, des avantages incomparables d'expansion maritime et de maturité industrielle, qui lui font défier toutes les concurrences.

Pour obtenir cesdits avantages, quelles mesures a-t-elle prises?

Elle a compris qu'il lui fallait avant tout la suprématie des mers qui était acquise à la Hollande.

Elle a d'abord édicté son *Acte de navigation* sous Richard II, en 1381. Par cet *Acte*, « il était défendu aux sujets anglais d'importer ou d'exporter des marchandises sur d'autres vaisseaux que ceux qui étaient munis d'une autorisation royale ».

Plus tard, en 1651, en vue de *protéger* les possessions qu'exploitait la grande Compagnie des Indes, le gouvernement d'Angleterre attribue aux sujets anglais :

D'abord l'exercice exclusif du commerce des colonies anglaises.

Puis il interdit aux navigateurs européens d'importer dans l'empire britannique des marchandises provenant d'un autre pays que celui auquel ils appartiennent.

Il interdit aux mêmes navigateurs le cabotage, qui est ainsi réservé aux sujets anglais.

Enfin, il promet aux vaisseaux de construction anglaise ou appartenant à des sujets anglais des avantages particuliers dans les tarifs de douane.

Et cela a duré jusqu'en 1857, époque où la Compagnie des Indes a fait son acte de cession au gouvernement de la Reine !

C'est ainsi, en favorisant la multiplication de ses marins et la construction de ses vaisseaux, que l'établissement colonial de l'Angleterre, *inférieur au nôtre au* XVIIe *siècle, s'est développé à mesure que le nôtre périssait.*

La voilà, cette « liberté illimitée » que vante M. J. Chailley !

Quant à nous, Français, tandis que les Anglais faisaient de la *protection à outrance* chez eux, que faisions-nous chez nous ? *De la liberté de dupes...*

Oui, c'est à cela que nous nous livrions naïvement, je puis le dire, par les traités de 1822 et de 1826 supprimant les *droits différentiels*, nous dépouillant ainsi de la part que nous aurions pu avoir dans le transit des cotons américains et des charbons anglais, et privant nos navires de frets de retour... C'est ce système anglais qui a fait dire à M. Saint-Criq : « Le bien à venir, c'est la liberté commerciale *à laquelle nous tendons par la protection* et que nous reconnaissons être un bienfait pour tout peuple qui a pris soin de s'en donner les conditions. »

Je ne veux pas fatiguer le lecteur par des thèses qui ont leur place ailleurs que dans ce livre. Je ne pourrais pas les mieux résumer que par ces paroles que j'emprunte à M. G. Leygues, le jeune député d'Agen, écrivant, il y a quelques jours, dans *le Voltaire :* « Tout se tient dans l'organisme économique d'un pays. Tous les intérêts sont solidaires..... En cette matière, les doctrines et les lois varient avec le temps et avec les pays..... »

J'ai voulu néanmoins faire voir à M. J. Chailley que ses divergences avec les auteurs de l'amendement voté le 11 février sont bien insignifiantes.

Si je devais ajouter un mot encore pour expliquer les mécomptes de notre commerce français en Indo-Chine... comme ailleurs, je dirais qu'il faut en chercher les causes, en France même, dans notre propre système économique qui ressemble à la toile de Pénélope et non pas dans un système particulier de tarifs douaniers. Comme l'a écrit Blanqui à Émile de Girardin : « Nous dormons sur un oreiller de tarifs où notre législation des douanes berce mollement depuis tant d'années notre industrie nationale. »

Je ne voudrais pas décourager ceux qui espèrent en l'avenir du Tonkin; je n'oserais pas *trop* encourager ceux qui y croient!

Le plus sage parti — celui auquel doivent se rallier aujourd'hui adversaires et partisans de l'expédition — c'est de faire le nécessaire pour que tous nos sacrifices déjà accomplis ne soient pas perdus. Sur ce point, au moins, je suis absolument d'accord avec M. J. Chailley et avec celui qu'il pleure, comme tous ceux qui ont eu le bonheur de le connaître.

Les données qui précèdent touchent uniquement au côté politique, administratif et économique de l'organisation coloniale. Mais aucune œuvre de colonisation ne peut avoir de solution désirable si les populations auxquelles on s'adresse ne subissent une action morale bienfaisante de la part de celui qui les a conquises.

C'est ici surtout que se justifient ces paroles de Stuart Mill :

« Il faut que le gouvernement soit à la fois une grande influence agissant sur l'esprit humain et un ensemble de combinaisons organisées pour les affaires publiques. »

L'instruction n'est-elle pas le moyen le plus sûr pour le vainqueur d'obtenir cette durable et glorieuse influence qui lui permettra de faire salutairement cet « ensemble de combinaisons pour les affaires publiques » ?

Je suis bien sûr de ne trouver aucun contradicteur à cette affirmation.

INSTRUCTION PUBLIQUE

De toutes les créations que l'Angleterre a faites dans les Indes, celle de l'organisation de l'instruction publique est la plus importante. C'est par elle, par les soins qu'elle lui a donnés depuis tant d'années et qu'elle lui prodigue chaque jour sous toutes les formes, qu'elle est parvenue, en grande partie, à exercer une influence immédiate, efficace, sur les populations soumises à sa domination.

« Versez, versez l'instruction sur la tête du peuple, vous lui devez bien ce baptême », s'est écrié Lherminier, dans un superbe élan.

Je dois dire à l'honneur de l'éminent résident général du Tonkin, M. Paul Bert, si justement regretté, qu'il avait compris, lui aussi, la nécessité de donner ce « baptême » aux Annamites et de leur faire sentir l'action générale et salutaire de la France par une propagation intelligente de l'instruction et, en même temps, de la langue française. Avant de parler de cette partie de l'œuvre de M. P. Bert, il n'est pas sans intérêt d'entrer ici dans quelques considérations sur les mœurs, sur les habitudes et sur le caractère des habitants de l'Annam, en général.

L'Annamite appartient à la race jaune. Il se distingue par son esprit vif et fin. Il est industrieux et

s'assimile très facilement les progrès de l'industrie
européenne. Son occupation principale est l'agriculture. Il s'adonne surtout à la culture du riz,
à laquelle se prêtent merveilleusement les riches
limons du Song-Coi, du Donaï et du Mékong.

Le grand vice de l'Annamite est le jeu. Il joue jusqu'à ses vêtements. Le gouvernement de Cochinchine a été obligé de fermer les établissements de
jeu dans les provinces. Il les a conservés dans les
grands centres, sous le prétexte d'éviter des abus?...
A cet effet, il a cru bon d'affermer le privilège de
tenir des maisons de jeu à Saïgon et à Cholon.
L'utilité de ce fermage, au point de vue moral, me
paraît on ne peut pas plus contestable. L'Annamite
n'a aucun goût pour la musique ni pour les arts.
Ses chants sont mélancoliques et monotones.

Quant à ses productions artistiques, elles se bornent à des incrustations de nacre, à quelques peintures sur pierre ou sur nattes pour l'ornementation
des pagodes. Ces peintures représentent uniformément des dragons et des génies.

Le théâtre est le plus grand divertissement des
Annamites. C'est la passion dominante dans toutes
les classes. Leurs pièces sont presque toutes des
tragi-comédies, composées de longs monologues
avec accompagnement de leurs chants, tous monotones. Les personnages mis en action sont le plus
souvent de jeunes héroïnes ou des grands géné-

raux de rois illustres, qui sont les auteurs d'exploits fantastiques et d'actes de bravoure imaginaires.

Ces démonstrations guerrières publiques sont très étranges, chez un peuple qui ne pratique pas du tout les vertus militaires.

Doux, cérémonieux, les habitants de l'Annam sont fort susceptibles et tiennent beaucoup, comme tous les Orientaux, à tout ce qui est extérieur, c'est-à-dire à la forme et aux préséances.

Ils sont essentiellement moqueurs, et ce côté de leur nature se révèle dans leurs chansons, qui sont habituellement épigrammatiques, se composant de trois vers seulement.

En voici un exemple :

« **Il croit entendre le bruit d'un tigre barbotant entre les pilotis de la maison, il étend la main et saisit... un canard, et il crie : Au secours! au secours!** »

On trouve dans les vieilles chansons annamites d'anciens dictons en usage en France. Ainsi, par exemple, ces deux dictons très populaires chez nous :

« **Ce n'est qu'en travaillant qu'on devient habile** », et « **Qui aime bien châtie bien** ».

Ils ont des contes plaisants. Pour n'en citer qu'un, voici comment ils prétendent s'emparer des tigres, très fréquents dans leurs forêts et très dangereux,

« On sème dans les sentiers où il a coutume de passer de la paille enduite de beaucoup d'huile de bois. L'animal se roule à terre pour enlever les fétus attachés à ses pattes. Il ne fait que s'engluer davantage. Il devient ainsi une énorme botte de paille enduite d'huile et à laquelle on met le feu. » Et le narrateur ajoute sérieusement : « Le tigre ne se laisse prendre qu'une fois à ce mauvais tour. »

L'élément fondamental de leur vie politique et sociale est, comme l'a judicieusement et spirituellement défini mon camarade **Le Myre de Villers**, le *collectivisme familial*.

Aussi bien que les Chinois, les Annamites ignorent l'*individualisme*, qui est la base de notre organisation européenne et la source de tout progrès. Dans l'Annam, la commune est la famille agrandie, l'individu est complètement subordonné à la commune.

C'est la famille qui paye l'impôt, c'est le chef de la famille qui dispose des siens. C'est en respectant scrupuleusement ces usages que nous pourrons attirer à nous ces populations.

Mais j'arrive enfin à la partie la plus intéressante, au côté essentiellement démocratique des principes sur lesquels repose le régime politique de l'Annam. Je veux parler de l'importance qu'on y attache à répandre l'instruction. Cette dernière est, pour eux, le critérium de l'accessibilité à tous les emplois, grades et dignités du royaume.

Les examens se divisent en trois catégories, auxquelles les missionnaires ont fait donner les qualifications françaises de *bacheliers*, *licenciés*, *docteurs*. Ces examens portent sur les ouvrages de littérature et de philosophie des lettrés chinois, le caractère idéolographique de l'écriture chinoise permettant à cette dernière de figurer également les mots de la langue annamite. Les lettrés des deux nations peuvent ainsi lire les mêmes livres et communiquer par correspondance, alors même qu'ils sont dans l'ignorance absolue de leurs langues respectives.

Les Annamites, ne considérant les hommes de guerre que comme des hommes d'action et ne voulant pas les confondre avec les lettrés, pour lesquels ils ont une estime supérieure, n'exigent, pour l'obtention des grades militaires, que des épreuves essentiellement *corporelles*. L'adage juridique romain : *Cedant arma togæ*, trouve sa plus rigoureuse application dans l'Annam.

Des Européens qui ont visité ces pays, avant l'expédition du Tonkin, m'ont raconté qu'il leur suffisait de se déclarer *lettrés* pour être entourés de toute sorte de prévenances de la part des autorités. Celles-ci se mettaient aussitôt à leur complète disposition, pour les aider à accomplir le mieux possible leur voyage et à faire leurs recherches.

Cette particularité des mœurs annamites ne pouvait pas ne pas frapper un esprit aussi novateur, aussi réfléchi que celui de M. P. Bert. Cet érudit, ce chercheur infatigable, a compris aussitôt tout le parti qu'il pourrait tirer de mesures prises en vue du développement de l'instruction et principalement de la diffusionde la langue française. C'est ainsi qu'après son arrivée à Hanoï, on le vit aussitôt s'employer, avec l'activité dévorante qui était un des côtés attrayants de sa nature passionnée et énergique, à atteindre ce but, qu'il jugeait être d'une importance exceptionnelle.

M. Chailley, son gendre et en même temps son secrétaire, à Hanoï, a décrit ainsi qu'il suit dans la *Revue Bleue* les résolutions prises par le résident général :

« Tandis que la création d'une Académie tonkinoise préparait pour l'avenir les éléments d'un jury favorable à des candidats indépendants de Hué, on prenait des dispositions pour répandre en peu d'années, dans la population, la connaissance de la langue française, de façon à dissiper plus facilement les malentendus et à supprimer le monopole d'interprètes toujours disposés à nous trahir.

« Ici le procédé employé est tellement ingénieux et caractérise si bien la méthode adoptée par M. Paul Bert, qu'il me faut entrer dans le détail du mécanisme de cet enseignement.

« Pour apprendre le français aux indigènes, ce qui semblait le plus naturel, c'était de créer des écoles

16.

françaises, d'y attacher des maîtres français et d'attendre les élèves. On avait fait ainsi en Cochinchine. Les résultats n'y furent pas bien satisfaisants, et au Tonkin le raisonnement permettait d'en prévoir de semblables.

« Le Tonkin est un pays de civilisation chinoise. Que, dans un nombre considérable d'années, les liens qui l'attachent à cette civilisation puissent se détendre, je l'admets ; mais, pour le présent, ils sont très étroits. La langue annamite n'est que le chinois à peine altéré; la prononciation en diffère sans doute un peu, et un peu aussi l'écriture; mais, en somme, c'est avec des caractères très voisins des caractères chinois que l'on signe et que l'on écrit, que l'on calcule et que l'on tient ses comptes. La vie civile et commerciale, dans un pays où les Chinois ont tant d'attaches et d'influences, est impossible sans la connaissance des caractères. Or, l'étude en est lente et difficile. Offrez aux Tonkinois, pour leurs enfants, l'accès des écoles de français, ils vous répondront par un refus. Nous ne voulons pas, diront-ils, que, pour étudier le français, nos enfants négligent l'étude des caractères chinois et soient, dans leur propre pays, des étrangers.

« Il fallait donc, pour arriver à nos fins, prendre un détour. Au lieu de s'adresser aux élèves, on s'adressa à leurs maîtres. Le pays est couvert d'écoles *libres*, fréquentées par des milliers d'enfants. Les maîtres

sont de pauvres diables, insuffisamment payés par
la rétribution que doit chaque écolier. C'est vers eux
qu'on se tourna. On imagina de leur enseigner le
français à eux d'abord. A leur tour, ils l'enseigne-
raient à leurs élèves. Des cours furent institués par
les soins de M. Dumoutier, l'éminent inspecteur de
l'enseignement *franco-annamite*. Ils eurent un
succès extraordinaire. En moins d'un mois, dans la
seule ville d'Hanoï, plus de cent élèves-maîtres vin-
rent se faire inscrire. A la clôture du cours, un grand
nombre d'entre eux reçurent, avec un brevet d'apti-
tude, une prime en argent, et furent répartis dans
les écoles annamites des différentes villes, tout fiers
d'aller y étaler leur science nouvelle et stimulés par
la promesse d'une prime pour chaque élève qui pas-
serait avec succès un examen de français.

« Mais on aurait craint d'aller encore trop vîte et
d'ailleurs de rencontrer trop de difficultés, si l'on
avait débuté, dans ces cours destinés aux maîtres,
par l'enseignement direct du français. On prit un
nouveau biais. On leur apprit d'abord la lecture du
quoc-ngu, cette langue ou plutôt cette écriture que
les missionnaires portugais ont inventée pour représenter, au moyen de nos caractères latins légèrement modifiés, tous les sons annamites, et qu'à tort,
selon moi, on enseigne aux indigènes en Cochinchine à l'exclusion des caractères chinois. On voit
toute l'utilité de ce détour et la portée de la méthode

employée. Le professeur écrivait un caractère chinois, et, au-dessous, les caractères (latins) de quoc-ngu qui en reproduisent le son. L'élève, qui à la seule inspection du caractère chinois en avait compris le sens, savait ainsi — ce qui ne fût pas arrivé avec un mot français — la signification des sons produits par l'assemblage des caractères latins. Pour des gens qui avaient déjà exercé leur mémoire sur des milliers de caractères chinois, dont ils avaient dû retenir à la fois le son et le sens, c'était un jeu d'enfant que d'enregistrer le son d'une trentaine de caractères latins. Au bout de deux mois, tous ces maîtres-élèves savaient parfaitement écrire en quoc-ngu un caractère chinois et trouver le son et le sens d'un mot chinois écrit en quoc-ngu.

« Ce premier résultat acquis, on passa à l'enseignement du français. La lecture en était singulièrement facilitée par l'étude préalable du quoc-ngu. Le son de chaque lettre en elle-même ou réunie à d'autres était déjà connu : il ne s'agissait plus que d'insinuer dans la mémoire de l'élève, avec leur signification, un certain nombre de mots, toujours les mêmes, choisis de telle façon qu'ils pussent suffire à une conversation dans laquelle on n'exigeait ni correction grammaticale ni, *a fortiori*, élégance ou variété.

« C'est par cette méthode prudente, abritée derrière les encouragements accordés à l'enseignement des caractères chinois, méthode qu'à leur tour employaient les maîtres, qu'on espérait enseigner à une grande quantité d'enfants autant de français qu'il en fallait pour les premiers besoins de leurs relations avec nous. Sans doute, ce ne serait pas le français académique; il n'en devrait rien sortir pour le succès de notre littérature au Tonkin; mais ce serait le français avec lequel on s'entend et on s'avertit. C'est tout ce qu'exige notre politique.

« Cette diffusion du français, venant après les autres combinaisons que j'ai indiquées, nous permettrait de bien tenir en main la population indigène. Désormais nous serions chez nous au Tonkin.

« Restait à recueillir les fruits de cette heureuse indépendance. »

Cette méthode d'arriver « à être chez nous *au Tonkin* » est excellente; il est regrettable qu'on l'applique seulement au Tonkin et qu'elle ne soit pas adoptée dans toutes nos possessions de l'Indo-Chine.

Notre action, en Extrême-Orient, doit être profonde sur l'esprit des populations qui nous sont soumises. Elle ne peut être telle que si elle est générale et continue. Elle doit être de tous les instants et s'étendre à tout et à tous! C'est surtout pour trancher la question si grave de l'organisation de l'instruction publique, qu'apparaît la nécessité de créer le grand conseil colonial que j'ai proposé à l'amiral Aube, assistant le gouverneur général placé à la tête de toutes nos possessions indo-chinoises.

Quiconque voudra bien se rendre compte des efforts inouïs faits dans l'Inde par l'Angleterre pour cette organisation essentielle, sera convaincu comme moi que, seul, un conseil au sein duquel *seraient représentées les quatre parties de notre territoire colonial* pourrait efficacement résoudre, en Indo-Chine, cet intéressant problème.

Il y a quatre ans à peine, en 1882, le gouvernement de la Reine voulant perfectionner le système que lui avait légué la Compagnie des Indes, et qu'à son grand honneur celle-ci avait établi par sa fameuse dépêche de 1854, le gouvernement de la Reine, dis-je, avait chargé de ce soin une commission de cinq membres.

Chacune des provinces y était représentée par les hommes les plus compétents. Elle choisit pour président M. le Dr W.-W. Hunter, bien connu par ses ouvrages de statistique, et pour secrétaire M. B.-L. Rice.

Le rapport de cette commission a été publié en septembre 1883. Je regrette de ne pas pouvoir reproduire ici en détail cette œuvre, dont je ne saurais trop recommander la lecture à tous les hommes qui s'occupent de l'instruction publique. Il n'est pas douteux pour moi que M. P. Bert n'en ait eu connaissance et qu'il profita des expériences faites par les

Anglais de 1855 à 1883, lorsque, à l'effet d'obtenir la plus grande diffusion de la langue française, « il prit un détour pour arriver à ses fins », et que, « au lieu de s'adresser aux élèves, il s'adressa à leurs maîtres ». Il savait également qu'en 1813 la Compagnie avait résolu, sur la demande des villes de présidence, que « l'enseignement y fût donné en anglais à la place des idiomes locaux ». Mais cette exigence parut excessive, et la Compagnie, après de longues controverses, en arriva à laisser les maîtres d'école libres de choisir entre les deux langues. Aussi bien le besoin d'uniformité amena le gouvernement de la Reine, en 1855, à soutenir les écoles sur les fonds du budget, et à créer trois classes d'écoles qui existent actuellement :

1° Écoles entretenues aux frais du gouvernement seul de la province; 2° écoles subventionnées et inspectées par le gouvernement de la province; 3° écoles libres sans secours d'aucune sorte et sans inspection.

Je m'arrête pour ne pas me laisser entraîner dans de trop longs développements. Il me suffira d'avoir exposé l'œuvre dans son ensemble, et d'engager à l'étudier, afin d'en tirer le meilleur profit possible.

Je n'ajoute donc qu'un mot à ce qui précède, pour parler de l'instruction des femmes.

La condition de la femme est tout autre, chez les peuples orientaux, que chez nous. Dans l'Inde

anglaise, cette condition est particulièrement misérable pour elle. Les lois de Manou la condamnent à
l'ignorance. Le degré d'infériorité de la femme résultant de ces lois est tel, que la naissance d'une fille
dans une famille est une calamité. Le reste de la vie
de la femme se ressent de l'anathème dont elle est
l'objet en venant au monde.

Une femme qui sait lire est, toujours d'après les
lois de Manou, un monstre que tous doivent repousser.

Eh bien ! malgré ces préjugés, le gouvernement de l'Inde ne s'est pas découragé. C'est ainsi
qu'en 1881 le nombre de filles dans toutes les écoles
était de 127,066. M. Barthélemy Saint-Hilaire a
établi ces chiffres et les suivants, que je m'empresse
de lui emprunter :

« A cette époque, 6 filles étaient dans les collèges;
2,054 dans les écoles secondaires; 82,420 dans les
primaires; 515 dans les écoles normales, et le reste
dans les écoles mixtes. Le nombre des écoles de filles
était de 2,697.....

« Dans l'Inde entière et dans les établissements
de tout ordre pour les garçons et pour les filles, les
Missions protestantes avaient, en 1882, 4,736 écoles
et 187,652 élèves..... »

Ces chiffres sont assez éloquents pour que je sois
dispensé d'insister davantage. Jamais, je suis forcé
de le dire, l'Angleterre n'a mieux tenu, qu'en fai-

sant l'éducation de son incomparable colonie, les engagements pris par la Couronne le jour où, héritant de la Compagnie des Indes, elle a fait cette déclaration solennelle (le 1er novembre 1858) :

« Nous nous regardons liés envers les natifs de nos territoires indiens par les mêmes obligations et devoirs qui nous attachent à tous nos autres sujets. »

Admirable exemple que je serais heureux de voir suivre par la France, dans ses possessions indochinoises !

CONCLUSION

Je puis dire avec Montaigne : « C'est icy un livre
de bonne foi », mais je n'ajouterai pas avec l'auteur
des *Essais* qu'en l'écrivant je ne me suis proposé
« *auculne fin que domestique et privée* ». J'ai eu
pour « *fin* » de présenter au public une œuvre étudiée, sur un sujet qui, depuis quelques années, a
subi, dans des polémiques ardentes, l'épreuve des
contradictions les plus diverses. J'ai fait mon profit
de ces dernières. M'aidant de recherches nombreuses, je me suis formé une opinion. Bonne ou
mauvaise, je l'ai exposée dans ce présent écrit,
comme je l'avais déjà fait dans la première partie de
ce livre, avec une sincérité absolue.

Le lecteur qui aura bien voulu se donner la peine
de me lire avec attention et indulgence, aura très
aisément compris que tous mes efforts ont consisté,
dans cette seconde partie de mon travail, à rechercher un système qui nous *aide*, et à abandonner, avec
les précautions voulues, conformes à l'honneur et à
la prudence, un système qui nous *lie*.

Cette méthode a pour objectif ces deux solutions : *Pacification* et *Organisation*, le premier terme préparant le second, ce dernier étant solidaire du premier et dépendant absolument de lui.

La pacification doit donc être, avant toute chose, l'objet de nos préoccupations constantes. Après bien des réflexions, j'en suis arrivé à croire que cette pacification ne sera possible que le jour où l'Annam central sera complètement pacifié ; et il ne pourra l'être que lorsqu'il sera redevenu, sous notre protectorat, libre et indépendant. Alors seulement la cour de Hué, aujourd'hui misérable, pourra recouvrer un prestige et une force dont elle a besoin pour soumettre les rebelles, pour ramener au calme des populations que nous avons profondément irritées contre nous et chez lesquelles une occupation mal comprise, sans issue, sans profit possible, ne fait qu'entretenir des haines qui n'attendent que des occasions de se manifester partout, comme nous l'avons vu récemment à Tanh-Hoa !

Nos forces, aujourd'hui dispersées, sont affaiblies et impuissantes. Nous devons chercher à les concentrer, pour pouvoir tenter une organisation quelconque. Tant que l'état de choses présent durera dans l'Annam central, nous n'aurons aucune sécurité au Tonkin.

La Cochinchine, elle-même, sera sans cesse troublée ; son expansion sera arrêtée.

Si cette crise ne prenait pas bientôt fin, la métropole, en allant en Extrême-Orient, n'aurait fait qu'ajouter étourdiment de dangereuses charges à celles qu'elle a déjà en Europe.

Je ne saurais donc trop conseiller à ceux qui nous gouvernent d'y mettre un terme. Pour cela, nous devons reprendre, sans retard, les négociations entamées, il y a quelques mois, à Hué, entre M. P. Bert et Hoang-Ké-Viem, négociations qui n'ont pas abouti, le résident général n'ayant pas cru devoir accéder à certaines conditions que lui présentait le mandarin annamite, comme l'instrument le plus efficace de la pacification générale et définitive de l'Annam central.

Ces conditions, je le répète, étaient les suivantes : « rappel des vice-résidents et des garnisons dans l'Annam, *faculté* de renvoyer les missionnaires CONGRÉGANISTES ». M. P. Bert, comme je l'ai déjà écrit, était sur le point de s'entendre avec Hoang-Ké-Viem sur la première de ces conditions. Il refusa d'acquiescer à la seconde. De là le retrait des assurances formelles faites par le grand patriote annamite, concernant la pacification générale. La protection de la France reste donc acquise aux missionnaires, et, pour cela, l'Annam n'est pas pacifié ; et nos embarras iront ainsi chaque jour croissant, tant que subsistera notre situation actuelle vis-à-vis de la cour de Hué !

Rien n'est plus fâcheux, à tous les points de vue.

Rien n'est plus anormal; et, en effet, il est incompréhensible que, tandis que la France lutte, en Occident, contre l'esprit de Rome, pour le triomphe des idées du xviii° siècle et de la Révolution française, elle s'institue, à ses plus grands risques, le défenseur, en Extrême-Orient, des ardents adversaires de ces mêmes idées.

Cléricale en Asie, anti-cléricale en Europe!

Les services que les missionnaires rendent à la France, dans l'Indo-Chine, ont été singulièrement exagérés. M. P. Bert lui-même s'en est fait, je le crains, une très fausse idée. Les missionnaires n'ont jamais converti, en Chine, qui que ce soit appartenant aux classes supérieures. Leur action s'exerce spécialement sur les basses classes. S'ils obtiennent parfois une influence auprès d'elles, c'est en leur prêchant le nivellement des fortunes et des conditions, en se faisant, en un mot, les apôtres du *communisme* prêché dans le Nouveau Testament et dans les Actes. Cette thèse est pour les missionnaires bien moins une façon de propagande religieuse qu'une intrigue pour acquérir un ascendant moral dont ils savent habilement tirer richesse et pouvoir.

Je n'apprends évidemment rien au lecteur, en lui disant que le caractère des missions est essentiellement *révolutionnaire*. C'est ainsi qu'en juge particulièrement le gouvernement annamite. Il n'est donc pas étonnant qu'un patriote comme Hoang-Ké-Viem ait exigé de M. P. Bert, pour prix de ses services, l'abandon par la France d'une protection absolue qu'elle impose à son pays, au profit d'hommes qui se répandent dans les populations pour y prêcher la révolte et pour conseiller le refus du payement des impôts.

« Vous, Français, vous vendez du vin, disait-il à M. P. Bert; nous vendons, nous, du thé. Faisons des échanges. Pour cela, nous n'avons besoin ni de vos missionnaires, ni de vos soldats. »

C'est pourtant là le langage très sensé, très civilisé de ce que nous appelons volontiers, en France, un « barbare ».

Hoang-Ké-Viem ne trouvait rien à objecter au séjour d'un « lettré » venant prêcher, dans l'Annam, une religion autre que la sienne. « Le ciel est assez grand pour tous », disait-il. Ce dont il ne voulait à aucun prix, c'est du *congréganiste*, qui n'est ni Français, ni même Romain, qui relève exclusivement d'une congrégation, laquelle s'enrichit sous la protection de la France et que la cour de Rome n'a pas le droit de déposséder!

Ne serait-ce pas le cas de dire avec M. Guizot, qui, bien que protestant, s'est fait souvent le défenseur de l'Église romaine, que cette dernière, dans la question des Missions étrangères, « manque de clairvoyance religieuse autant que de prudence »?

Pourquoi donc la France ne se déterminerait-elle pas à ne plus couvrir *quand même* de sa protection, en Asie, les membres de sociétés qu'elle ne tolère pas chez elle? Que M. P. Bert n'ait pas jugé à propos — « au point de vue politique » (la fameuse raison d'État peut-être?) — de céder à Hoang-Ké-Viem sur ce point, c'est évidemment ce qu'il faut croire. Mais n'existe-t-il pas un *modus agendi* qui, ne dépouillant pas la France d'un protectorat que l'*intérêt politique* lui imposerait, permettrait néanmoins à l'Annam d'être le maître chez lui contre tout propagateur de désordres, quelque nom qu'il porte, à quelque nationalité qu'il appartienne?

Il ne me paraît pas possible que nous nous montrions hostiles à une solution si raisonnable, sans nous exposer à être traités à notre tour de « barbares » par ceux à qui nous appliquons aujourd'hui encore ce qualificatif.

Quoi qu'il en soit, la France est placée en présence de deux alternatives; elle a le choix entre les deux solutions suivantes :

Ou protéger les missionnaires congréganistes contre l'Annam et, *en même temps*, contre la France, qui reste ainsi exposée à toutes les chances d'une guerre sans fin ;

Ou régler cette protection, c'est-à-dire la limiter de telle sorte que les missionnaires soient réduits à l'impuissance pour toutes choses autres que celles qui sont du domaine exclusif de la foi religieuse ; obtenir ainsi une pacification si salutaire, si bienfaisante pour tous.

A cela, les incrédules, je veux dire les pessimistes, objecteront sans doute : « Qui nous garantit la pacification promise à ce prix par le mandarin annamite? »

Je leur répondrai à mon aise :

La chose est à tenter, que risquons-nous à le faire? L'épreuve produira toujours, au moins, cet heureux résultat de nous dégager de cette tâche ridicule et funeste — car elle a été l'origine de nos expéditions indo-chinoises — de protéger aveuglément en Extrême-Orient, au prix de notre sang et de notre argent, ce que nous combattons avec tout notre arsenal de lois, en Occident.

Je ne trouve plus d'ailleurs aujourd'hui aucune des raisons qui pouvaient faire croire autrefois à l'efficacité de cette protection, quand ces peuples éloignés étaient inconnus et semblaient inaccessibles aux progrès de notre civilisation moderne !

Ces préjugés ont fait leur temps, et j'estime que nous devrions plus sagement nous borner désormais à gagner les populations indo-chinoises (j'emprunte textuellement ces idées à M. Barthélemy Saint-Hilaire) « à des habitudes d'esprit plus sérieuses et plus régulières, aux méthodes exactes de nos sciences, aux principes de notre moralité, sans toucher en rien, MÊME DE TRÈS LOIN, aux croyances religieuses ». C'est là le langage vrai, honnête, de tout homme qui a la prétention de se dire civilisé.

*
* *

Puisque j'ai cité le nom de M. Barthélemy Saint-Hilaire, je ne saurais laisser passer sous silence certaines affirmations que je trouve dans sa remarquable étude des Indes anglaises, affirmations qui consistent à dire que, « MALGRÉ LE PEU D'EFFICACITÉ QU'IL ACCORDE AUX MISSIONS, L'INDE FINIRA PAR ÊTRE CHRÉTIENNE TOUT ENTIÈRE ».

Pour arriver à la démonstration de cette thèse, son auteur s'appuie sur ce que « l'Europe et l'Amérique sont chrétiennes », et il ajoute : « C'est à peu près la moitié du monde. Restent l'Afrique et l'Asie, y compris l'Océanie. »

Je considère que M. Barthélemy Saint-Hilaire, qui a fait une savante dissertation sur les Védas (1854) et qui, par conséquent, connaît admirablement cette question, a donné un démenti un peu trop aventuré à ses déclarations et à toutes les statistiques connues, en se hâtant trop de trancher, en ces termes, le problème religieux de l'avenir de l'Asie et de l'Afrique, et je pourrais dire de l'humanité.

Il sait mieux que moi que le brahmisme, qui, avec le boudhisme, forme tout le passé de l'Inde, est vivant en Asie, défiant la civilisation chrétienne.

Dans le monde entier, les juifs sont certainement

plus nombreux qu'ils n'étaient du temps d'Abraham.
Et voit-il qu'ils aient une tendance à décroître? Je
les vois, moi, se développant, au contraire, partout
en nombre et en puissance.

Et les mahométans?

Je ne dis rien des zoroastristes! Ceux-ci s'en vont
s'éteignant. Mais les boudhistes, les brahmistes et
les mahométans — sans compter les juifs — sont, à
eux seuls, plus nombreux que les chrétiens, et rien
ne peut faire supposer que leurs religions ne persis-
teront pas.

Ce n'est pas moi qui apprendrai au savant dont
je me permets de discuter ici l'opinion, quand il
prétend trancher, en quelques mots, la destinée religieuse des peuples de l'Asie; ce n'est pas moi, dis-je,
qui apprendrai à M. Barthélemy Saint-Hilaire le peu
d'influence que les missionnaires catholiques ont
eue, de tout temps, dans l'Asie centrale, et particulièrement à notre époque.

Et cela s'explique : Les conceptions que prétendent apporter les propagateurs de la foi chrétienne
existent depuis des siècles chez ces peuples. Avant
les missionnaires, Philon, philosophe israélite qui
fut le contemporain de Jésus-Christ, a parlé dans ses
écrits du Père, du Fils et du Saint-Esprit.

Trois cents ans avant Jésus-Christ un Ptolémée
s'était appelé *Soter* (sauveur), comme le Fils de Dieu
s'appela plus tard Jésus (sauveur).

Le baptême, le festin sacré, la pénitence existaient, en Perse, avant la venue du Nazaréen.

L'eau passait déjà, chez les brahmanes, pour avoir la vertu d'effacer les fautes originelles et même involontaires.

Et, dans le Siam, spécialement, ne voit-on pas les princes tributaires venir encore chaque année à Bangkok « boire l'eau du serment », eau magique qui donne la fidélité et rend puissantes les armes que le souverain plonge dans le liquide béni préalablement par les grands prêtres.

Quant au banquet sacré, il est le fond même de la religion.

Il suffit aussi bien de lire les lois de Manou (XI, 227 et suivants) pour se convaincre que la confession même était instituée en principe, et qu'elle était, en Perse, une pratique habituelle et obligatoire.

Je croirais faire injure à M. Barthélemy Saint-Hilaire en insistant pour lui rappeler que la théorie des Incarnations divines existait également dans l'Inde au temps de Véda. Nos rituels et nos cérémonies — que l'on trouve dans les livres des Hébreux — ne viennent-ils pas de la Perse, au temps de la captivité? En un mot, toutes nos doctrines chrétiennes ne datent-elles pas de la descente des Aryas dans la presqu'île indienne? Saint François-Xavier comprenait bien, pendant sa mission dans les Indes, qu'il prêchait pour ainsi dire des *convertis;* aussi prenait-il le soin constant de cacher la croix. Je me borne à renvoyer mon érudit contradicteur, pour plus ample information, au *Lalita Vistâra*, qui fut écrit, il le sait, lors du troisième concile boudhique, trois siècles avant Jésus-Christ.

Je n'ai plus qu'une seule observation à faire : sans oser affirmer, contrairement à l'éminent ancien chef de cabinet de Victor Cousin, que l'Inde ne sera pas chrétienne tout entière un jour, j'ai cherché à démontrer sans animosité aucune pourquoi le christianisme n'avait aucune raison de faire des prosélytes en Asie.

J'ajoute maintenant : « Est-il utile qu'il en fasse? A-t-il chance d'en faire? »

Je prends textuellement, dans le travail de M. Barthélemy Saint-Hilaire sur les Indes, la plus éloquente réponse à ces questions.

« En 1863, dit-il, on comptait 113,893 chrétiens natifs. Mais tout le zèle et tout le dévouement des missionnaires ne peuvent que bien peu de chose, comparativement à la masse de la population.

« On doit même croire que cette action directe contre les superstitions invétérées n'est pas le meilleur moyen de les combattre et de les détruire. On gagne quelques prosélytes peu éclairés et peu sûrs, et l'on froisse la majorité, ou plutôt la presque totalité des Musulmans ou Hindous, qui sont également fanatiques.

Il y a, en Angleterre, des sociétés puissantes, comme celle qu'a fondée lord Salisbury, qui ont pour objet l'éducation ou la conversion des Indiens..... Toutes ces bonnes volontés méritent admiration et encouragement; mais elles sont bien peu efficaces, et les résultats se réduissent à presque rien. »

Le savant distingué qui a écrit ces lignes ne pouvait pas produire un plaidoyer plus foudroyant contre les missions étrangères. Il est bien regrettable qu'il n'ait pas pu rallier M. P. Bert à ses convictions.

*
* *

Et maintenant, pour sortir de cette dissertation, qui m'a entraîné dans des développements un peu trop longs peut-être, je vais raconter au lecteur les incidents plaisants d'une expédition dont j'ai été chargé dans la rivière du Cua-Bac-Lat, au Tonkin, le 6 octobre 1858, en compagnie d'un missionnaire congréganiste.

L'amiral Rigault de Genouilly, après avoir pris Touranne, se disposait à bombarder Thuan-An, à l'entrée de la rivière de Hué, pour arriver jusque dans la capitale de l'Annam. Il chargea le commandant du *Primauguet* (à bord duquel j'étais embarqué comme enseigne de vaisseau), le capitaine de vaisseau Thoyon, d'aller explorer la côte, d'échanger quelques coups de canon avec le fort de Thuan-An afin de connaître la portée de son artillerie et de recueillir même, s'il le pouvait, des pilotes qui nous aideraient à forcer l'entrée de la rivière. Préoccupé de l'état des esprits dans le Tonkin, à cause des événements qui se passaient dans l'Annam central, il avait également prescrit au commandant Thoyon de s'enquérir de l'état des esprits des populations tonkinoises et aussi bien de savoir ce qu'étaient devenus deux prélats : les évêques Retord et Melchior, sur le sort desquels les Missions étrangères étaient sans nouvelles.

A cet effet, il fit embarquer à son bord le P. Legrand, missionnaire qui avait habité, disait-il, « pendant cinq ans » un village, à l'entrée du Cua-Bac-Lat.

Nous arrivâmes sur le littoral tonkinois, devant ladite rivière, le 5 octobre 1858. Je fus désigné pour me rendre avec le P. Legrand au lieu indiqué par lui. Après quelques résistances fort insignifiantes, je mouillai le 6, dans la matinée, avec deux embarcations armées en guerre, en face du village qui l'avait recueilli pendant tant d'années ! Grande fut ma surprise quand, descendu à terre avec lui, je le vis errer, aussi embarrassé que moi, devant des maisons presque toutes désertes. Les habitants, effrayés, avaient fui à notre approche ; quelques vieillards impotents, à genoux devant leur porte, me suppliaient du geste et du regard de ne leur point faire de mal.

Je commençais à être inquiet, et je demandais par intervalles à celui qui me guidait : « Où me conduisez-vous? Où est la maison que vous avez habitée si longtemps? Où est l'église, ou la chapelle? »

Il ne disait mot.

Enfin, en présence de mon insistance et surtout de mon refus d'avancer avec une faible escorte, il me dit, mais le plus sérieusement du monde : « Je ne m'y reconnais plus!... — Comment, est-ce possible, répliquai-je, vous êtes bien resté cinq ans dans ce village? — Oui, me répondit-il, mais je ne *sortais que la nuit!...* »

Je ne sus si je devais rire ou me fâcher. Ce dont je me souviens, c'est que, sans tarder, je fis volte-face et lui dis d'un air aussi sérieux que le sien : « C'est bien, je retourne à mes embarcations, nous reviendrons ici *la nuit.* »

J'ai été à même, durant ma carrière d'officier de marine, de juger à diverses reprises combien le missionnaire congréganiste — très utile peut-être à la congrégation *pour laquelle il sait devenir un martyr* — est, le plus souvent, peu intéressant, *quand on l'envisage au point de vue des intérêts de sa patrie!*

J'ajoute que si nous protégeons les missionnaires français dans l'Annam, ce sont les missionnaires espagnols que nous protégeons dans le Tonkin, car c'est dans cette partie de l'Annam que ceux-ci ont toujours fait spécialement leur propagande.

Je voudrais, par tout ce qui précède, avoir bien démontré l'erreur que commit M. P. Bert en repoussant les offres de Hoang-Ké-Viem. Je ne m'explique pas pourquoi il n'a pas au moins tenté de *réglementer* avec lui une protection religieuse qui, tout en sauvegardant nos droits séculaires, n'aurait pas pourtant livré entièrement l'Annam aux agissements plus spéculatifs que religieux de missionnaires qu'aucun peuple civilisé ne tolérerait chez lui, dans les conditions surtout où nous prétendons les imposer aux Annamites.

C'est là qu'est le nœud de la pacification de l'Annam central, partant de la pacification de nos possessions indo-chinoises.

*
* *

Après m'être longuement étendu sur l'organisation du Tonkin et de l'Annam, je n'ai que peu de chose à dire de la Cochinchine et du Cambodge. Notre situation dans ces provinces s'est aggravée, comme on a pu le voir plus haut [1]. Nous avons des précautions à prendre, des solutions à provoquer. Nous avons trop délaissé nos possessions du Sud, pour ne nous occuper presque uniquement que du Tonkin et de l'Annam.

Nous sera-t-il possible de réparer les dommages que nous nous sommes causés nous-mêmes? Au-

---

1. Voir la lettre du correspondant du journal *Paris*, p. 213 et suivantes.

rons-nous l'énergie d'en finir avec la politique de *recul* que notre résident au Cambodge, M. Piquet, est chargé de suivre?

Nous déciderons-nous à nous occuper de la délimitation des frontières du Siam et du Cambodge?

Parviendrons-nous à tirer parti des richesses considérables qui sont accumulées dans nos deux provinces du Sud et qui y dorment improductives?

Mettrons-nous la Cochinchine en communication constante avec le Laos par des routes praticables, à travers le Cambodge.

Nous avons perdu de notables avantages du côté de Battambang, saurons-nous les retrouver du côté de Kratieh et tout le long de la riche vallée du Mékong?

Si je songe au passé, je me sens, hélas! peu rassuré pour l'avenir.

Encore si, pour nous renseigner et pour nous conseiller, nous avions des agents sur les points principaux de ces vastes régions.

Que n'avons-nous des consuls à Chantaboun, à Battambang, à Korat, à Bassac, à Stung-Treng, à Xieng-Maï...!

VICE-CONSULS A CHANTABOUN, A BATTAMBANG, A KORAT

En reproduisant plus haut la lettre adressée au journal *Paris* par son correspondant de Pnôm-Penh, le lecteur aura pu voir qu'un chemin de fer allait relier Battambang à Chantaboun [1]. Je n'ai pas hésité à qualifier cet événement de *désastre*, au point de vue des intérêts français. Je ne saurais trop déplorer que nous n'ayons pu empêcher cette œuvre anglo-siamoise qui rend désormais bien difficile, sinon impossible, la tâche, qui s'impose cependant à nous, de restituer au Cambodge ses provinces de Battambang et d'Angkor. J'ai donné de nombreux documents, dans la première partie de cet ouvrage, sur ces riches et admirables pays. J'ai expliqué comment leur non-possession nous prive sans cesse de tous les produits du Laos, qui se concentrent à Korat pour être, de là, dirigés vers Bangkok, au lieu d'être expédiés aux embouchures du Mékong!

Si nous avions eu des représentants soucieux des intérêts de leur pays, nous nous serions épargné ces mécomptes. Nous saurions, au moins, aujourd'hui comment y faire face.

Le gouvernement aurait déjà pu, j'en suis sûr, s'entendre avec le Siam à l'effet de relever l'ancienne route annamite dont la chaussée existe encore sur certains points, et qui mettait jadis Battambang en communication directe et constante avec Pnôm-Penh, malgré les inondations.

Les Anglais s'opposeront certainement mainte-

---

1. Voir pages 218, 219 et suivantes.

nant à son relèvement, car elle enlèverait au chemin de fer de Battambang à Chantaboun une partie de son trafic, qui prendrait alors la route du Sud!... Tout cela est à voir et à étudier.

Plus nous tarderons à marcher résolument dans cette voie, plus les difficultés deviendront grandes pour nous; plus nos intérêts coloniaux seront lésés en Cochinchine et au Cambodge.

Et qui pourrait mieux renseigner le gouvernement sur cette situation que des agents spéciaux, actifs et intelligents, placés à Chantaboun, à Battambang et à Korat?...

Ces mêmes agents nous indiqueraient, avec une autorité incontestable, la politique que nous aurions à suivre dans ces pays, que nous ne connaissons, pour ainsi dire, que par la situation qu'ils occupent sur des cartes incertaines!

VICE-CONSUL A BASSAC

En raison même de notre situation vis-à-vis du Siam, nos efforts doivent tendre plus que jamais à nous établir dans toute la vallée du Mékong et à nous y créer des marchés. Bassac est un des points qui méritent le plus notre attention [1]. Le mandarin vice-roi qui y réside nous est particulièrement hostile. Il est le très humble serviteur de l'Angleterre.

1. Voir pages 123 et suivantes.

C'est à Bassac que vont se concentrer tous les produits qui partent de Sé-Mon et des pays situés sur la rivière gauche du Mékong. Or, toute l'orientation commerciale de Bassac est tournée vers Korat, et, par conséquent, vers Bangkok [1].

L'animosité du vice-roi contre nous n'est pas la seule cause de cette orientation qui nous est si préjudiciable. Les communications entre Bassac et la Cochinchine sont très difficiles. Elles sont pour ainsi dire absentes. Il est d'autant plus intéressant d'en créer, qu'à l'est de la principauté se trouve le plateau de Bolovens, dont nous pourrions tirer les plus riches produits du monde, surtout en y important des colons [2].

Un agent vigoureux, habile, parlant la langue du pays, convaincrait le vice-roi de l'intérêt qu'il a à vivre en bonne intelligence avec la France. Il nous indiquerait, en tout cas, ce que nous aurions à faire pour détourner le courant commercial qui prend aujourd'hui la direction de Korat et pour lui faire prendre à l'avenir celle des embouchures du Mékong, c'est-à-dire de Mytho et de Saïgon.

Je suis bien convaincu que son premier soin se-

---

1. Si, à cause des Hôs, on avait des difficultés pour relier le Tonkin méridional à Luang-Prabang, on pourrait le relier à Bassac, le long du Mékong, et arriver ainsi à Hué. Nous accaparerions de la sorte le commerce du bassin du Mékong.
(*Note de l'auteur.*)

2. Voir pages 124 et suivantes.

rait de faire établir une bonne route reliant Bassac à Stung-Treng, où la présence d'un agent français est *absolument* indispensable.

VICE-CONSUL A STUNG-TRENG

Mon opinion très raisonnée est que Stung-Treng devrait faire partie du royaume du Cambodge. J'ai signalé l'intérêt qu'aurait la France à faire remonter jusqu'à ce point les frontières des pays soumis à Norodôm.

Comme je l'ai déjà écrit dans la première partie de ce livre, « Stung-Treng est situé sur le Sébong, qui compte parmi ses affluents le Sé-Cong, navigable pour les barques indigènes. Celles-ci remontent jusqu'à Attopeu, traversant des contrées très fertiles qui renferment des mines d'or et de cuivre. Le Sé-Cong permet également de remonter jusqu'à Sien-Pang, qui, lui, communique par terre avec Bassac. »

Ce qui est on ne peut pas plus regrettable, c'est que Stung-Treng ne puisse pas correspondre par le Mékong avec Kratieh, qui, par les bateaux des Messageries cochinchinoises, communique, *en tout temps*, avec nos ports du Sud.

A partir de Somboc, en remontant vers le nord, le lit du fleuve jusqu'à Stung-Treng est rendu inaccessible par des rapides qui s'étendent sur une longueur de 80 kilomètres et rendent impraticable toute navigation sur son parcours.

Mais une route de terre met aujourd'hui Stung-Treng en communication avec Kratieh. Seulement, le pays qu'elle traverse est sauvage et couvert de forêts. Il est inhabité, à cause des marais qui y forment des inondations. La route de Stung-Treng à Kratieh fait même un détour pour éviter une partie de ces passages, impraticables pendant plusieurs mois de l'année. Il serait possible — beaucoup de voyageurs qui ont fréquenté ces parages l'attestent — de construire un petit chemin de fer, un peu en élévation, qui relierait ces deux points importants.

Stung-Treng est un centre commercial de premier ordre. C'est, en même temps, un point stratégique que nous ne pouvons laisser aux mains des Siamois. Le développement que peut prendre cette ville serait considérable si ses communications avec le Cambodge et la Cochinchine étaient assurées [1].

M. de Lanessan s'exprime à son sujet de la façon suivante :

« Stung-Treng est évidemment le point de concentration naturel de toute la vallée du Sé-Cong ; ce qui le prouve d'une façon indéniable, c'est que le royaume du Cambodge possédait autrefois les bords

---

1. Voir pages 119 et suivantes.

de cette rivière, si intéressante à beaucoup de points de vue et dont la branche orientale, le Sé-Kéman, se rapproche beaucoup de la province annamite de Quang-Nam, qui possède des baies excellentes. »

Pourquoi hésiterions-nous à faire faire retour au Cambodge de ce territoire qu'il « possédait autrefois »? D'autre part, le voyageur hollandais G. Van Wecsthof, qui a visité ces pays en 1641, rapporte que vers le commencement du XVIIe siècle, c'est-à-dire à l'époque où les diverses principautés du Cambodge relevaient d'un suzerain puissant, Stung-Treng était une résidence royale. Alors, tous ces pays étaient sillonnés d'excellentes routes suppléant à l'insuffisance des cours d'eau.

Stung-Treng est encore en relations fréquentes, par ses nombreuses routes, avec toutes les provinces de la route de Mékong.

Il me semble superflu d'insister davantage pour démontrer la nécessité de placer un agent à Stung-Treng, en attendant son annexion au Cambodge.

En installant, sans plus tarder, des agents dans les villes que je viens de lui indiquer, le gouvernement français s'éviterait, j'en suis sûr, de nouveaux déboires. J'espère surtout qu'il lui serait encore possible de réparer, en partie du moins, le mal considérable que les Anglais vont lui causer au nord-ouest du Cambodge par l'établissement de la voie ferrée Chantaboun-Battambang-Korat.

LUANG-PRABANG ET XIENG-MAÏ

Un fait vient de se produire, en Extrême-Orient, qui peut avoir une influence décisive sur nos affaires de l'Indo-Chine : je veux parler de la convention récente entre la France et le Siam, signée d'abord, le 7 mai 1886, par notre agent, à Bangkok, M. de Kergaradec, et soumise ensuite à l'approbation du Parlement français, dans le but de favoriser le commerce entre l'Annam et la province de Luang-Prabang. Cette riche province, qui exporte notamment de l'ivoire, de la cire et des peaux et qui importe du sel, des tissus et de la quincaillerie, est habitée par un nombre considérable d'Annamites, dont la protection appartient à la France, en vertu du traité signé, à Hué, en juin 1844. Pour assurer cette protection, le gouvernement vient même de créer, à Luang-Prabang, un vice-consulat.

Ladite convention a également pour but de déterminer les attributions de notre agent consulaire et de régler les conditions dans lesquelles nos nationaux et nos protégés pourront faire le commerce. En voici les dispositions principales :

« Les Français et protégés français ont le droit de commercer et de s'établir sur le territoire de Luang-Prabang. Les mêmes droits sont accordés, en Annam, aux Siamois.

« Les Français et protégés français passant de l'Annam sur le territoire de Luang-Prabang seront tenus de payer les taxes exigibles, conformément aux lois du pays, sur toute marchandise, soumise aux droits, qu'ils pourraient introduire. Il est entendu que ces droits ne pourront être supérieurs à ceux qui sont perçus à Bangkok, en vertu du traité du 15 août 1856. Ces droits sont de 3 p. 100 sur la valeur de toutes les marchandises importées et sont payables en nature et en argent, au choix de l'importateur.

« Les marchandises importées de Luang-Prabang en Annam seront soumises aux taxes exigibles, conformément aux lois et coutumes de l'Annam.

« Les Français et protégés français pourront acheter et vendre des terrains ainsi que les forêts de teck dans tout le territoire de Luang-Prabang. Ils auront le droit d'y faire des plantations, et enfin d'y exploiter des mines et d'y établir des usines. »

Lorsque j'écrivais ma brochure *la France dans l'Indo-Chine*[1], je ne m'étais pas encore rendu compte de l'importance de Luang-Prabang. Des événements récents et, parmi eux, la construction du chemin de fer de Chantaboun à Battambang qui se prolongera fatalement jusqu'à Korat, m'ont fait comprendre combien il nous intéresse de faire, *à tout prix*, de Luang-

---

1. Cette brochure forme la première partie de ce livre.

Prabang un entrepôt français, au sud du Tonkin, comme les Anglais en ont un, à Korat. Et ceux-ci ne rêvent-ils pas d'en faire un second à Xieng-Maï, où ils ont établi récemment un vice-consul, en face de Luang-Prabang, sur le Ménam? Ils ont bien compris que, dorénavant, c'est à Luang-Prabang que se décidera l'avenir de nos colonies indo-chinoises; ne l'oublions pas un seul instant.

M. de Freycinet en a jugé, sans doute, ainsi, quand il a négocié auprès de la cour de Bangkok, il y a quelques mois, l'envoi d'un vice-consul pour représenter la France dans cette partie du Laos septentrional.

Ce n'est pas sans peine, m'a-t-on dit, que le roi de Siam a accordé son investiture à M. Pavie, désigné par notre ministre des affaires étrangères [1].

Cette résistance s'explique par la répugnance que doit éprouver la cour de Bangkok à nous voir nous renseigner exactement sur ce qui se passe dans toutes ces régions du Laos. Ce qu'il ne faut pas surtout perdre de vue, c'est que le roi de Luang-Prabang payait, il y a deux ans encore, un tribut

---

1. J'ai critiqué, dans ma brochure *la France dans l'Indo-Chine*, le choix fait en la personne de M. Pavie, employé des télégraphes du Cambodge. Je regrette ces critiques, car j'ai su depuis par M. Fuchs, ingénieur des mines, tous les services que lui a rendus M. Pavie, qu'il considère comme l'un des hommes les plus compétents sur toutes choses concernant l'Indo-Chine.

triennal à Hué. Ce tribut lui était généralement remis par les soins du gouverneur de Nghé-An.

Voilà un fait dont nous pourrions tirer grand profit, en raison du protectorat que nous exerçons sur l'Annam. Aux archives de Hué qui ont été épargnées, à la suite des incidents du 5 juillet, on trouverait peut-être de très édifiants documents sur les situations respectives de l'Annam et du Luang-Prabang.

Je sais bien que le « suprême roi » de Siam ajoute à ce titre celui de « roi du Laos et du Luang-Prabang ». Mais ses droits à cette énumération plus platonique qu'efficace sont-ils réels?

Autrefois le royaume de Luang-Prabang fut tributaire de la Chine. Tous les huit ans, son roi était tenu d'envoyer huit éléphants au fils du Ciel. Mais il *était exempt de toute investiture*. Il est aujourd'hui parvenu à s'affranchir de ce lien. D'autre part, les relations politiques qui existent entre le roi de Siam et celui de Luang-Prabang, dénotent, il est vrai, une sorte de dépendance de ce dernier, qui a pour date et origine les troubles apportés dans l'Indo-Chine intérieure après le renversement de la dynastie de Vinh-Khiâne. Mais cette dépendance est plus théorique que réelle. A certaines époques, le roi de Luang-Prabang est tenu, néanmoins, d'aller à la capitale du Siam apporter un tribut et boire « l'eau du serment ». On sait que cette étrange coutume consiste à boire une eau consacrée par les brahmes, et dans laquelle on a trempé les armes du roi de Siam, en répétant à haute voix une formule écrite qui voue à tous les malheurs tenus en réserve par la loi boudhique, les traîtres qui manqueraient à leurs devoirs vis-à-vis du suzerain.

Mais c'est toujours le second roi qui va remplir cette formalité. Cependant, un des grands seigneurs de la famille royale siamoise, le Somdet-Chao-Sa-Maha-Mala, ministre des provinces du nord, chargé de tous les rapports avec le Siam, aurait su, dit M. de Lanessan, resserrer les liens de vassalité du royaume. C'est contre ces tendances que nous devons réagir. Ces efforts du Siam vis-à-vis de Luang-Prabang s'expliquent aisément, si l'on songe que le territoire qui est placé sous son autorité est d'une étendue égale à celle du Cambodge, et que son influence déborde de beaucoup ses limites. C'est, disent les voyageurs qui ont visité le Laos septentrional, « le centre le plus riche et le siège de la puissance la plus solide de l'Indo-Chine septentrionale ».

Tous ces détails indiquent suffisamment que M. de Freycinet eût mieux fait, sans doute, de ne pas traiter avec le Siam des affaires du Luang-Prabang. Il eût été plus prudent, plus politique, je crois, de s'adresser *directement* au roi de cette principauté afin de ne pas consacrer par des documents diplomatiques la *souveraineté* du Siam sur le Luang-

Prabang, quand sa *suzeraineté* est déjà si contestable.

Est-ce que les États-Unis et l'Allemagne se sont adressés à la Chine pour traiter avec la Corée, sa vassale?

Est-ce que la France s'est adressée à la Chine, en 1874, pour traiter avec l'Annam, son vassal?

Pourquoi en avons-nous procédé autrement, en 1886, quand il s'est agi de Luang-Prabang et du Siam?

Que deviennent, dès lors, les obligations du Luang-Prabang vis-à-vis de Hué, sous notre protectorat? Le roi de cette principauté continuera-t-il à Dong-Khanh le « tribut triennal »? Je crains fort que M. de Kergaradec nous ait mal engagés dans nos négociations avec la cour de Bangkok [1].

La ville seule de Luang-Prabang compte 10,000 habitants.

Son climat est excellent. Son marché est très bien approvisionné. Les denrées qu'on y apporte sont européennes et chinoises. Elles consistent surtout

---

1. Depuis que ces lignes ont été écrites, le journal *Paris* a publié une longue lettre adressée par moi à mon confrère et ami Ch. Laurent, son directeur, dans laquelle je suppliais la commission chargée d'examiner avec soin le nouveau traité proposé par M. de Kergaradec de n'en pas tenir compte, pour les raisons que je viens d'indiquer. La commission en a agi de la sorte. La convention a été enterrée dans les cartons du ministère. Qu'on se garde de l'en faire jamais sortir!

(Note de l'auteur.)

en cotonnades anglaises, couvertures, draps, fla-
nelles, quincaillerie, allumettes, conserves alimen-
taires. En outre, on y trouve de la soie, du stick-
laque, du benjoin et des bestiaux. Le sol, sur toute
la principauté, est extrêmement fertile.

Construite sur deux rivières, la ville de Luang-
Prabang est en relations très suivies avec les pays
de l'Est. Elle communique même avec le Yunnan,
par Xieng-Hong, et, quoique irrégulièrement, elle
pénètre dans l'Ouest, par le Nam-Khong.

Il faut dire que, dans la région qui sépare Luang-
Prabang du sud du Yunnan et des pays shans, et
surtout dans les cantons Phouens, si fertiles en
benjoin et en cannelle, à l'est de la principauté, se
trouvent des bandes considérables de Hôs, analogues
aux Pavillons-Noirs, Pavillons-Jaunes, etc., du
Tonkin.

Ils arrêtent tout commerce vers la Chine et le
Tonkin méridional et favorisent ainsi les transports
vers Bangkok et Mandalay-Rangoon.

Ils barrent les rivières et les routes et rançonnent
les populations. Ils possèdent des forteresses et
tendent à fonder un État militaire à côté de nous.

Plusieurs expéditions ont été faites, en vain, contre
eux. Tant que l'on n'en sera pas venu à bout, les
travaux de viabilité quelconque dans ces parages seront d'une exécution périlleuse. Ce sont là de véritables obstacles qu'il nous faudra songer à détruire si,

déjà devancés par les Anglais au nord-ouest du Cambodge, nous voulons — comme c'est notre devoir —
lutter contre eux dans le Laos septentrional. Leur
établissement à Xieng-Maï, d'où ils comptent étendre leur influence commerciale, est un acte de pré-
voyance qui doit nous donner à réfléchir. Pour nous
éviter, au Nord, les échecs que nous avons subis
au Sud, il nous faut ouvrir des routes reliant Luang-
Prabang au Tonkin, car, dit M. de Lanessan, « c'est
par Luang-Prabang, le Nam-Hoa et Semao que nous
devons pénétrer dans le Yunnan, plutôt que par le
Fleuve Rouge, ainsi qu'on l'avait d'abord espéré ».

J'ai démontré d'ailleurs combien cet espoir était
peu fondé.

Aux déclarations précédentes de M. de Lanessan
il est bon de joindre cette dernière, qui nous intéresse directement, à savoir : « que le vrai débouché
de Luang-Prabang et des pays qui entourent cette
ville est le Tonkin méridional ».

Et maintenant, un mot encore sur les projets
anglais !

J'ai dit que le gouvernement britannique avait
accrédité un agent auprès du roi de Xieng-Maï.
Peut-être ferions-nous bien de l'imiter et d'avoir un
agent français à côté du sien.

La ville de Xieng-Maï est située à l'angle du Grand
Fleuve. Elle est évidemment appelée à un avenir
sérieux. L'Angleterre a songé, en effet, à la relier au

Delta du Menam par un chemin de fer qui traverserait Raheng et irait, si c'est possible, à Semao, à la frontière du Yunnan [1].

Jusqu'à Raheng la voie serait facile à poser. Pour atteindre Xieng-Maï, il faudrait venir à bout de certaines difficultés de terrain réparties sur une étendue de 200 kilomètres, traversant des régions fort riches. Ces difficultés se représentant sur le trajet de Xieng-Maï à Semao, serait-il possible de les vaincre et de continuer la construction de la voie ferrée jusqu'à la frontière du Yunnan?

Voici l'opinion de M. de Lanessan à ce sujet :

« En admettant que ce chemin de fer s'arrêtât au Xieng-Maï seulement à cause des difficultés qui s'opposeraient à son prolongement vers le Nord, les produits du Yunnan occidental et méridional, *beaucoup plus avantageux que la partie orientale à laquelle nous prétendons par l'occupation du Tonkin*, seraient indubitablement attirés vers Xieng-Maï. Cette ville deviendrait un immense entrepôt des marchandises de la Chine méridionale et de l'Indo-Chine intérieure, et les distribuerait aux ports anglais de la Birmanie, ainsi qu'à Bangkok, qu'on ne pourrait plus considérer également que comme un comptoir anglais. »

Ce serait déjà là une première concurrence fort

—————

1. *Supplement of the chamber of commerce journal*, 5 mai 1885.

redoutable que nous feraient les Anglais, en sup-
posant que nous parvenions à relier Luang-Prabang
au Yunnan.

Mais les Anglais ont un autre tracé qui, partant
de Bhâmo, viendrait se souder à celui des Chinois.
Ce dernier, traversant le Yunnan et passant par Manning, dans le Quang-Si (où les Anglais vont installer
un entrepôt!), irait rejoindre la mer à Pakoï!

Le gouvernement français, qui connaît certainement ces détails, doit donc insister auprès de la
nouvelle commission chargée d'étudier la question
des voies de communication à établir au Tonkin,
pour qu'elle cherche à résoudre le problème des
liens à créer entre Hanoï et Luang-Prabang et enfin
entre Luang-Prabang et le Yunnan.

La Commission française qui fut chargée de l'exploration du Mékong et qui a visité Xieng-Tong,
Semao et Poueul, a dû laisser des documents qui
indiquent ce qu'il est possible de faire de ce côté.
Qu'a-t-elle dit à ce sujet?

De l'avis général, le chemin qui, jusqu'à présent,
semble le plus pratique, est celui qui suivrait le cours
du Nam-Hoa, l'une des trois rivières de la rive gauche se jetant dans le Mékong, près de Luang-Prabang.

Le Nam-Hoa est un fleuve très important [1]. La

1. Colqhoun dit à son sujet : « Les informations que j'ai
prises à Semao me portent à croire que le Nam-Hoa n'est
autre que le cours inférieur du Papien et se jette dans le

seule difficulté pour parcourir aujourd'hui cette
route, c'est qu'elle est pour ainsi dire aux mains
des Hôs !

Par le Nam-Hoa, on arrive jusqu'à Muong-Ngoï,
situé sur sa rive gauche. A deux journées environ
de Muong-Ngoï, on rencontre une rivière qui permet d'atteindre, en six jours, Muong-Teng. De là, on
atteint, en deux jours, une des branches du Sang-
Ma, fleuve du Tonkin méridional, à moins qu'on ne
préfère suivre la route terrestre qui joint Muong-
Hoa à Muong-Son, sur le Song-Ma. Mais M. de Lanessan dit à ce sujet :

« Nous devons surtout porter notre attention sur
la branche du Nam-Hoa qui se rapproche à deux
jours d'un affluent navigable du Song-Ma, et sur la
route de terre qui rejoint Muong-Son sur le Nam-
Phael, branche du Song-Ma, dans le Than-Hoa.
*C'est là peut-être que nous devons chercher à établir
des relations entre le Tonkin et Luang-Prabang,
c'est-à-dire avec le Yunnan...* »

Enfin d'après le docteur Neïs — qui a exploré le
Laos septentrional en 1883 — une autre route pour-
rait relier Luang-Prabang au Tonkin méridional par
Xieng-Ngoun, sur le Nam-Kane, puis Khassy sur le
Sé-Ngoun, enfin Thâ-Thon sur la rivière Xan, d'où
l'on gagne le Song-Ma.

Mékong à Luang-Prabang. » Cette opinion est également celle
du Dr Neïs, qui en a suivi le cours en 1883.

En outre, le docteur Neïs a donné le tracé de sept routes autrefois fréquentées, entre le Tonkin et le Mékong. Je n'en citerai qu'une méritant spécialement notre attention, la plus courte, la plus fréquentée, à son avis, entre Luang-Prabang et le golfe du Tonkin : celle qui suit le Nam-Senam, rejoignant, à Son, le Nam-Het puis le Nam-Ma, et enfin le Song-Ma.

Il faut aussi signaler celle de Nam-Kadine à Vinh, qui relie le Mékong au golfe du Tonkin et met notre colonie en communication avec ce grand fleuve.

De toutes les opinions diverses que je viens de citer, il est facile de déduire que, pour pénétrer du Tonkin dans le Yunnan, il ne faut plus songer au Fleuve Rouge, et que tous nos efforts devaient porter sur la création de voies de communication du Tonkin à Luang-Prabang et de là au Yunnan !

Resteront debout, menaçantes quand même, d'abord l'éventualité du chemin de fer anglais reliant le Delta du Menam à Xieng-Maï et de là à Semao, puis celle du chemin anglais de Bhâmo au Yunnan rejoignant le chemin chinois du Yunnan à Pakoï, à travers le Quang-Si.

Tel se présente sans illusion, sans pessimisme inutile, sans optimisme dangereux, l'avenir économique de nos possessions indo-chinoises.

Un facteur que nous pourrions ajouter à notre actif serait certainement l'établissement d'une voie ferrée reliant Bassac à Touranne [1]. Ce chemin nous procurerait des avantages commerciaux précieux sur une partie de la vallée du Mékong.

Je crois également que, si nous nous en donnions la peine, nous trouverions dans les archives de Hué des documents qui nous fourniraient nombre de prétextes à des revendications, au profit de l'Annam, notre protégé, sur toute la rive gauche du Mékong.

Ce serait une façon d'augmenter notre influence dans l'Indo-Chine! Nous n'avons aucune raison de la dédaigner.

Je me suis souvent appuyé, dans le cours de mon travail, sur l'opinion de M. de Lanessan, qui s'est livré à de nombreuses recherches sur nos colonies indo-chinoises.

En conseillant au gouvernement français de relier le Tonkin « DÈS QU'IL SERA PACIFIÉ » à la principauté de Luang-Prabang, il voudrait attacher à cette œuvre « les transportés, soit asiatiques et africains, soit européens, qui dépensent inutilement les millions du pays dans les cultures improductives de la Nouvelle-Calédonie ». Il prétend « qu'ils seraient aptes à rendre les plus grands services », et il ajoute : « ON POURRAIT ÉGALEMENT Y UTILISER LES RÉCIDIVISTES. Transportés dans les parties les plus

---

1. Voir le renvoi fait à la page 327.

reculées des montagnes du Tonkin, ces hommes seraient aisément gardés par une poignée de soldats,
et il serait facile de combattre leur paresse instinc-
tive en leur faisant entrevoir, comme récompense du
travail forcé, la concession des terrains sans pro-
priétaires qui existent en abondance dans cette
partie du Tonkin. »

Tout ceci est bien attrayant. Est-ce réellement
pratique?

En tout cas, l'honorable député qui fait ces réflexions oublie de nous dire deux choses :

1° Quand et comment le Tonkin sera suffisamment
pacifié pour entreprendre cette œuvre ;

2° Comment il serait possible de venir à bout des
Hôs qui infestent les régions que devraient traverser
ces voies de commuication.

Je reste plus convaincu que jamais que le système
que j'ai exposé et qui consisterait à rendre l'Annam
libre et indépendant et à faire des Annamites nos
amis et nos alliés, sous certaines réserves; je suis
plus convaincu que jamais, dis-je, que ce système
faciliterait beaucoup notre tâche d'abord au Tonkin,
pour la pacification, et dans le Laos ensuite, pour
l'établissement de nos routes indispensables.

Si nous parvenions à construire ces dernières,
nous obtiendrions immédiatement dans le Laos septentrional une situation considérable dont le contre-
coup se ferait sentir dans toute l'Indo-Chine. Il est

vraisemblable que la principauté de Luang-Prabang échapperait complètement alors à l'influence de Bangkok, à notre grand profit! Il n'est pas besoin d'insister pour faire comprendre les avantages que retirerait la France d'un pareil état de choses!

*
* *

Ici se termine mon laborieux travail. Que si des contradictions surgissaient pour en atténuer la portée, je n'hésiterais pas à emprunter à M. J. Chailley, dont j'ai parfois contesté les opinions loyales et particulièrement intéressantes, je n'hésiterais pas, dis-je, à emprunter à M. J. Chailley les patriotiques paroles qui finissent si dignement les deux articles publiés par lui dans la *Revue Bleue*.

« Eh bien, dit-il, si j'étais un des hommes considérables qui font en France l'opinion publique, si j'étais M. Clémenceau, M. C. Pelletan ou M. Yves Guyot, et, comme eux, ennemi du Tonkin, je ne laisserais pas mon parti asseoir uniquement son opinion sur le compte sans cesse fait et refait des hommes et des millions consommés, et prendre texte d'une dépêche qui annonce un coup de main, pour lever les bras au ciel en signe de deuil. Je me rappellerais l'Inde et l'Algérie, leurs commencements difficiles et leur splendeur aujourd'hui indiscutable. Et je voudrais savoir la vérité sur le Tonkin, la vraie.

« Je n'en croirais ni les articles comme celui-ci,

écrit par un homme dont l'opinion est faite, ni les documents officiels; mais, de concert avec toute l'extrême gauche, je choisirais un homme sûr, observateur sagace et impartial, et je l'enverrais au Tonkin voir ce qui s'y fait et ce qui s'y prépare. Je lui donnerais mandat de tout étudier et de tout me rapporter. Je l'adresserais, non pas à mes amis de l'administration, qui pourraient l'influencer, mais à ceux qui sont partis là-bas pour y chercher fortune. Leurs dires, leur visage, leur train de vie, au besoin leurs livres de comptes seraient ses plus sûrs témoins. Je lui demanderais aussi d'interroger ceux qui ont navigué sur le Haut Fleuve, sur la Rivière Claire et la Rivière Noire. Quand il aurait fait tout cela, il demanderait à Hanoï, au directeur de la Santé, les tableaux de la mortalité parmi la population civile européenne; à Haïphong, au directeur des douanes, les tableaux de ses recettes. Enfin, il irait à Hong-Kong, il s'enquerrait parmi les Anglais de l'opinion moyenne sur le Tonkin; il tâcherait de savoir combien d'argent ils y ont engagé ou sont prêts à y engager et, si cela lui était possible, quelle conduite ils tiendraient, au cas où la France viendrait à l'évacuer.

« Si l'opinion d'un seul enquêteur m'était suspecte, j'en enverrais deux ou trois. Je m'abstiendrais durant leur absence, et, à leur retour, je réglerais ma conduite sur leurs rapports.

« Voilà ce que je ferais, voilà ce que je voudrais voir faire aux chefs de l'extrême gauche. Et moi, à qui le Tonkin a pris le meilleur des amis et le plus respecté des maîtres, mais qui, si cela était utile, irais demain confier encore à ce pays moi, les miens et ma fortune, sans croire faire un sacrifice, j'attendrais en toute confiance le résultat d'une enquête où les chiffres, les hommes et la nature viendraient affirmer la beauté et l'utilité de cette conquête si discutée. »

Cette opinion est aussi celle de l'amiral Aube. Il m'a même fait l'honneur, comme on a pu le voir au début de la seconde partie de ce volume, de me désigner parmi ceux qui étaient aptes à remplir une mission si patriotique !

Ainsi les doutes disparaîtraient, les discussions s'apaiseraient, l'union se ferait entre nous en vue des intérêts de la patrie. La lumière apparaîtrait désormais aux yeux de tous, égale, instructive, bienfaisante, car nous aurions accompli alors ces « expériences cruciales », comme les appelle Bacon, qui rendent les vérités humaines aussi indéniables qu'elles peuvent l'être.

FIN

PIÈCE A

TRADUCTION

Lettre adressée audit personnage, M. X....., par Hoang-Ké-Viem (Huyn'h), à l'appui des affirmations faites au sujet des négociations entamées entre le résident général et le mandarin annamite.

> « Le quatrième jour du neuvième mois,
> sous le règne de Dông-Khan.

« *Huyn'h, Généralissime de l'empire d'Annam, chargé de la pacification du Nord, à M. le « savant incognito » de France* [1].

« Monsieur,

« Depuis que j'ai disparu de la scène, je n'ai pas cessé un seul instant de pleurer sur les malheurs de mon pays, et mon âme est complètement abattue.

« J'avais résolu de passer le reste de ma vie dans la retraite, et d'y mourir sans aucun bruit, comme meurent les viles plantes. J'avais perdu tout espoir de rencontrer sur ma route un sage tel que vous, avec qui il me serait permis de parler encore de ces *choses de gloire* (textuel). Grâce en soit rendue au ciel ! Les sages conseils que vous m'avez donnés, les pensées profondes dont vous m'avez fait part pendant cette soirée, je ne les oublierai jamais. Je les aurai toujours présents à l'esprit, et je me rappel-

1. Le mot *incognito* signifie : sans fonction, sans emploi, libre, seulement *lettré*. Or, le lettré, en Annam, est appelé *savant*. De là l'épithète *savant incognito*.

lerai ainsi que la France possède des hommes de grande sagesse et de grande vertu.

« Si tout ce que vous m'avez dit peut se réaliser, mon cher *maître* (sic), le souvenir de votre intervention ne pourrait s'effacer de la mémoire des Annamites que le jour où la terre et le ciel disparaîtraient ensemble.

« M'inspirant de vos conseils, je viens soumettre à votre grande lumière les trois propositions suivantes :

« 1º Actuellement, les populations souffrent énormément des maux causés par les rebelles. De plus, les païens et les catholiques sont en mésintelligence. Or, ce qu'il nous importe de résoudre en premier lieu, dans l'œuvre de pacification, c'est la réconciliation de ces deux sectes. Pour cela, il faut beaucoup de tact. Or, dans tous les pays du monde, on conviendra que pour qu'une religion quelconque puisse se professer librement, il faut qu'il y ait fidélité, accord, générosité réciproques entre tous les citoyens. Toutes ces conditions nécessaires nous font défaut en ce moment. Donc, toute propagande religieuse est impossible. Il faut, par conséquent, que tous les prêtres catholiques, depuis Thanh-Hoâ jusque dans le Sud, soient temporairement rapatriés ou envoyés en Cochinchine, pour y demeurer de trois à cinq ans. Quand la paix sera complètement rétablie, le gouvernement français choisira alors les meilleurs, parmi les missionnaires, et il les enverra, s'il lui plaît, chez nous professer le catholicisme comme auparavant. La liberté de conscience sera accordée à tout le monde.

« Les catholiques pourront vivre alors en sécurité, sous l'autorité des autorités provinciales, à qui le gouvernement central prêtera, au besoin, main forte, afin de garantir d'une façon efficace la tranquillité des catholiques.

« 2º Pour rallier à eux les populations, les rebelles publient partout que l'annexion sera tôt ou tard la conséquence inévitable du protectorat et que, comme autrefois dans la Cochinchine, les mandarins seront remplacés alors, dans toutes les administrations, par des fonctionnaires français.

« Nous avons bien, de notre côté, fait démentir ces bruits; nous avons cherché à convaincre les habitants que les proclamations des rebelles n'étaient que des mensonges. Mais nos efforts sont restés sans résultat. Ceux qui s'étaient mis du côté de la rébellion n'ont pas osé venir faire leur soumission. Maintenant, ce n'est que par des procédés énergiques et expéditifs que nous aurions chance de les ramener dans la bonne voie. Mais agir ainsi serait une véritable calamité pour nos malheureux ignorants.

« Je ne vois que deux moyens d'arriver à les soumettre :

« 1º Ce serait de les bien persuader tous que la France n'a d'autre ambition que de donner son amitié et sa protection à l'Annam. Pour cela, il faudrait que toutes les provinces, depuis Thanh jusqu'au Sud, fussent remises au gouvernement annamite. La France n'enverrait ses bateaux de guerre dans nos mers que pour nous protéger contre les pirates ou contre toute invasion étrangère.

« Mais, pour que les populations pussent croire à ces déclarations, à ces promesses, il faudrait procéder à l'évacuation des troupes françaises.

« 2º Mon second moyen diffère du premier en ceci : Si vous croyez l'évacuation complète des troupes françaises impossible pour le moment, il faudrait alors, au moins, concentrer dans les capitales de chaque province toutes les compagnies qui sont établies sur le territoire de chacune d'elles, dans des postes de peu d'importance.

19.

« La majeure partie des rebelles ayant fait leur soumission, les chefs ne tarderaient pas à les suivre. En tout cas, s'ils persistaient, nous pourrions facilement leur porter un coup sans causer un grand désordre au pays.

« 3° Il importe avant tout qu'un chef d'expédition ait de l'énergie et de l'autorité, et qu'il puisse compter sur la fidélité et la confiance de ses hommes. Je demande la création de 500 tirailleurs pourvus de 500 fusils à culasse, et la distribution de 100 cartouches par arme, ce qui fait 50 000 cartouches.

« Je désire également *un* fusil à deux coups, nouveau système, et 1000 cartouches pour cette arme.

« Le service fluvial, dans les trois provinces en question, serait fait par deux chaloupes à vapeur.

« Appuyé de la popularité de la cour et des sages conseils de mon maître, j'espère, dans ces conditions, pouvoir obtenir une prompte pacification. Je demanderais qu'aussitôt cette pacification complètement établie dans chaque province, celle-ci fût autorisée à lever aussitôt le nombre de troupes strictement nécessaires pour sa défense. Ces troupes recevraient, en conséquence, des armes et des munitions.

« Alors le résident général serait bien généreux s'il daignait faire évacuer les troupes françaises, comme je l'ai exprimé précédemment.

« Pour la défense du royaume, je prierais Son Excellence de vouloir bien donner à chacune des provinces de peu d'importance 300 fusils; 500 fusils à celles qui sont de moyenne importance; 1000 fusils à chacune des grandes provinces, et 3000 cartouches par arme [1]..»

(Ici le cachet de Huyn'h pour signature.)

1. Les conditions énoncées dans cette lettre fort remarquable, et qui est l'œuvre du personnage le plus influent de

PIÈCE B

A propos du marquis de Tseng et de sa politique, un écrivain anglais a cru devoir écrire, dans le dernier numéro de l'*Asiatic Quaterly Review*, un article qui a pour but de répondre aux publications qu'inspire, en Europe, le rusé diplomate chinois.

En voici la substance :

« La Chine, entêtement ou paresse, n'a pas reconnu l'existence d'un mondè extérieur, ou si elle l'a reconnue, ne l'a pas jugé digne de fixer son attention. L'écrivain sè demande si réellement la destruction du Palais d'Été a contribué à décider la Chine à se créer un armement nouveau et à tripler son armée, comme l'affirme le marquis de Tseng.

« Il compare la Chine à l'Angleterre. Toutes deux sont,

l'Annam, membre de la famille royale, ancien général de Thuyet et de Liu-Vinh-Phuoc, les conditions ci-dessus énoncées, dis-je, méritent d'être prises en considération.

Pour des raisons que je n'ai pas à examiner ici, M. P. Bert ne crut pas pouvoir les accepter. Il a eu en ses mains, comme je l'ai eu moi-même (*car il est à Paris*), le texte de ces déclarations, écrites de la main de Hoang-Ké-Viem lui-même. En dépit des récits fantaisistes que nous apportent des lettres de fonctionnaires, je persiste à dire que, dans l'Annam, tout se complique, tout s'aggrave chaque jour davantage. Or, l'Annam est la clef de la situation, dans toute l'Indo-Chine française. Avant que de graves événements *possibles*, probables même en Europe, surgissent, il est urgent de reprendre des négociations abandonnées en vue d'une pacification nécessaire. Encore une fois, je livre aux méditations de tous l'intéressant document qui précède.

au dire du diplomate, également difficiles à atteindre dans leurs organes vitaux, à cause de leur immense étendue.

« Si une puissance européenne détruisait tous les ports de la Chine, elle n'essayerait d'en garder aucun, disposât-elle de forces militaires suffisantes. Pékin même serait inutile au général ennemi. La cour se retirerait dans l'intérieur, et aucun commandant d'armée ne voudrait courir le risque d'être bloqué pendant six mois par les glaces et d'être dans l'impossibilité de se ravitailler ou de rembarquer ses troupes.

« Sir Alcock considère donc la Chine comme à l'abri de toute invasion de territoire par une puissance européenne, sans en excepter la Russie.

« Les essais faits par Li-Hu-Tchang pour réorganiser l'armée n'ont pas sensiblement augmenté la force de résistance de la Chine à une armée ou une flotte européenne. L'auteur croit pourtant à un réveil de la Chine et au grand rôle qu'elle est destinée à jouer dans le monde.

« Mais ce rôle, elle ne pourra le jouer qu'à une condition. Il lui faut nécessairement une alliance solide avec une puissance qui n'ait aucun désir de conquêtes territoriales et qui prête à la Chine l'appui de ses canons pendant la transformation intérieure de l'empire des Tartares. Il est bien évident que cette alliance providentielle, nécessaire, fatale, c'est l'alliance britannique. Et c'est ici que les explications du diplomate anglais deviennent particulièrement intéressantes.

*
* *

« Les avantages d'une alliance anglo-chinoise sont indiscutables.

« Il n'est pas douteux pour sir Rutherford Alcock que la Chine n'ait besoin longtemps encore d'une puissance maritime du premier ordre pour alliée.

« D'autre part, l'Angleterre retirerait d'un pareil traité des avantages considérables. La Chine lui serait une réserve inépuisable et précieuse de guerriers asiatiques pour la lutte qu'elle est destinée à entreprendre un jour avec la Russie, dans une guerre éventuelle aux Indes.

« C'est, en effet, surtout contre la Russie que serait conclue la nouvelle alliance. Il importe avant tout d'empêcher la Russie de s'emparer d'un port toujours ouvert sur les côtes. Maîtresse d'une pareille position, la Russie deviendrait un danger perpétuel pour la Chine. Elle pourrait à son gré inquiéter ou même détruire le commerce chinois à l'intérieur comme à l'extérieur.

« Et l'on sait, du reste, que la Russie n'a qu'un but : chercher et susciter des conflits avec l'Angleterre.

« La Chine, dont l'éducation est imparfaite, n'a pas encore compris le danger. Elle n'a même pas encore songé à des réformes intérieures qui devraient accompagner, sinon précéder, une réorganisation complète de sa flotte et de son armée.

« Quant aux projets qu'on prête à la Chine de dénoncer les traités de 1842 et de 1860, on ne saurait en méconnaître la gravité. Si elle arrivait à établir des relations internationales sur des traités et non sur des capitulations, le droit d'immixtion des puissances étrangères ne tarderait pas à disparaître.

« Quand la Chine sera assez forte pour défendre son littoral contre les attaques des peuples d'Occident (et elle peut l'être demain avec l'alliance anglaise), elle exigera à son tour l'indépendance, droit légal de toute puissance souveraine, et elle repoussera immédiatement toute immixtion étrangère dans son administration intérieure.

« Sir R. Alcock considère cette prédiction comme absolument certaine. Ce jour-là, dit-il, la Chine, qui a appris de l'Europe à respecter les traités plutôt en théorie qu'en pratique, dénoncera infailliblement les conventions relatives à l'immixtion étrangère.

« Mais elle ne peut arriver à ce résultat qu'avec l'Angleterre pour alliée, et c'est tout ce que le diplomate anglais entend démontrer [1]. »

(Résumé de l'article de l'Asiatic Quaterly Review.)

[1]. Certes, un article de revue, même écrit par un homme autorisé, n'engage que l'auteur. Mais il faut remarquer que cet exposé des vues de la politique anglaise, en Chine, n'est que le reflet des tendances générales de la diplomatie du gouvernement de la reine, et il est particulièrement intéressant pour nous de connaître cet état d'esprit.

Ainsi on ne s'en cache pas à Londres, tenir tête à la Russie, en Asie, en se servant de la Chine comme alliée, détruire par tous les moyens possibles l'influence de la France à Pékin, en la représentant comme affamée de conquête : tel est le but poursuivi.

Devant un tel cynisme de franchise, notre diplomatie restera-t-elle inactive? Aurons-nous inutilement versé notre or et notre sang dans les rizières du Tonkin?

Nous avons aujourd'hui une admirable occasion de devenir pour la Chine cette alliée providentielle dont parle Rutherford Alcock. Nous sommes ses voisins, et nos intérêts sont maintenant solidaires.

Une diplomatie habile ne manquerait pas de mettre à profit un pareil état de choses.

Il ne faut pas que la fin de ce siècle voie se réaliser le rêve de la diplomatie britannique, la Chine aux Anglais.

Je n'avais pas tort de déclarer qu'une politique européenne nouvelle allait s'imposer dans l'Extrême-Orient.

Sachons, comme l'écrit si judicieusement mon confrère, tirer parti de cet état de choses.

(Note de l'auteur.)

TABLE DES MATIÈRES

CHAPITRE PREMIER

Pacification.

CHAPITRE II

Organisation.

CONCLUSION

PIÈCES JUSTIFICATIVES

COULOMMIERS. — Typog. P. BRODARD et GALLOIS.

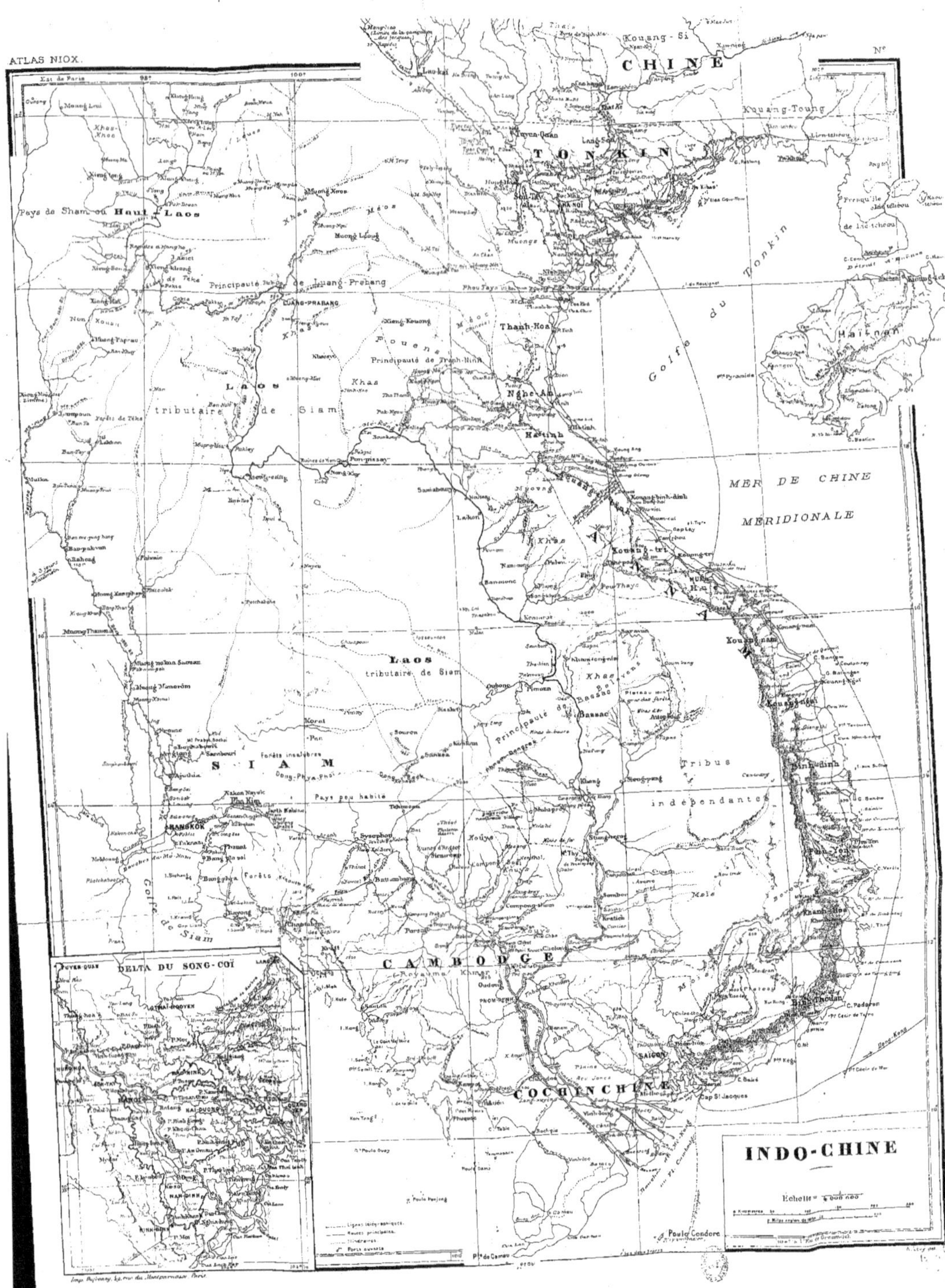
CHINE
Kouang-Si
Kouang-Toung
TON-KIN
Lao-kaï
Franq.lle
de la tchou
HAÏNAN
Golfe du Tonkin
Pays de Siam ou Haut-Laos
Principauté de Luang-Prabang
LUANG-PRABANG
Xieng-Kouang
Thanh-Hoa
Fouens
Principauté de Tranh-Ninh
Nghe-An
Khas
Laos
tributaire de Siam
Ha-tinh
MER DE CHINE
MÉRIDIONALE
Khas
Kouang-tri
Laos
tributaire de Siam
Khas
Bol
Bassac
Principauté de Bassac
Khas vens
Plateau
grandes forêts
Tribus
indépendantes
Binh-dinh
SIAM
forêts insalubres
Dong-Phya-Phaï
Pays peu habité
Nakon Nayok
Pha-Kim
BANGKOK
Bangplasoï
Forêts
Golfe de Siam
Phetchaburi
CAMBODGE
Royaume Kmer
Oudon
PNOM-PENH
SAIGON
COCHINCHINE
Cap St-Jacques
Poulo Condore
Ptn de Camau
INDO-CHINE
Échelle
Lignes télégraphiques
Routes principales
Itinéraires
Ports ouverts
DELTA DU SONG-COÏ
TUYEN-QUAN
THAÏ-NGUYEN
HANOI
HAÏ-DUONG
NAM-DINH
NINH-BINH
A. Lévy del.